Japanese

高校入試の最重要問題
国語

Gakken

目次

高校入試の最重要問題 国語

この本の使い方

この本は，ムダなく，効率よく受験対策をしたい受験生のための過去問題集です。学習進度やレベルに合わせて，解く問題が選べます。自分に合った使い方で効率よく力をつけて，合格を勝ち取ってください。応援しています！

1 出る順に解く。

この本は，出題頻度順に項目を配列してあります。よく出る項目を優先して解くことができるので，効率よく力がつきます。各項目の始めには，重要点や重要例題をまとめた「**まとめページ**」があります。問題を解く前に読んでおくと効果的です。

◉問題についている［ ］マークは，「まとめページ」の番号とリンクしています。わからない問題があったらこのページにもどって復習しましょう。
◉覚えておくと便利な，ひとこと情報がのっています。

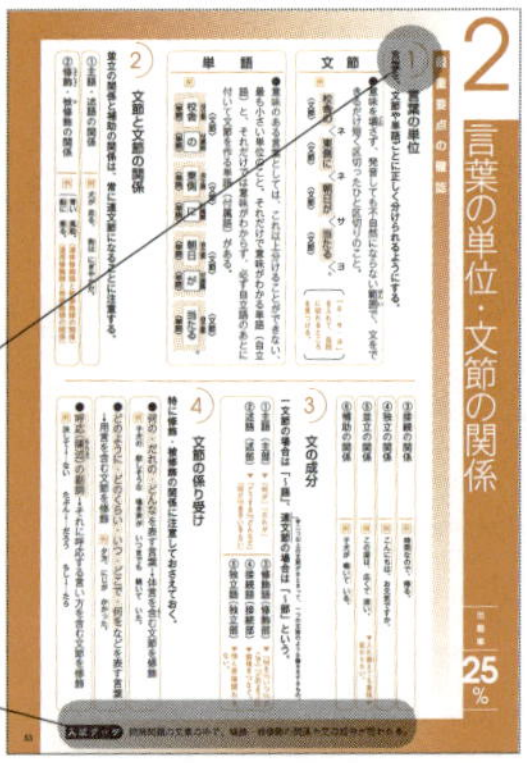

2 ニガテな項目を確認する。

各分野の始めには，一問一答の「**弱点チェック**」があります。まずこのページで，自分のニガテな項目はどこかをチェックしましょう。ニガテな項目があったら，優先的にその項目を勉強して，ニガテを克服しておきましょう。

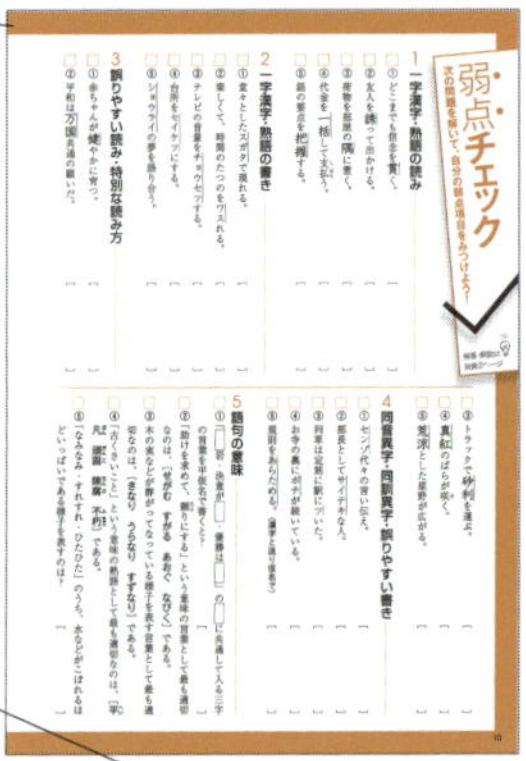

3 「お急ぎ」マークを解く。

お急ぎ

特によく出る重要な問題には，［お急ぎ］マークがついています。時間のない人や，入試直前に総復習をするときは，優先的にこの問題に取り組むと効率よく学習できます。

4 正答率の高い問題から解く。

正答率 85 %

正答率が高い問題は，多くの受験生が正解している基礎的な問題です。みんなが解ける問題は，確実に解けるようにしておきましょう。

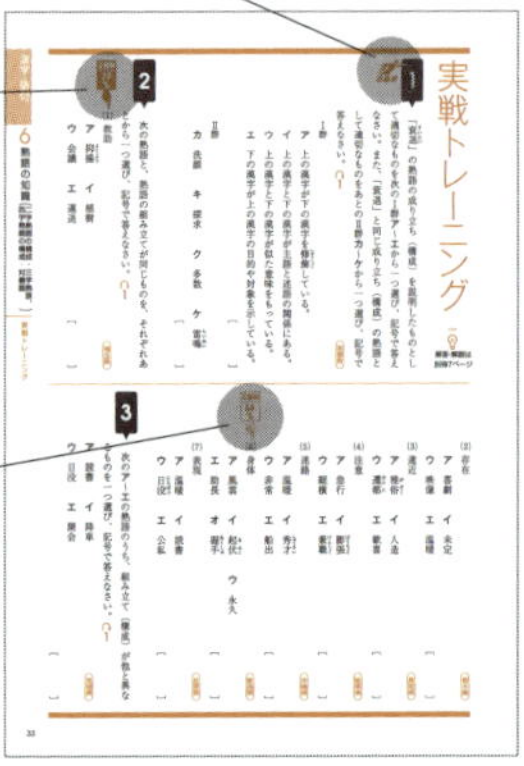

5 正答率の低い問題から解く。

正答率 21.5 %　HIGH LEVEL

基礎が定着してきたら，低正答率の問題や，ハイレベル問題に挑戦すればレベルアップ！みんなに差をつけよう。

模擬試験問題・入試コラム

模擬試験は2回分ついています。入試直前に，仕上げとして取り組みましょう。また，入試によく出る文学者や著者なども掲載《けいさい》しているので，参考にしてください。

くわしい別冊解答・解説

解答は別冊にまとめてあります。くわしい解説がついているので，できなかった問題は，解説をよく読んで確実に解けるようにしておきましょう。

巻頭特集

リスニング問題の攻《こう》略《りゃく》

今、公立高校の入試でリスニングを出題する県が増えつつある。リスニング問題を攻略するために、傾向《けいこう》と実際の入試問題を見てみよう。

傾向

リスニングの傾向と特《とく》徴《ちょう》を知ろう!

Q……なぜ、国語でリスニング?

A……「聞く力」が重視されているから

周囲の人とコミュニケーションをとり、**よい人間関係**を築くためには、相手の考え、伝えたいことを的確に**聞き取り**、相手に自分の考えや気持ちを伝えることが必要である。近年、コミュニケーション能力に注目が集まっており、特に、**相手の話を聞き取り、自分の考えや意見をまとめる力(=「聞く力」)が重視**されている。そのため、入試問題でも取り入れられているのである。

国語のリスニングは、音声で流れる説明文や会話文を聞いて、問題に答える形である。入試で問われる「聞く力」は、大きく分けて、次の三つの力を指している。

❶ **話題**や**要点**など、話の内容を**的確に**聞き取る力
❷ 話し手の**考え**や**意図**を考えながら聞き取る力
❸ 聞き取った内容を**整理**し、自分の考えを**まとめる**力

これらは、話されていることをただ聞いているだけでは身につかない。「話を聞こう」とする姿勢が何より大切である。

Q……テストの流れは?

A……基本的には英語のリスニングと同じ

大問一問目で実施《じっし》され、放送を聞きながらメモを取る、時間は十分程度であるなど、英語のリスニングの流れと似ている。ただし、国語では、問題文が一回しか読まれないことが多いので、より注意して放送を聞かなければならない。放送をどのように聞けばいいか、流れに沿って確認していこう。

配布

●問いが印刷されている場合と、されていない場合とがある。印刷されている場合は放送が始まる前にざっと見ておこう。話題の予測ができ、メモを取りやすくなる。

放送

●テーマと内容を聞き取ろう。テーマは最初に言われることが多い。
●スピーチや発表には必ず意見がある。討論の場合は誰《だれ》がどんな考えを持っているかにも注目しよう。「いつ・どこで・誰が・何を・どうした(考えた)」を意識してメモを取ろう。

解答

●問いが印刷されていない場合は放送される。内容を思い出しながら落ち着いて答えよう。

Q……どんな問題が出るの？

A……意見を述べるスピーチ・発表がよく出る！

形式 ▼リスニングでは話の**要点や意見・意図を聞き取る力**が試される。そこで、目的をもって意見や考えを伝えている**スピーチ・発表**がよく出題される。特定のテーマについて何人かの人たちが、意見を闘《たたか》わせる**討論（ディベート）**も多い。

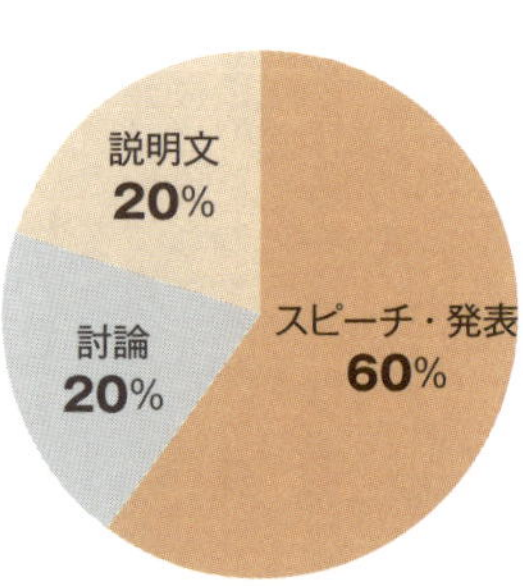

◉基本的に、意見には理由や根拠《こんきょ》があるものである。こうした意見の理由や根拠は、問いでよく出題される。「なぜなら〜。」「〜から。」という言葉が出てきたら必ずメモしておこう。討論では、それぞれの人がどのような意見をもっていたかも確認しておきたい。

テーマ ▼**言葉に関するもの**が多い。県特有のテーマ、時事問題が出題されることもあるので、日頃《ひごろ》からニュースなどを意識しておこう。

出題内容 ▼**テーマ・話の内容・表現の工夫**についての問いが多い。

出題方法 ▼**短い記述や選択《せんたく》問題**が多い。正誤判断や要約、自分の意見を記述させる県もある。

配点 ▼**小問三〜四問**で、**計五〜十点配点**が主だが、中には二十点配点の県もある。

県ごとに傾向《けいこう》が異なる

テーマや出題方法は県ごとに特徴《とくちょう》がある。どんなテーマが出題されたのかを見てみよう。

県ごとの出題テーマ（平成二十五年度のもの）

県名	テーマ	特徴
青森県	「職場体験の報告」	グループ発表が多く、話題・内容に関する問いが中心。
千葉県	「ニュース原稿《げんこう》」	平成二十五年度は自分の言葉を使った内容整理の記述が出題された。
島根県	「職業インタビュー」	出題形式・内容ともに年度によって様々。
岡山県	「海外の子どもたちへの支援《しえん》活動」	討論が多い。漢字の書き取りが出題されたこともある。
佐賀県	「国際ボランティア」	要約があり、配点が高い（二十点）。
鹿児島県	「鹿児島の魅力《みりょく》を伝える」	内容の正誤判断問題が四題出題されている。
沖縄県	「詩歌の表現」	説明・講演形式で、内容についての問いが中心。

県ごとに様々な特徴があるが、どの県も話の内容について答えさせる問いが必ず含《ふく》まれている。次の「実戦」で具体的な問題を見てみよう。

実戦 入試問題に挑《ちょう》戦《せん》しよう!

入試で出題された問題を見てみよう。実際の試験では、放送台本と問い(1)~(3)は印刷されていない。

(解答はP.8)

放送台本

今から、国語の、放送による検査を行います。解答用紙を出してください。問題用紙は、放送による検査が終わるまで開いてはいけません。 (間2秒)

□《しかく》の一番が、放送を聞いて質問に答える問題です。ある中学校の国語の時間に、生徒がグループで話し合ったことについて発表をしました。これから、その中の一つのグループの発表を紹介《しょうかい》します。その後で、三つの質問をします。それを聞いて、(1)、(2)、(3)、それぞれの欄《らん》に答えを書きなさい。グループの発表と質問は、それぞれ一回しか言いません。必要なことは、メモを取ってもかまいません。

それでは、始めます。 (間3秒)

わたしたちのグループでは、「言葉を大切に」というテーマについて話し合いました。そこで、まずどんなときに言葉を大切にしようと思ったか、各自の体験を出し合いました。

何気なく言ったつもりが、相手をひどく不機嫌《ふきげん》にさせてしまうことはよくあります。それまで、冗談《じょうだん》交じりで会話が弾《はず》んでいたのに、突然《とつぜん》相手から反応が途絶《とだ》えて、「どうしたの?」「何か悪いこと言った?」と聞いても、プイと出て行かれたというような体験は、全員がしていました。その後は、「ごめんね」の一言で仲直りできるものから、いきなり絶交状態になってどうにもならないものまで、程度は様々でした。

なぜそんなことになってしまったのか。それは、会話の楽しさのあまり、自分だけが調子のよい言葉を連発してしまったからでした。

また、あいさつされた時に、つい返しそびれてしまうことがあります。ほかのことに気をとられたり、考えごとをしていて、タイミングを外してしまうと、やはり、相手は気分を害します。どちらも気まずい思いをせず、お互《たが》いの心を結ぶ習慣として身に付けるためにも、あいさつの言葉は大切にしたいものです。

外に向けて放った言葉が、自分の心を傷付けることさえあります。そのいい例が、「むかつく」という言葉です。この言葉を発すると、その気持ちがさらに高ぶり、自分で感情をコントロールできなくなってしまいます。時には取り返しのつかない事態を引き起こし、結果として自分を傷付けてしまうのです。

相手のことを考えていない言葉遣《づか》いが、そのまま自分に返ってくるということをしっかり自覚できないと、つまらないことで、思わぬトラブルを体験することになります。

これまでは、自分の言葉遣いをゆっくり見つめ直す機会はあまりありませんでした。しかし、今回話し合ってみて、言葉の意味とその言い方が引き起こす結果を、常に意識しなければいけないということが、改めて分かりました。 (間3秒)

では、質問します。
(1)の問題。このグループが話し合ったテーマは何でしたか。書きなさい。（間15秒）
(2)の問題。何気なく言ったつもりが、相手をひどく不機嫌《ふきげん》にさせてしまうのは、なぜだと言っていましたか。書きなさい。（間30秒）
(3)の問題。このグループが、話し合ったことから改めて分かったことは何でしたか。これから言う1、2、3、4の中から、最も適切なものを選んで、その番号を書きなさい。

1　どんな言葉でも、最後は自分に返ってくるので、感情をコントロールできるようにしたほうがよいということ。
2　言葉の意味とその言い方が、相手や自分にどんな結果を引き起こすのかを常に意識しなければいけないということ。
3　お互いの思いを誤解し合わないためにも、時には冗談《じょうだん》を交えて会話する機会を多くもつほうがよいということ。
4　思わぬトラブルを引き起こさないためにも、お互《たが》いの心を結ぶ習慣を身に付けなければいけないということ。（間10秒）

これで、放送による検査を終わります。では、問題用紙を開いて、後の問題を続けてやりなさい。

メモポイント

- ✓**テーマ**は最初に言われていた。
- ✓「なぜ～でしょうか」のような問いかけには要注意。その後に**理由**がくるので、必ずメモしておくこと。
- ✓発表の最後には**まとめ**がくることが多い。聞き逃《のが》さないように最後まで集中して聞こう。

これで得点アップ！5つのポイント

1 まず、問題用紙に目を通す
何を聞き取ればいいか予測できる。問いが印刷されている場合は、必ず見ておこう。

2 放送が始まったら話題を確認する
話題は、最初に示されることが多い。何の話かがわかれば、その後の聞き取りがスムーズになる。

3 だれがどんな意見をもっているのかに注意する
「いつ、どこで、誰《だれ》が、何を、どうした（考えた）」を常に意識する。討論形式では、問題で誰がどんな意見をもっていたかを問われることが多いので、気をつけよう。

4 大事な点だけメモを取る
あとで解答するときに、自分がわかればよいので、全部書く必要はない。普段《ふだん》から話を聞いてメモを取る習慣をつけておくことが大切。

5 最後までしっかりと聞く
発表やスピーチは**最後にまとめがくる**ことが多い。確認の意味もこめてしっかりと聞こう。

解答

(1) 言葉を大切に（しよう）
(2) 自分だけが調子のよい言葉を連発してしまったから。
(3) 2

各3点（計9点）

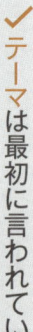

漢字・語句

弱点チェック

次の問題を解いて、自分の弱点項目をみつけよう！

解答は別冊2ページ

1 一字漢字・熟語の読み

□ ① どこまでも信念を貫く。〔　〕
□ ② 友人を誘って出かける。〔　〕
□ ③ 荷物を部屋の隅に置く。〔　〕
□ ④ 代金を一括して支払《しはら》う。〔　〕
□ ⑤ 話の要点を把握する。〔　〕

2 一字漢字・熟語の書き

□ ① 堂々としたスガタで現れる。〔　〕
□ ② 楽しくて、時間のたつのをワスれる。〔　〕
□ ③ テレビの音量をチョウセツする。〔　〕
□ ④ 台所をセイケツにする。〔　〕
□ ⑤ ショウライの夢を語り合う。〔　〕

3 誤りやすい読み・特別な読み方

□ ① 赤ちゃんが健やかに育つ。〔　〕
□ ② 平和は万国共通の願いだ。〔　〕
□ ③ トラックで砂利を運ぶ。〔　〕
□ ④ 真紅のばらが咲《さ》く。〔　〕
□ ⑤ 荒涼とした原野が広がる。〔　〕

4 同音異字・同訓異字・書き誤りやすい漢字

□ ① センゾ代々の言い伝え。〔　〕
□ ② 部長としてサイテキな人。〔　〕
□ ③ 列車は定刻に駅にツいた。〔　〕
□ ④ お寺の裏にボチが続いている。〔　〕
□ ⑤ 規則をあらためる。〈漢字と送り仮名で〉〔　〕

5 語句の意味

□ ① 「□岩・決意が□・優勝は□」の□に共通して入る三字の言葉を平仮名で書くと？〔　〕
□ ② 「助けを求めて、頼《たよ》りにする」という意味の言葉として最も適切なのは、［**せがむ　すがる　あおぐ　なびく**］である。〔　〕
□ ③ 木の実などがたくさん固まってなっている様子を表す言葉として最も適切なのは、［**きなり　うらなり　すずなり**］である。〔　〕
□ ④ 「ありふれていてつまらないこと」という意味の熟語として最も適切なのは、［**平凡《へいぼん》　頑固《がんこ》　陳腐《ちんぷ》　不朽《ふきゅう》**］である。〔　〕
□ ⑤ 「なみなみ・すれすれ・ひたひた」のうち、水などがこぼれるほどいっぱいである様子を表すのは？〔　〕

6 熟語の知識

□ ① 「急流」と熟語の組み立てが同じものは、「不快・人造・博愛・明朗」のうちどれ？ 〔　　〕

□ ② 「加減・駐車《ちゅうしゃ》・寄港・着地」の中で、熟語の組み立てが他の三つと異なるものは？ 〔　　〕

□ ③ 「発達・解決・成年」という三つの熟語に共通して付く、打ち消しの意味をもつ漢字は？ 〔　　〕

□ ④ 「言葉で表せないほどひどい。もってのほか」という意味の四字熟語は、〔**言行一致《いっち》**　**言語道断**　**不言実行**〕である。

□ ⑤ 「偶然《ぐうぜん》」の対義語は「□然」である。□に入る漢字は？ 〔　　〕

7 語句の知識

□ ① 「足」を使った慣用句で、「予算より余計に金がかかる」という意味を表すのは？ 〔　　〕

□ ② 勢いのあるものをいっそう勢いづけることを、「火に□を注ぐ」という。□に入る漢字一字の言葉は？ 〔　　〕

□ ③ 「□日ぼうず」「早起きは□文の徳」の二つの□に共通して入る漢数字は？ 〔　　〕

□ ④ 「猫《ねこ》に小判」と似た意味のことわざに「□に真珠《しんじゅ》」がある。□に入る動物の名前は？ 〔　　〕

□ ⑤ 「似たりよったり」という意味になる故事成語は、〔**四面楚歌《そか》**　**蛍雪《けいせつ》の功**　**呉越同舟《ごえつどうしゅう》**　**五十歩百歩**〕である。

8 漢字の知識

□ ① 「記」を楷書《かいしょ》で書く場合の総画数は、〔**八画**　**九画**　**十画**　**十一画**〕である。

□ ② 「季・門・版・建」の漢字を楷書で書く場合、画数が他の三つと異なるものは？ 〔　　〕

□ ③ 題 の赤い部分は、□画目に書くのが正しい。□に入る数を算用数字で答えると？ 〔　　〕

□ ④ 「友・有・在」のうち、「ナ」の部分の筆順が「右」の場合と同じなのは？ 〔　　〕

□ ⑤ 行書で書かれた「祖」と同じ「へん」をもつ漢字を次の「　」から選ぶと？「紙　礼　話　私」 〔　　〕

弱点チェックシート

正解した問題の数だけ塗りつぶそう。正解の少ない項目があなたの弱点部分だ。

弱点項目から取り組む人は、このページへGO！

実戦トレーニング

解答・解説は別冊2ページ

出題率 100%

1 〈一字漢字の読み〉

(1) わかりやすく言い**換**える。（群馬県・改）

(2) 発達を**著**しく促《うなが》す。（石川県・改）

(3) 新たな気持ちで**挑**もう。（大阪府・改）

(4) 正答率93% 真に**迫**る演技。（千葉県）

(5) 肯定《こうてい》の感情が世界を**覆**う。（新潟県・改）

(6) 人ごみに**紛**れて姿を見失う。（岐阜県）

(7) 球技大会の参加者を**募**る。（鹿児島県）

(8) 十分、取り**扱**いに注意する。（長野県・改）

(9) 森林の**営**みについて考える。（京都府・改）

(10) 普段《ふだん》おとなしくて**穏**やかな、うちのお母さんには見られない行動力だった。（山形県）

(11) 最後の力を**振**りしぼった。（香川県・改）

(12) 落ち葉はカラカラに**乾**いている。（静岡県・改）

(13) 計画の**幹**となる部分を見直す。（大阪府・改）

(14) 自転車で**緩**やかな坂道を上る。（三重県）

(15) 彼《かれ》には、最後まで意志を**貫**く強さがあった。（青森県・改）

(16) 新規事業を**企**てる。（大分県）

(17) 真実を突《つ》き**詰**める。（山口県・改）

(18) 悲しみの感情に**浸**される。（佐賀県・改）

(19) 意外な話を耳に**挟**むことになった。（島根県・改）

(20) **狭**い意味でしか捉《とら》えられない。（山口県・改）

(21) 彼の行動には**驚**かされる。（北海道・改）

(22) 山頂に立って天を**仰**ぐ。（高知県）

(23) 目を**凝**らして見る。（宮崎県・改）

(24) 愚かな行いを戒《いまし》める。 富山県
(25) 公園は市民の憩いの場だ。 鹿児島県
(26) 家業を継いで伝統の技を守る。 宮城県
(27) さわやかな朝を迎える。 栃木県
(28) 会場に厳かな音楽が流れている。 青森県 正答率58%
(29) 相手の真意を悟る。 愛媛県
(30) 判断を誤る。 兵庫県・改
(31) 派手な服装は控えることにした。 滋賀県・改
(32) 老人は、硬い表情を和らげた。 岡山県・改
(33) 幼い頃《ころ》から心に刻まれた風景があった。 千葉県・改
(34) どちらが良いか決を採る。 岩手県
(35) 氷を小さく砕く。 岐阜県
(36) 型紙に沿って布地を裁つ。 愛知県・改

(37) 名刺《めいし》を刷る。 青森県
(38) 先生のお宅へ伺う。 山梨県
(39) 策を施す。 佐賀県・改
(40) 的を射た質問だ。 高知県・改
(41) 肩《かた》から斜めにかばんを提げる。 静岡県・改
(42) 極意を授かる。 千葉県・改
(43) サッカーに関係する仕事に就く。 長崎県・改
(44) 強い感情に襲われる。 新潟県・改
(45) 静かな光が目に宿る。 徳島県・改
(46) 彼女《かのじょ》の意見に異を唱える。 神奈川県
(47) いとしい思いに胸を焦がす。 岐阜県
(48) 砂と波が織りなす模様が美しい。 茨城県・改
(49) 軽率な行動を慎む。 鳥取県
(50) 和やかに語り合う。 埼玉県・改

2 〈熟語の読み〉

(1) 会場に衝撃が走った。 大阪府・改 [　]

(2) 風景画に陰影をつける。 群馬県・改 [　]

(3) 試合の均衡が破れる。 栃木県 [　]

(4) 新聞に写真を掲載する。 高知県 [　]

(5) 戦争やテロは回避しなければならない。 秋田県・改 [　]

(6) 計画の実現に向けて奔走する。 宮城県 [　]

(7) 試合の興奮が覚めやらない。 大阪府・改 [　]

(8) 生徒会の役員を委嘱される。 宮城県 [　]

(9) 人口の減少もその一因だ。 長野県・改 [　]

(10) 金メダルの栄誉に輝《かがや》く。 宮城県 [　]

(11) 表面に凹凸がある。 岡山県・改 [　]

(12) 跡継《あとつ》ぎに家督を譲《ゆず》る。 秋田県・改 [　]

---

(13) 危険な箇所には立ち入らない。 大阪府・改 [　]

(14) 大型トラックが頻繁に往来する。 宮城県 [　]

(15) 社交性という概念を再考する。 秋田県・改 [　]

(16) 内容の一部を割愛する。 千葉県 [　]

正答率 81%

(17) そりで雪の上を滑走する。 山梨県 [　]

(18) 柔和な表情を浮《う》かべる。 高知県 [　]

(19) 他人の生活に干渉する。 富山県 [　]

正答率 45%

(20) 大会で敢闘賞に輝く。 山梨県 [　]

(21) 海外からの留学生を歓迎する。 三重県 [　]

(22) 簡素な結婚式《けっこんしき》が人気だ。 大阪府・改 [　]

(23) 閑静な住宅街に住む。 岐阜県 [　]

(24) 鉄分を含有する食品をとる。 高知県 [　]

(25) 旅行を企画する。 栃木県 [　]

(26) 生活の**基盤**を固める。 岐阜県

(27) 母校に本を**寄付**する。 高知県

(28) **既成**の考え方を捨てる。 鳥取県

(29) 秋の**気配**を感じる。 石川県・改

(30) 優勝までの**軌跡**をたどる。 青森県・改

(31) おじの住む**漁村**を訪ねる。 茨城県・改

(32) 自由を**享受**する。 石川県・改

HIGH LEVEL

(33) **峡谷**を橋から見下ろす。 青森県

(34) 兄は**強硬**に主張した。 沖縄県・改

(35) 音楽で**緊張**をほぐす。 大阪府・改

(36) 父の**書斎**の扉《とびら》を開ける。 島根県・改

(37) **近郊**の住宅地に住む。 静岡県・改

(38) 日本の文化を海外に**紹介**する。 北海道

(39) 人類に対する**警鐘**を鳴らす。 大分県・改

(40) **謙虚**に反省する。 兵庫県・改

正答率 80%

(41) **迅速**な行動が取れるよう訓練を行う。 東京都

(42) 技術者を**厚遇**する。 熊本県・改

(43) 外国人との**懇親**を深める。 岩手県

(44) 互《たが》いに**刺激**を与《あた》えあう。 福井県

(45) **思案**をめぐらす。 徳島県・改

(46) 彼《かれ》は**思索**にふけっていた。 新潟県・改

(47) 会社で経営の**指揮**をとる。 高知県

(48) お前の**指図**は受けない。 滋賀県・改

(49) 地球や**惑星**の科学、生命の科学にまで拡張しようとしています。 奈良県

実戦トレーニング

1 〈一字漢字の書き〉

解答・解説は別冊3ページ

(1) 空港で手荷物をアズける。 千葉県

(2) 看護師として病院にツトめる。 岩手県

(3) 食事はスませてきた。 沖縄県・改

(4) 自然と人がオりなす風土。 京都府・改

(5) 人間という種の多様性がマす。 徳島県・改

(6) 神が私をミチビいた。 岡山県・改

(7) 路地裏の小さな庭に陽光がトドく。 秋田県・改

(8) 私の祖母は六十歳代《さいだい》ナカばだ。 宮崎県・改

(9) 舞台《ぶたい》のマクが開く。 山梨県

(10) 解散場所はエキの入り口の前だ。 大阪府・改

(11) 故郷をトオくはなれる。 秋田県・改

(12) 吹雪《ふぶき》の晩、部屋がサムすぎて眠《ねむ》れなかった。 熊本県・改

(13) 新しい環境《かんきょう》にナれる。 山形県

(14) 皆《みな》が輪になって座れるよう、机を窓側にヨせる。 群馬県・改

(15) 脳に悪い影響《えいきょう》がオこる。 和歌山県・改

(16) 魚が川の流れにサカらって泳ぐ。 青森県

正答率 92%

(17) 早朝の高原でさわやかな空気をスう。 東京都

(18) ケワしい山に登る。 福井県

(19) オゴソかに儀式《ぎしき》を執《と》り行う。 北海道

(20) 水素は自動車の動力ゲンとして期待されている。 香川県・改

(21) 表現のアヤマりを正す。 青森県

(22) 南極大陸はアツい氷に覆《おお》われている。 三重県

出題率 100%

(23) 店をカマえる。 岐阜県 〔　　〕

(24) 種まきにそなえて畑をタガヤす。 高知県 〔　　〕

(25) 時計が時をキザむ。 大阪府 〔　　〕

(26) 固く結ばれた唇《くちびる》から、彼《かれ》はもう決めたのだとサッする。 新潟県・改 〔　　〕

(27) 神社からおフダをもらう。 山形県 〔　　〕

(28) 暗くて近くを歩く人のスガタすら見えない。 新潟県・改 〔　　〕

(29) 家計をササえる。 長崎県・改 〔　　〕

(30) もらった金魚を家でカう。 高知県 〔　　〕

(31) 仕草が友達にニる。 長野県 〔　　〕

(32) 理解しやすいよう、具体的な事例をシメす。 新潟県・改 〔　　〕

(33) 失敗を素直にアヤマる。 長野県 〔　　〕

(34) 兄の知恵《ちえ》をカりる。 石川県・改 〔　　〕

(35) 公園で落ち葉をヒロう。 福島県 〔　　〕

(36) 公園に多くの人がツドう。 岐阜県 〔　　〕

(37) オモい荷物を運ぶ。 大阪府 〔　　〕

(38) 友人の誕生日をイワう。 高知県 〔　　〕

(39) 前のランナーとの差をチヂめる。 東京都・改 〔　　〕

(40) 果物がイタまないように包装する。 宮城県 〔　　〕

(41) 彼に伝えた言葉をトナえてみる。 兵庫県・改 〔　　〕

(42) 地域住民を講師にマネく。 富山県 〔　　〕

(43) 西の空が夕日で真っ赤にヤける。 愛媛県・改 〔　　〕

(44) 友人からの賞賛を受けてテれる。 神奈川県 〔　　〕

(45) 「泣いてくれるとシンじていたのに。」 広島県 〔　　〕

HIGH LEVEL

(46) 雨水がタれる。 鳥取県 〔　　〕

(47) 部活動がサカんに行われる。 宮城県 〔　　〕

(48) 破れ目から小さくオりたたまれた紙がのぞいている。 広島県 〔　　〕

正答率 47%

(49) 湖にノゾむ建物。 青森県 〔　　〕

2 〈熟語の書き〉

正答率 85%

(1) エンソウ会に出かける。 栃木県 〔　　〕

(2) ボウエキの取り引き額を調べる。 千葉県・改 〔　　〕

(3) 頭蓋骨《ずがいこつ》が脳をホゴしている。 和歌山県・改 〔　　〕

(4) 友人のチュウコクにしたがう。 大阪府 〔　　〕

(5) スキルアップしてジョウケンの良い仕事につく。 石川県・改 〔　　〕

(6) 我が国の文化力のコンカンが問われる。 佐賀県・改 〔　　〕

(7) 海外支援《しえん》のコウセキを表彰《ひょうしょう》する。 高知県 〔　　〕

(8) 日本人初のカイキョを成し遂《と》げる。 岐阜県・改 〔　　〕

(9) ロウホウに喜ぶ。 大阪府 〔　　〕

(10) 童謡《どうよう》を合唱用にヘンキョクする。 青森県 〔　　〕

(11) 多くのセイヒンにグレーが使われる。 滋賀県 〔　　〕

(12) リンジ列車が運行される。 大阪府 〔　　〕

(13) 旅行で家をルスにする。 山梨県 〔　　〕

(14) リガイが対立する。 長野県 〔　　〕

(15) これはヨウイに解決するだろう。 静岡県・改 〔　　〕

(16) かぶとむしのヨウチュウを育てる。 和歌山県・改 〔　　〕

(17) 不足した資金は、ヨビのお金で補った。 徳島県・改 〔　　〕

(18) ユウビン番号を調べる。 福井県 〔　　〕

(19) 鉄道で物資をユソウする。 高知県 〔　　〕

(20) ユダンすることなく仕事をする。 青森県 〔　　〕

(21) 正午にここで会うヤクソクだった。 茨城県・改 〔　　〕

(22) メンミツな計画を立てる。 愛知県 〔　　〕

(23) この建造物は百年のレキシを持つ。 大阪府 〔　　〕

(24) 細かい役割分担はミテイだ。 大阪府 〔　　〕

(25) 草原で牛をホウボクする。 神奈川県

(26) 社会ホショウの充実《じゅうじつ》を図る。 鹿児島県

(27) 学級新聞のヘンシュウ委員になる。 北海道

(28) 彼《かれ》は健康でメイロウな青年だ。 岩手県

(29) 蔵書点検のためにヘイカンする。 長野県

(30) 社会のフウチョウに逆らう。 富山県

(31) 道路ヒョウシキを設置する。 山形県

(32) ビジ麗《れい》句《く》を並べる。 長野県

(33) 相手を攻《せ》めるヒサクを授ける。 神奈川県・改

(34) 軽率な自分の行動をハンセイした。 島根県・改

(35) 適切なハンダンを下す。 福島県

(36) 心身がハッタツする。 群馬県

(37) 公園にドウゾウが建つ。 岐阜県

(38) 店の会員としてトウロクする。 青森県

(39) デンタツ事項《じこう》を黒板に書く。 北海道

(40) 起承テンケツを考えて書く。 福井県

(41) ツウキン途《と》中《ちゅう》に公園がある。 熊本県・改

HIGH LEVEL

(42) 犬はチュウセイ心の強い動物だ。 愛知県・改

(43) 自分の住むチイキを愛する。 大阪府

(44) 旅行の日程のタンシュクを決める。 鹿児島県・改

(45) セイミツな機械。 福井県

(46) テイサイを整える。 長野県

(47) 夏休みの宿題で出された作文のソザイを探す。 静岡県・改

正答率 37%

(48) センレンされた文章を読む。 滋賀県・改

(49) 無《む》駄《だ》のない計画やセンリャクを立てる。 島根県・改

(50) 経済学をセンモンに学ぶ。 高知県

(51) テレビでセンデンする。 高知県

(52) 班長として立派にセキニンを果たした。 大阪府

出題率 100%

実戦トレーニング

1 〈誤りやすい読み①〉

解答・解説は別冊4ページ

(1) **専**ら家で読書を楽しんでいる。（愛知県）［　　］

(2) 彼《かれ》は**清廉**な人物だ。（愛媛県）［　　］

(3) 一気にトップに**躍**り出ることになる。（大阪府・改）［　　］

(4) **卓越**した技術を世界に示す。（鹿児島県）［　　］

正答率 98%

(5) さわやかな風が枝葉を**揺**らす。（新潟県・改）［　　］

(6) **特徴**のある顔立ちをしている。（長野県・改）［　　］

(7) 気を緩《ゆる》めないように**戒**める。（福井県）［　　］

(8) 友人を生徒会長に**推**す。（高知県）［　　］

HIGH LEVEL

(9) 様々な方言が**廃**れずに残っている。（宮城県）［　　］

(10) 葉っぱが**相互**にずれて重なり合う。（長野県・改）［　　］

(11) 勇気を**奮**って立ち向かう。（千葉県）［　　］

(12) 心身の**鍛錬**を怠《おこた》らない。（青森県）［　　］

(13) 過去の例を**踏襲**する。（埼玉県）［　　］

(14) **矛盾**なく生きたい。（兵庫県・改）［　　］

(15) 外国に社員を**派遣**する。（栃木県）［　　］

(16) **輪郭**を描《か》くことから始めた。（長崎県・改）［　　］

(17) **模索**のプロセスを示す。（島根県・改）［　　］

(18) **平穏**な毎日を過ごす。（北海道）［　　］

(19) **頻度**が高い。（宮崎県・改）［　　］

(20) **奪**い合うことはやめる。（長野県・改）［　　］

(21) **淡**い色のシャツを着る。 福井県 〔　　〕

(22) **襟**を正して話を聞く。 東京都・改 〔　　〕

(23) 辺りに芳香《ほうこう》が**漂**う。 愛媛県 〔　　〕

(24) 高知《こうち》県《けん》の産業の**振興**を図る。 高知県 〔　　〕

(25) あわてて**駆**け出す。 石川県・改 〔　　〕

(26) 競技場に**聖火**をともす。 千葉県 〔　　〕

(27) 人物画、あるいは**静物画**などを描《えが》く。 山口県・改 〔　　〕

(28) **棚田**を耕作する。 香川県・改 〔　　〕

(29) **弾力**性のある素材を使う。 兵庫県・改 〔　　〕

(30) ほっと**吐息**をもらす。 千葉県 〔　　〕

(31) お年寄りから小学生まで**年齢**が様々 山形県 〔　　〕

正答率 46%

(32) 空き地に**繁茂**した雑草。 埼玉県 〔　　〕

(33) 同じ考えが**浮**かぶとは思えない。 群馬県・改 〔　　〕

(34) ベッドが**並**んでいる。 広島県 〔　　〕

(35) 写実的な表現だと**勘違**いする。 山口県・改 〔　　〕

(36) 蛍《ほたる》が飛び**交**う様子は、何度見ても美しいものだ。 愛知県・改 〔　　〕

(37) 柏餅《かしわもち》の**生地**に使う。 秋田県・改 〔　　〕

(38) 新しい情報技術の**普及**を図る。 千葉県 〔　　〕

HIGH LEVEL

(39) 子どもに教え**諭**す。 栃木県 〔　　〕

(40) この**辺**りは、夏は激しく唐突《とうとつ》に終わる。 熊本県 〔　　〕

(41) 十分な**睡眠**を取る。 山梨県 〔　　〕

(42) 私が**戸惑**っていると、タイタスは駆け寄ってきて、私に体当たりをした。 山形県 〔　　〕

2 〈誤りやすい読み②〉

(1) こげ茶と白のマーブル模様だ。 徳島県 〔　　〕

(2) 他の凡庸な作品とは異なる。 岐阜県 〔　　〕

(3) 拍子をとって歌う。 大阪府・改 〔　　〕

(4) 裁判官を罷免する。 大分県 〔　　〕

(5) 息を吐くようにして言った。 香川県 〔　　〕

(6) 課題の改善に努める。 富山県 〔　　〕

(7) 荷物を詰める作業が夜遅《おそ》くまで続く。 和歌山県・改 〔　　〕

(8) 鮮やかな緑がまぶしい。 茨城県・改 〔　　〕

(9) 大きな花束を抱える。 宮城県 〔　　〕

(10) この車は性能が優れている。 高知県 〔　　〕

(11) 稚魚の様子を観察する。 岐阜県 〔　　〕

(12) 寸暇を惜《お》しんで働く。 岐阜県 〔　　〕

(13) 飛行機が伊勢湾《いせわん》上空で旋回する。 三重県 〔　　〕

(14) 棚《たな》に陳列された商品を手に取る。 東京都 〔　　〕

(15) その評論家は毒舌だが、人情味がある。 神奈川県 〔　　〕

(16) 舗装された道路を走る。 群馬県・改 〔　　〕

(17) しりに敷かれている。 長野県・改 〔　　〕

(18) チームのみんなに慕われる。 福島県・改 〔　　〕

(19) 植物の成長を抑える。 長野県 〔　　〕

(20) 入賞者に記念品が贈呈される。 東京都 〔　　〕

(21) 作品を丹念に仕上げる。 高知県 〔　　〕

(22) 昨年の夏と比べてぐっと背丈が伸《の》びる。 長野県・改 〔　　〕

(23) 隣家に一泊《いっぱく》しても旅と言える。 滋賀県 〔　　〕

正答率 97%

(24) 澄んだ水を手のひらですくう。 山梨県 〔　　〕

(25) 「うわべを繕う」と人は言う。 佐賀県・改 〔　　〕

(26) 細心の注意を払う。 滋賀県・改

(27) ペットは生半可な気持ちで飼うべきではない。 徳島県・改

(28) 演説に聴衆は聞き入っていた。 神奈川県

正答率 40%
(29) 長い道のりを踏破する。 青森県

(30) 大きな炎《ほのお》をあげてガスが燃焼する。 神奈川県

(31) 手当たり次第に話す。 福島県・改

(32) 子供の弾んだ声が聞こえる。 東京都・改

(33) はやる気持ちをおさえて試合会場へ赴く。 三重県

(34) 独房《どくぼう》のように閉ざされた部屋。 広島県・改

HIGH LEVEL
(35) 口の両端を大仰に引き上げ、歯ぐきをむき出して相手に見せる。 山形県

(36) 文章の前後に脈絡をもたせる。 愛媛県

(37) 紙幣を作る原料を調べる。 和歌山県・改

3 〈特別な読み方・限定的な読み方〉

(1) 大海原を進む。 宮崎県・改

(2) このまま別れるのは、名残惜しい。 和歌山県・改

(3) 旅の土産話に夢中になる。 青森県

(4) 公園の芝生が色鮮やかだ。 岩手県

(5) 日和のせいか混雑していた。 鳥取県・改

(6) ひとりがけの席で景色を楽しむ。 福岡県・改

(7) 心地よい部屋。 山形県

HIGH LEVEL
(8) 為替について学習する。 岩手県

(9) とっておきの話を披露する。 宮崎県

(10) 雪崩に注意する。 栃木県

(11) 早く支度をするように促《うなが》す。 都立八王子東高

(12) 巧《たく》みな声色で猫《ねこ》をまねる。 都立墨田川高

4 漢字の書き②

出題率 100%

実戦トレーニング

解答・解説は別冊5ページ

1 〈同音異字〉

(1) イチドウに会する。 青森県・改 〔　　〕

(2) イッシ乱れぬ演技を披露《ひろう》する。 青森県・改 〔　　〕

(3) シンキ一転して出直す。 鳥取県 〔　　〕

(4) 利益を地域にカンゲンする。 青森県 〔　　〕

正答率 99%

(5) 勝利のカンセイをあげる。 青森県・改 〔　　〕

(6) ヨウイに確かめることができる。 静岡県・改 〔　　〕

(7) 在庫の有無をショウカイする。 青森県・改 〔　　〕

(8) ヨウジ教育について学ぶ。 滋賀県・改 〔　　〕

(9) コウセイに名を残した。 愛知県・改 〔　　〕

(10) シコウ錯誤《さくご》を繰《く》り返す。 青森県・改 〔　　〕

(11) 良い点だけをキョウチョウする。 山口県・改 〔　　〕

---

(12) キショウ価値がある。 青森県・改 〔　　〕

正答率 34%

(13) 今年の夏の暑さにはヘイコウする。 青森県・改 〔　　〕

(14) 神がコウリンしたかのような演技だった。 香川県・改 〔　　〕

(15) 伝統的な産業のシンコウを図る。 青森県・改 〔　　〕

(16) この場所はケイショウ地として有名だ。 青森県・改 〔　　〕

(17) この文章は、三つの章でコウセイされている。 愛知県・改 〔　　〕

(18) 今こそ目標を達成するコウキである。 青森県・改 〔　　〕

(19) 書類をフンシツする。 青森県・改 〔　　〕

(20) お手本とドウヨウに作る。 滋賀県・改 〔　　〕

(21) 布をセンショクする。 鳥取県・改 〔　　〕

(22) 選手センセイで試合が始まる。 鳥取県・改 〔　　〕

正答率 81%

(23) 文字の誤りをシュウセイする。 島根県・改 [ ]
(24) 人間は規範《きはん》をキュウソクになくしつつある。 香川県・改 [ ]
(25) 交流試合でシンゼンを深める。 高知県 [ ]
(26) カダイ評価する。 宮崎県・改 [ ]
(27) 大学のコウギ。 沖縄県・改 [ ]
(28) 体育館に二列ジュウタイで並ぶ。 青森県 [ ]
(29) 難局をシュウシュウする。 宮城県・改 [ ]
(30) ジタイの重要さがわかっていなかった。 兵庫県・改 [ ]
(31) 書類をユウソウする。 富山県 [ ]
(32) 絵画をカンショウする。 大阪府・改 [ ]
(33) 学校行事のイッカンとして花を植える。 青森県 [ ]
(34) 悪天候によって活動時間がセイヤクされた。 青森県 [ ]
(35) 科学雑誌がソウカンされる。 東京都・改 [ ]
(36) 家の内部をカイシュウする。 新潟県・改 [ ]

HIGH LEVEL

(37) 突風《とっぷう》でショクドウののれんが揺《ゆ》れる。 新潟県・改 [ ]
(38) 注意をカンキする。 富山県 [ ]
(39) 意味シンチョウな発言をする。 青森県 [ ]
(40) 実力はホショウされた。 大阪府・改 [ ]
(41) 他人の生活にカンショウする。 青森県 [ ]
(42) 私の友達にはヨウキな性格の人が多い。 大阪府 [ ]
(43) ケイコクを発する。 奈良県・改 [ ]
(44) 時代のタイキョクを見渡す。 岡山県・改 [ ]
(45) 温和なキショウにめぐまれている地域。 徳島県・改 [ ]
(46) 中国のメイゲンを調べる。 徳島県・改 [ ]
(47) 自我をユウセンする西洋の文化。 香川県・改 [ ]
(48) 新型の客船がシュウコウする。 愛媛県・改 [ ]
(49) 書店でシンカン書をながめる。 福岡県・改 [ ]
(50) 夕日を見てカンショウ的になる。 沖縄県・改 [ ]

2 〈同訓異字〉

正答率 90%

(1) 国をオサめる。 青森県・改
(2) 事務をトる。 青森県・改
(3) 彼《かれ》の意見は一貫性《いっかんせい》にカける。 青森県
(4) 布地をはさみでタつ。 千葉県・改
(5) 平和をノゾんでいる。 和歌山県・改
(6) 視点を別のところにウツす。 島根県・改
(7) 矢で的をイる。 愛媛県・改
(8) 席にツくと式が始まった。 青森県・改
(9) 彼が今日は力なくウツる。 茨城県・改
(10) アツい雪に覆《おお》われた街。 新潟県・改
(11) 熱いお茶をサます。 愛媛県
(12) 叔母《おば》は図書館にツトめている。 鹿児島県・改
(13) 作品の構想をネる。 群馬県・改
(14) 豊かにコえた畑に種をまく。 千葉県・改
(15) 「そんなもの必要ない」のひと言でカタ付ける。 岐阜県・改
(16) この問題はとても自分の手にはオえない。 佐賀県・改
(17) この機械の操作はヤサしい。 福島県・改
(18) 敬語のアヤマった使い方を正す。 都立武蔵・改
(19) ライバルがヘる。 長崎県・改
(20) クラスで協力して生き物をカう。 静岡県・改
(21) 鉄棒で久しぶりにサカ上がりをする。 千葉県・改
(22) 自然災害にソナえる。 群馬県・改
(23) しっかり予習をして授業にノゾむ。 宮城県・改
(24) 久しぶりに友人の家をタズねる。 都立墨田川・改

3 〈書き誤りやすい漢字〉

(1) 時間にセイヤクされる。 徳島県・改 [ ]

(2) 意味をスイソクする。 岐阜県 [ ]

(3) 監督《かんとく》が試合のショウインについて語った。 神奈川県 [ ]

(4) ジュンジョよく話す。 大阪府 [ ]

(5) ジュクレンした腕前《うでまえ》。 青森県 [ ]

正答率72%

(6) 来賓《らいひん》がシュクジを述べる。 埼玉県 [ ]

正答率37%

(7) 日本列島を車でジュウダンする。 群馬県 [ ]

(8) 水中のサンソが不足する。 岐阜県 [ ]

(9) 公園をサンサクする。 栃木県 [ ]

(10) 古くからのサイレイには風習がある。 香川県・改 [ ]

(11) ゆかたを作るためにサイスンする。 東京都 [ ]

HIGH LEVEL

(12) ザユウの銘《めい》。 長野県 [ ]

(13) ジュウオウ無尽《むじん》に走り回る。 宮城県 [ ]

4 〈送り仮名を誤りやすい漢字〉

※――線部の部分を、漢字と送り仮名で書きなさい。

正答率95%

(1) 野山が新緑にそまる。 福島県 [ ]

(2) 援助《えんじょ》の申し出をことわる。 静岡県・改 [ ]

(3) よい伝統をきずく。 長野県 [ ]

(4) 優勝に向けて闘志《とうし》をもやす。 岐阜県 [ ]

(5) 世界記録をやぶる。 群馬県 [ ]

(6) 久しぶりに顔をおがむ。 愛媛県 [ ]

(7) 小さい子どもにわかるように、言葉をおぎなう。 大阪府・改 [ ]

(8) 相手に向かってボールをほうる。 秋田県・改 [ ]

(9) 第6区の走者をつとめる。 兵庫県・改 [ ]

(10) おさないころを思い出す。 埼玉県 [ ]

(11) 体力をやしなう。 栃木県 [ ]

HIGH LEVEL

(12) チームをひきいるキャプテン。 大分県・改 [ ]

(13) 夏の日差しをあびる。 長崎県・改 [ ]

5 語句の意味

最重要点の確認

出題率 **49%**

1 多義語

複数の意味をもつ多義語の意味は、文脈で判断する。

明るい

部屋が**明るい**。（光が十分にある。）
性格が**明るい**。（朗らかだ。）
明るい未来。（希望や期待がもてる。）
明るい選挙。（やましいところがない。）
明るい青。（色が鮮明《せんめい》だ。くすみがない。）
地元の地理に**明るい**。（ある物事について、よく知っている。）

CHECK!
入試に出る多義語
明るい
やわらかだ
見せる
うかがう

2 心情を表す語句

慣用的な表現のうち、心情を表す語句の意味・使い方は正確におさえておく。

例
合格の知らせに**小躍《こおど》りする**。（うれしくて躍り上がる。）
うそがばれて**ばつが悪い**。（きまりが悪い。恥《は》ずかしい。）
歯がゆい思いをする。（思うようにならず、じれったい。）
おつかいを頼《たの》まれ、**渋々《しぶしぶ》**出かけた。（いやいやながら。）
誇《ほこ》らしげに周囲を見渡《みわた》す。（得意そうな様子。）
我が子が**いとおしい**。（このうえなくかわいい。）

3 難しい和語

文章表現の中でしばしば使われる、意味の難しい和語は、まとめて覚えておく。

例
あたかも知っているかのような顔をする。（まるで。）
かろうじてテストに合格した。（やっとのことで。なんとか。）
春**たけなわ**の山里を散策する。（まっさかり。）
いたずらに時間を過ごす。（むだに。）
セーターを重ね着して寒さを**しのぐ**。（我慢《がまん》して切り抜《ぬ》ける。）
休日は**もっぱら**読書をして過ごす。（それぱかりして。ひたすら。）
それはいずれ、**おのずから**わかる。（自然に。ひとりでに。）

4 難しい慣用的な表現

慣用的な表現のうち、意味の難しいものはまとめて覚えておく。

例
海外旅行で円高の**おかげをこうむる**。（恵《めぐ》みや利益を受ける。）
のっぴきならぬ事情で、欠席する。（避《さ》けることのできない。）
切羽《せっぱ》詰《つ》まって、徹夜《てつや》で勉強する。（追いつめられて。）
後半戦に入り、**旗色が悪くなる**。（戦いの形勢が不利になる。）
台風で**やむにやまれず**引き返す。（しかたなく。）
煎《せん》じ詰《つ》めれば、両者の主張は同じだ。（行き着くところまで考えれば。）

入試データ 空欄《くうらん》補充《ほじゅう》問題や、意味の選択《せんたく》問題などの形で出題されることが多い。

実戦トレーニング

お急ぎ **1**

解答・解説は別冊6ページ

次の文の――線部の言葉の意味を、それぞれあとから一つ選び、記号で答えなさい。 3・4

(1) せっかく花を生けても、人の手が加わったという形ではだめなのだ。 京都府

ア わざわざ　イ たとえ
ウ もちろん　エ さらに　［　　］

(2) レンゲツツジの満開期を堪能《たんのう》した。 大阪府

ア 十分に満足した
イ 逃《のが》してしまった
ウ 待ち望んでいた
エ 見きわめられた　［　　］

(3) 母親にたしなめられた。 沖縄県

ア つまらないことであると、みくびられた。
イ いけないことであると、穏《おだ》やかに諭《さと》された。
ウ 悪いことであると、きつくとがめられた。
エ しょうがないことであると、軽くみられた。　［　　］

(4) 後押《あとお》しするように激しくうなずいた。 愛媛県

ア 援助《えんじょ》する　イ 対応する
ウ 期待する　エ 確認する　［　　］

正答率 73%

(5) いささか残念なのだろう。 大阪府

ア すこし　イ かなり
ウ もちろん　エ とにかく　［　　］

(6) 母親は怖《こわ》くない程度の居丈高《いたけだか》になって。 佐賀県

ア 相手を押さえつけるような態度
イ 相手の気持ちを推し量るような態度
ウ 相手の機嫌《きげん》をうかがうような態度
エ 相手を不安にさせるような態度　［　　］

(7) 規範《きはん》のやみくもな統一。 香川県

ア 誠実さがないこと　イ 共通理解がないこと
ウ 謙虚《けんきょ》さがないこと　エ 思慮分別《しりょふんべつ》がないこと　［　　］

(8) その経験を誰《だれ》もがもどかしげに語る。 新潟県

ア はがゆい様子で　イ 落ち着いた様子で
ウ 不思議な様子で　エ 冷ややかな様子で　［　　］

(9) 一時的にもせよ筆は止まってしまう。 兵庫県

ア 一時的ではなくて　イ 一時的であったとしても
ウ 一時的であるから　エ 一時的であってはならず　［　　］

(10) 花ちゃんとは大ちがいなのはまだしも、カラスやハトにも負けている。 宮崎県

ア まだ許せるが　イ まだ仕方ないが
ウ まだ程遠いが　エ まだ不十分だが　［　　］

2

次の文の――線部の言葉の意味を、それぞれあとから一つ選び、記号で答えなさい。→4

(1) その後の実験や観測によって実証された例は、枚挙にいとまがありません。　大阪府

ア 特別の場合を除いてめったにありません。
イ 今までに何冊かの書物に記されています。
ウ 世間一般《いっぱん》にあまり認められていません。
エ 数えきれないほどたくさんあります。　[　　]

(2) 日本文化には、この見立ての表現が、多岐《たき》にわたって存在する。　愛媛県

ア 他との違《ちが》いがきわ立っている。
イ 大勢の人から期待されている。
ウ いろいろな方面に及《およ》んでいる。
エ 想像できる範囲《はんい》を超《こ》えている。　[　　]

(3) こともなげにそう言い、製作者の選別を続けた。　香川県

ア 平然として　イ 漠然《ばくぜん》として
ウ 依然《いぜん》として　エ 漫然《まんぜん》として　[　　]

(4) 「わかる」とは、まさに言い得て妙《みょう》である。　新潟県

ア 特に何も言う必要がないさま。
イ 言葉では表現しようがないさま。
ウ 実にうまく言い当てているさま。
エ 表現に違和感《いわかん》を感じるさま。　[　　]

3 お急ぎ

次の文の――線部の言葉と同じ意味で用いられているものを、それぞれあとから一つ選び、記号で答えなさい。→1

(1) じつによく日本文化を飲み込《こ》んだ外国人の評です。　和歌山県

ア 言いたいことはあったが、言葉を飲み込んだ。
イ おいしそうな物を見て、生つばを飲み込んだ。
ウ イベント会場は、五万人の観客を飲み込んだ。
エ 何回かやるうちに、作業のこつを飲み込んだ。　[　　]

(2) テレビを見ていると、社会問題や事件などを解説するのに、その道の専門家が出てきます。　沖縄県

ア 人としての道を外れる。
イ 帰り道で先生と会う。
ウ 昇進《しょうしん》の道が絶たれた。
エ この道一筋四十年だ。　[　　]

4

次の文の――線部の言葉の意味に合うものを、それぞれあとから一つ選び、記号で答えなさい。

(1) 写真のイメージをそのまま絵に置き換《か》えるという、それ自体およそ知的でない表現…　山口県

ア まったく　イ だいたい
ウ まさか　エ おそらく　[　　]

(2) 秋が来たことはなかなか視覚的には確認できない。　京都府

ア まさか　イ 簡単には
ウ おそらく　エ 決して　[　　]

(3) 我が家では猫《ねこ》がいちばん大きな顔をして過ごしている。 栃木県

ア 表情　イ 影響《えいきょう》
ウ 面目　エ 態度　[　　]

(4) それは生きものの生存戦略にとっても理にかなっている。 和歌山県

ア 道理　イ 理想
ウ 理性　エ 処理　[　　]

(5) 息子は、ようやく折れて、出ていった。 香川県

ア 譲歩《じょうほ》して　イ 落胆《らくたん》して
ウ 苦労して　エ 決断して　[　　]

5

次の各問いに答えなさい。

(1) 次の――線部「しぶしぶ」について、同じ意味になるように、十字以内の別の言葉を考えて書きなさい。 ↻2 福岡県

●いいつけられて、しぶしぶ稽古《けいこ》をおこなっているのだろうか。　[　　]

(2) 下の――線部「にくい」について国語辞典で調べると、「……することが□」とある。□の部分に入れるのに適切な言葉を、五字以内で書きなさい。 熊本県

●ほのぼのとした雰囲気《ふんいき》は期待しにくい。　[　　]

HIGH LEVEL

(3) 次の――線部における「あえて」という語の働きを、次のように説明した。a・bに入れるのに適切な語句を、それぞれ五字以内で書きなさい。 ↻3 秋田県

●物語は、あえて無駄《むだ》や脱線《だっせん》が加味されることで、内容に豊かな魅力《みりょく》を帯びてくるものです。

> 一般的《いっぱんてき》には a ものと考えられがちな「無駄や脱線」が、実は b ものであることを強調している。

a [　　]
b [　　]

6

次の文の□に当てはまる言葉をそれぞれあとから一つ選び、記号で答えなさい。

(1) おいおい。声に出しそうになって危うく言葉を□。 兵庫県

ア 引き取る　イ 練る
ウ 飲み込む　エ 濁《にご》す　[　　]

(2) 胸の内で、ひとり不安な気持ちとたたかっていた理央《りお》は、ほっと息を□。 ↻2 徳島県

ア のんだ　イ 潜《ひそ》めた
ウ 切らせた　エ もらした　[　　]

6 熟語の知識

最重要点の確認

出題率 25%

1 二字熟語の構成

二字熟語の構成は、可能なものは**訓読み**して意味のつながりを確かめる。

	構成	熟語	例
①	上と下が似た意味になる関係	勤務…**勤める**＝**務める**	減少　温暖　道路
②	上と下が反対（対）になる関係	軽重…**軽い**⇔**重い**	進退　善悪　縦横
③	上が下を修飾《しゅうしょく》する関係	海底…**海の**→**底**	親友　大河　急増
④	下が上の目的・対象になる関係	帰国…**帰る**←**国に**	消火　登山　失礼
⑤	上が主語、下が述語になる関係	頭痛…**頭が**→**痛い**	日没《にちぼつ》　市営　人造
⑥	上が下の意味を打ち消す関係	無害…**無**→**害**	不安　未知　非常

2 三字熟語・四字熟語の構成

三字以上の熟語の構成は、**二字熟語を基本**にしてとらえる。

●三字熟語

	構成	熟語
①	一字＋二字熟語	新発明（上が下を修飾する関係）
②	二字熟語＋一字	発表会（上が下を修飾する関係）
③	一字＋一字＋一字	松竹梅（三字が対等の関係）

●四字熟語

	構成	熟語
①	二字＋二字	半信半疑（上と下が反対になる関係）
②	一字＋三字	大運動会（上が下を修飾する関係）
③	一字＋一字＋一字＋一字	起承転結（四字が対等の関係）

3 対義語

対義語は、主に二字熟語のものを、次のように分類して覚える。

	分類	例	
①	一字が対立、一字が共通	直接⇔間接	主観⇔客観
②	二字がそれぞれ対立	生存⇔死亡	拡大⇔縮小
③	全体で対立している	権利⇔義務	生産⇔消費
④	否定の接頭語が付く	幸運⇔不運	既定《きてい》⇔未定

入試データ　読解問題の文章中などで、主に二字熟語の構成を問われることが多い。

実戦トレーニング

解答・解説は別冊7ページ

1

お急ぎ

「衰退《すいたい》」の熟語の成り立ち（構成）を説明したものとして適切なものを次のⅠ群**ア**～**エ**から一つ選び、記号で答えなさい。また、「衰退」と同じ成り立ち（構成）の熟語として適切なものをあとのⅡ群**カ**～**ケ**から一つ選び、記号で答えなさい。 1　京都府

Ⅰ群

ア 上の漢字が下の漢字を修飾《しゅうしょく》している。

イ 上の漢字と下の漢字が主語と述語の関係にある。

ウ 上の漢字と下の漢字が似た意味をもっている。

エ 下の漢字が上の漢字の目的や対象を示している。

［　　］

Ⅱ群

カ 洗顔　**キ** 探求　**ク** 多数　**ケ** 雷鳴《らいめい》

［　　］

2

正答率 77%

次の熟語と、熟語の組み立てが同じものを、それぞれあとから一つ選び、記号で答えなさい。 1

(1) 救助　埼玉県

ア 抑揚《よくよう》　**イ** 植樹　**ウ** 会議　**エ** 運送　［　　］

(2) 存在　栃木県

ア 喜劇　**イ** 未定　**ウ** 映像　**エ** 温暖　［　　］

(3) 遠近　高知県

ア 雅俗《がぞく》　**イ** 人造　**ウ** 遷都《せんと》　**エ** 歓喜　［　　］

(4) 注意　岐阜県

ア 急行　**イ** 膨張《ぼうちょう》　**ウ** 縦横　**エ** 兼職《けんしょく》　［　　］

(5) 迷路　沖縄県

ア 温暖　**イ** 秀才《しゅうさい》　**ウ** 非常　**エ** 船出　［　　］

正答率 58%

(6) 身体　新潟県

ア 風雲　**イ** 起伏《きふく》　**ウ** 永久　**エ** 助長　**オ** 握手《あくしゅ》　［　　］

(7) 表現　佐賀県

ア 温暖　**イ** 読書　**ウ** 日没《にちぼつ》　**エ** 公私　［　　］

3

次の**ア**～**エ**の熟語のうち、組み立て（構成）が他と異なるものを一つ選び、記号で答えなさい。 1　宮城県

ア 読書　**イ** 降車　**ウ** 日没　**エ** 開会　［　　］

4 矢印の方向に読むと、漢字二字の熟語ができる。□に入る適切な漢字を楷書《かいしょ》で正しく書きなさい。 岩手県

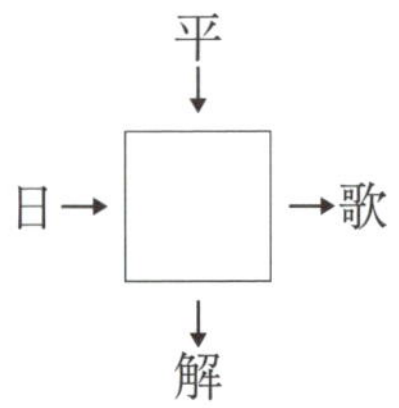

お急ぎ 5 次の三字熟語と同じ組み立ての熟語を、それぞれあとから一つ選び、記号で答えなさい。 2

(1) 長距離《ちょうきょり》 三重県

ア 好条件　**イ** 国際的

ウ 松竹梅　**エ** 自由化

〔　　〕

(2) 有意義 高知県

ア 好都合　**イ** 自主的

ウ 松竹梅　**エ** 向上心

〔　　〕

6 次の文中の□に当てはまる適切な言葉をあとから一つ選び、記号で答えなさい。 愛知県

● そのニュースを聞いたときの二人の反応は□だった。

ア 効率的　**イ** 相対的

ウ 対照的　**エ** 意識的

〔　　〕

7 次の▬▬内の漢字を使って、「大げさ」と同じような意味を表す四字熟語を一つ作りなさい。 鳥取県

水・小・八・棒・田・七・針
異・我・同・転・大・倒・引

〔　　〕

8 「自分の都合のよいように言ったり、したりすること」という意味をもつ四字熟語を次から一つ選び、記号で答えなさい。 高知県

ア 大義名分　**イ** 我田引水

ウ 馬耳東風　**エ** 付和雷同《ふわらいどう》

〔　　〕

9 次の文の――線部の□に当てはまる漢字を一字ずつ入れ、文脈に合う四字熟語を完成させなさい。 長崎県

● 「本当かね？」雄蔵《ゆうぞう》は半□半□で訊《き》き返した。

半□　半□

10 次の文中の□に当てはまる適切な言葉を、漢字二字で書きなさい。 愛知県

● 委員会のメンバーは個性的な人が多いため、意見は千差□であった。

〔　　〕

11

次の文中の□に当てはまる適切な言葉とその言葉が示す意味を、それぞれあとの**ア**～**オ**から一つずつ選び、記号で答えなさい。 愛知県

●昨日の話し合いでは、さまざまな意見が出された。しかし、どの意見も□で、特に目新しいものはなかった。

〈言葉〉

ア 一進一退　**イ** 大同小異
ウ 奇想天外《きそうてんがい》　**エ** 異口同音
オ 首尾一貫《しゅびいっかん》

[　　]　[　　]

〈意味〉

ア 全体的にほぼ同じで似たりよったりであること
イ 多くの人が口をそろえて同じことを言うこと
ウ 普通《ふつう》の人では思いもつかないこと
エ 考えや態度が終始変わらないこと
オ よくなったり悪くなったりすること

[　　]　[　　]

12

次の――線の部分の様子を表すのに、適切なものはどれか。あとから一つ選び、記号で答えなさい。 栃木県

●彼《かれ》は芸術祭に向け、わき目も振《ふ》らずに作品制作に取り組んでいる。

ア 才色兼備《さいしょくけんび》　**イ** 表裏一体
ウ 一心不乱　**エ** 変幻自在《へんげんじざい》

[　　]

13 お急ぎ

「創造」の対義語を、次から一つ選び、記号で答えなさい。 3 滋賀県

ア 消滅《しょうめつ》　**イ** 現実
ウ 模倣《もほう》　**エ** 破壊《はかい》

[　　]

14

「客観」の意味と「主観」の意味の関係と同じ関係にある組み合わせを、次から全て選び、記号で答えなさい。 3 岡山県

ア 「現実」―「理想」　**イ** 「容易」―「簡単」
ウ 「納得」―「了解《りょうかい》」　**エ** 「原因」―「結果」

[　　]

15 HIGH LEVEL

「偶然《ぐうぜん》」の対義語を含《ふく》む一文を次から一つ選び、記号で答えなさい。 3 高知県

ア 成功は必然の結果である。
イ 災害を未然に防止する。
ウ 文章の論旨《ろんし》が判然としない。
エ 研究を依然《いぜん》続けている。

[　　]

16 正答率 6%

次の言葉の対義語を、漢字で書きなさい。 3

(1) 相対 [　　] 千葉県

(2) 受動 [　　] 山口県

7 語句の知識

出題率 22%

最重要点の確認

1 慣用句

二つ以上の言葉が組み合わさって、**ある決まった意味**を表すもの。

●人体に関する慣用句

例

顔がきく（信用があって相手に無理が言える。）　目もくれない（見向きもしない。）

鼻であしらう（冷淡《れいたん》に応対する。）　歯に衣《きぬ》を着せない（遠慮《えんりょ》せずはっきり言う。）

手を焼く（てこずる。）　揚《あ》げ足を取る（言葉尻《ことばじり》などをとらえて、からかったりする。）

腹を割る（本心を打ち明ける。）　胸がすく（気分がすっきりする。）

●動植物に関する慣用句

例

すずめの涙《なみだ》（非常にわずかなこと。）　袋《ふくろ》のねずみ（追いつめられて逃《に》げ道がないこと。）

ねこの額《ひたい》（場所が狭《せま》いこと。）　根も葉もない（何の根拠《こんきょ》もなくてでたらめである。）

青菜に塩（すっかり元気がなくなること。）　花を持たせる（人に勝利や名誉《めいよ》を譲《ゆず》る。）

●その他の慣用句

例

機が熟す（よい時期になる。）　板につく（仕事や役柄《やくがら》がその人にぴったり合う。）

高《たか》をくくる（大したことはないと見くびる。）　かたずをのむ（はらはらしながら見守る。）

寝耳《ねみみ》に水（思いがけないことに驚《おどろ》く。）　横車《よこぐるま》を押《お》す（道理に合わないことを押《お》し通す。）

2 ことわざ

昔から言いならわされてきた言葉で、**批評や風刺《ふうし》、教訓や生活の知《ち》恵《え》**を含《ふく》むもの。

●似た意味をもつことわざ

例

ぬかに釘《くぎ》＝のれんに腕《うで》押し＝豆腐《とうふ》にかすがい（手ごたえがない。）

弘法《こうぼう》にも筆の誤り＝猿《さる》も木から落ちる＝河童《かっぱ》の川流れ＝上手《じょうず》の手から水が漏《も》る（上手な人も失敗することがある。）

泣き面《つら》に蜂《はち》＝弱り目に祟《たた》り目（不運に不運が重なること。）

歳月《さいげつ》人を待たず＝光陰《こういん》矢のごとし（月日のたつのは早い。）

石の上にも三年＝雨垂れ石を穿《うが》つ（辛抱《しんぼう》強く我慢《がまん》して続ければ、やがて大きな成果が表れること。）

●反対の意味をもつことわざ

例

立つ鳥跡《あと》を濁《にご》さず（立ち去るときは見苦しくないようにするべきだ。）

⇔後《あと》は野となれ山となれ（目先のことが済めば、あとはどうなっても構わない。）

渡《わた》る世間に鬼《おに》はない（無情な世の中にも、情け深い親切な人はいるものだ。）

⇔人を見たら泥棒《どろぼう》と思え（人を軽々しく信用してはならない。）

3 故事成語

主に**中国に昔から伝わる、いわれのある事柄《ことがら》**からできたもの。

例

杞憂《きゆう》（取り越《こ》し苦労）　蛍雪《けいせつ》の功（大変な苦労をして学問に励《はげ》んだ成果。）

他山《たざん》の石（自分の人格を磨《みが》くのに役立つ材料となる、他人のつまらない言動。）

塞翁《さいおう》が馬（人の幸・不幸は予測することができないということ。）

覆水盆《ふくすいぼん》に返らず（一度したことは取り返しがつかないということ。）

入試データ　空欄補充《くうらんほじゅう》問題や、意味を問う問題などが出題されやすい。

実戦トレーニング

解答・解説は別冊9ページ

1 お急ぎ

次の文章の□には、「恩恵《おんけい》を与《あた》えたことを、いかにも相手にありがたく思わせようとするさま」という意味の語句が入る。その語句をあとから一つ選び、記号で答えなさい。（沖縄県）

●受けた恩を忘れない一方で、与えた恩で相手に借りを感じさせることは嫌《きら》う。「□」という表現が否定的に使われることに、その特性が垣間《かいま》見える。

ア 恩をあだで返す　イ 恩に着る
ウ 恩着せがましい　エ 恩を売る

［　　］

2

次の――線部「ひけ目を感じている」の、この文での意味として適切なものをあとから一つ選び、記号で答えなさい。（佐賀県）

●若浜《わかはま》は、途中《とちゅう》入学の耕作《こうさく》にいつもひけ目を感じている。耕作のほうが、級長の自分より成績がいいからだ。

ア 対抗《たいこう》意識を燃やしているように感じている。
イ 自分のほうが劣《おと》っているように感じている。
ウ 距離《きょり》を置こうとしているように感じている。
エ 遠慮《えんりょ》しなければならないように感じている。

［　　］

3

次の文の□に当てはまる言葉をあとから選び、記号で答えなさい。（千葉県）

●白川《しらかわ》の森で□を立ててきた

ア 生存　イ 生計
ウ 共生　エ 余生

［　　］

4

「安易さ」と反対の意味で使われている五字の慣用句を、次の文章から書き抜《ぬ》きなさい。（福岡県）

●彼《かれ》らはまず食物を探しに出かけた。食物を探すことは、ずいぶん骨の折れる仕事だっただろう。

5

「重□の隅《すみ》をつつく」（「重□の隅を楊枝《ようじ》でほじくる」とも言う。）が、「どうでもいいような細かいことまで、いちいち問題にする」という意味の言葉になるように、□に当てはまる適切な漢字一字を書きなさい。（三重県）

6

「表現が露骨《ろこつ》すぎて味気ない」という意味をもつ慣用句を、次の文から書き抜《ぬ》きなさい。（秋田県）

●しかしもう日本人は心からわかりあえないのだ……と言ってしまうと身もふたもないので

［　　］

7

正答率 54%

Aさんの学級では、授業で四字熟語や慣用句を使った短文を一人一人が作り、それについて話し合った。次の会話を読んで、［Ⅰ］に当てはまる四字熟語として適切なものをあとから一つ選び、記号で答えなさい。また、Bさんが使った慣用句の中の［Ⅱ］に当てはまる漢字一字を書きなさい。 埼玉県

Aさん 「私は、『手紙の返事を［Ⅰ］の思いで待っている。』という短文を作りました。」

Bさん 「なるほど、それは、身体の一部を表す語が入った慣用句を使って、『手紙の返事を［Ⅱ］を長くして待っている。』とも言えますね。」

ア 一進一退　**イ** 一朝一夕
ウ 一日千秋　**エ** 十人十色

Ⅰ［　　］　Ⅱ［　　］

8

次の文中の［　］に当てはまる言葉として適切なものをあとから一つ選び、記号で答えなさい。 1 千葉県

●「グローバル社会で活躍《かつやく》できるように英語を学ぼう」とか、「グローバル化への対応力を身に付けよう」といった表現は、新鮮《しんせん》で［　］。だが、これらは、「国際社会」、「国際化」でもよいのではないだろうか。

ア 頭を絞《しぼ》る　**イ** 目を引く
ウ 鼻に付く　**エ** 耳に挟《はさ》む

［　　］

9

次の文章中に「明けない夜はない」とありますが、これはどのようなことをたとえているか。説明しなさい。 富山県

子育ての「桜騒動《さくらそうどう》」には、嬉《うれ》しいこと楽しいことばかりではなく、辛《つら》いこと大変なことも多い。私はまだ経験していないけれど、子どもの受験などは、その典型かもしれない。

夜中に何度も起こされ、寝不足《ねぶそく》でへろへろ[1]になっていた時期。どうしてもオムツでないと、ウンチができなかった時期。何を言っても「イヤイヤ」ばかりの反《はん》抗期《こうき》……。[2]渦中《かちゅう》にいるときは、振《ふ》り回されるばかりで「いつまでもこの状態が続くのだろうか」と悲観的になってしまう。心に余裕《よゆう》がなくて、先が見えない不安でいっぱいだ。けれど「明けない夜はない」。過ぎてみると「そんなこともあったっけなあ」という感じ。感傷に浸《ひた》るまもなく、目の前には、さらに成長を続ける子どもがいる。

（俵万智「たんぽぽの日々」より）

(注) 1 へろへろ…弱々しく威力《いりょく》のない様子。
2 渦中…ごたごたした事件の中。もめ事などの中心。

［　　］

10 お急ぎ

「[I]に短し[II]に長し」が「物事が中途半端《ちゅうとはんぱ》で役に立たないこと」という意味のことわざになるように、[I]・[II]に当てはまる言葉の組み合わせとして適切なものを次から一つ選び、記号で答えなさい。 2 高知県

ア Iわら・II縄《なわ》
イ I帯・IIたすき
ウ Iはし・II棒
エ I竜《りゅう》・II蛇《へび》

[　　]

11

「腹ぺこだと勝負できない」というような場合に使われることわざは何か。「腹が減っては…」に続けてそのことわざを完成させなさい。 秋田県

●腹が減っては[　　　　　]

12 お急ぎ

次の各文中の――線をつけた故事成語の使い方が適切なものを次から二つ選び、記号で答えなさい。 3 福岡県

ア 僕《ぼく》と弟は呉越同舟《ごえつどうしゅう》のとても仲の良い兄弟だ。
イ 納得が行くまで推敲《すいこう》を重ねた作文を提出する。
ウ 彼《かれ》の発言と行動には以前から矛盾《むじゅん》が多い。
エ 現代の科学技術は五十歩百歩で進んでいる。
オ 君が書いた文章の最後の一文は蛇足《だそく》だ。

[　　][　　]

13

「しっくりとゆく」という意味の、動物を用いた慣用句になるように、[　]に合う語句を書きなさい。 1 沖縄県

[　]が合う

[　　]

14

次の文の[　]に入れるものとして適切な漢字一字を書きなさい。 1 大分県

●そうしてみるとあなたたちの発言は、ともに「的を[　]た」ものと言えるでしょう。

[　　]

15 HIGH LEVEL

次の文中の[　]に入る言葉として適切なものを次から一つ選び、記号で答えなさい。 3 千葉県

●「他山の石とする」という言葉は、正しくは「[　]」という意味ですが、私は「他山の石」を「自分とは無関係なこと」という意味に取り違《ちが》えていました。

ア 他人のつまらない言葉や動作を自分自身の向上の助けとする
イ 他人のつまらない言葉や動作を遠くから見てすばらしいと思う
ウ 他人のすばらしい言葉や動作でもいつも役立つとは限らない
エ 他人のすばらしい言葉や動作を遠くから見て価値がないと思う

[　　]

8 漢字の知識

出題率 20%

最重要点の確認

1 画数

折れる線や曲がる線を含《ふく》む場合、特に注意する。

●一画で書くもの

乚…例 医・直　乃…例 及・扱

ㄅ…例 与・考　く…例 女・母

●二画で書くもの

几（丿几）例 机・凡　了（⺄了）例 了・承

厂（一厂）例 近・斥　卩（㇆卩）例 卸・印

●三画で書くもの

己（㇆コ己）例 已・巻　弓（㇆コ弓）例 引・弾

辶（丶 ⺀ 辶）例 逃・過　廴（㇇ ㇋ 廴）例 庭・廷

幺（𠃋 幺 幺）例 幼・紹　阝（㇇ 了 阝）例 防・郎

CHECK! 楷書《かいしょ》と行書《ぎょうしょ》で画数が異なることがある。

禾 5画　禾 4画

2 筆順

●二大原則

① 上から下へ……丶 亠 亠 言 言 言

② 左から右へ……丿 丿 ⺌ 州 州 州

●七つの原則

① 横画が先［縦横交わるとき］…例 一 十 土　例外—田〈冂 冂 田〉・由

② 中央が先［左右対称《たいしょう》に近い形のとき］…例 亅 小 小　例外—火〈丶 丷 火〉

③ 外側が先［中の点画を外から囲むとき］…例 丨 冂 同 回　例外—区〈一 又 区〉

④ 左はらいが先［左右にはらう画があるとき］…例 丶 亠 文

⑤ 貫《つらぬ》く縦画は最後…例 丨 冂 日 申

⑥ 貫く横画は最後…例 ㄑ 𠃋 母 母 母　例外—世〈一 十 廾 廿 世〉

⑦ 上・縦・下の順…例 一 十 廾 廿 甘

●似た形で筆順の異なるもの

ナ
- 横画が先……例 左・友・存
- 左はらいが先…例 右・有・希

ノ
- 先……例 九・及・丸
- あと……例 刀・力・万

厂
- 横画が先……例 原・厚・反
- 左はらいが先…例 成・感・威

にょう
- 先……例 起・超・魅
- あと……例 建・透

3 行書と楷書の違《ちが》い

●形の似ている部首

扌（扌《てへん》）—木（木《きへん》）

氵（氵《さんずい》）—糸（糸《いとへん》）—言（言《ごんべん》）

●楷書と形の異なるもの

楷書 艹（一 十 廾）　行書 艹（丷 丷 艹）

入試データ 行書で書かれた漢字の総画数や筆順、部首が問われることが多い。

実戦トレーニング

解答・解説は別冊10ページ

1 お急ぎ

次の漢字を楷書《かいしょ》で書いた場合の総画数を書きなさい。

(1) 進 [　　] 山口県

(2) 関 [　　] 沖縄県

2

次の**ア**～**エ**の漢字を楷書で書いた場合、総画数が一番少ない漢字を一つ選び、記号で答えなさい。

ア 編　イ 複　ウ 暖　エ 樹

[　　] 沖縄県

3

行書で書かれた次の**ア**～**エ**の漢字のうち、楷書で書いた場合の総画数が「象」の総画数より多いものをすべて選び、その記号を書きなさい。

ア 賞　イ 消　ウ 照　エ 章

[　　] 愛媛県

4

次の(1)～(3)の漢字の楷書と、総画数（楷書の場合）が同じになる漢字をそれぞれあとから一つ選び、記号で答えなさい。

(1) 飛　ア 班　イ 孫　ウ 筆　エ 祝 [　　] 大分県

(2) 愛　ア 諸　イ 福　ウ 無　エ 総 [　　] 徳島県

(3) 遠　ア 様　イ 訪　ウ 葉　エ 続 [　　] 岩手県

5

次の行書で書かれた漢字を楷書で書くとき、総画数が同じ漢字をあとから一つ選び、記号で答えなさい。

棒

ア 馬　イ 都　ウ 遠　エ 勝

[　　] 高知県

6 お急ぎ

「大洋」と「科学」を、それぞれ次のように書いたとき、一方だけに当てはまる行書の点画の特徴《とくちょう》を、あとから一つ選び、記号で答えなさい。 3 〈鳥取県〉

大洋　科学

ア 点画の丸み　イ 点画の形や方向の変化
ウ 点画の連続　エ 点画の省略

［　　］

7

次のi図は楷書《かいしょ》で書いた「林」であり、ii図は行書で書いた「林」である。行書で書いた「林」には、楷書で書いた「林」と比べて、違《ちが》った特徴がある。その説明として適切でないものをあとから一つ選び、記号で答えなさい。 3 〈京都府〉

i図 林　　ii図 林

ア 行書で書いた「林」には、楷書で書いた「林」と比べて、点画の方向や形が変化している部分がある。
イ 行書で書いた「林」には、楷書で書いた「林」と比べて、点画が連続している部分がある。
ウ 行書で書いた「林」には、楷書で書いた「林」と比べて、点画を省略している部分がある。
エ 行書で書いた「林」には、楷書で書いた「林」と比べて、筆順が変化している部分がある。

［　　］

8

漢字を行書で書くとき、楷書と異なる筆順で書くことがある。次の行書で書いた漢字の中には、楷書と異なる筆順で書いてあるものが一つずつある。それぞれ一つ選び、記号で答えなさい。 3

(1) ア 出　イ 何　ウ 楽　エ 書　［　　］ 〈三重県〉

(2) ア 花　イ 知　ウ 空　［　　］ 〈富山県〉

9 お急ぎ

「希」を楷書で書く場合、三画目に書くのはどの部分か。左の「希」の三画目だけを濃《こ》くなぞって書きなさい。 2 〈島根県〉

10 正答率44%

「惜」・「乗」を楷書で書くとき、次の(1)・(2)の黒く塗《ぬ》って示した部分は何画目になるか。それぞれ数字で答えなさい。 2 〈鹿児島県〉

(1) 　(2) 

(1)［　　］画目
(2)［　　］画目

11

□で囲んだ漢字を説明した次の文章の①に当てはまる語句を書きなさい。また、②に当てはまる語句を、あとから一つ選び、記号で答えなさい。 北海道

照

> 行書で書かれたこの漢字の部首名は、①であり、漢字の成り立ちとしては、音を表す部分と意味を表す部分が組み合わされた②文字に分類される。

ア 指事　イ 象形　ウ 会意　エ 形声

① [　　　] ② [　　　]

12

正答率 82%

次の各問いに答えなさい。 鹿児島県

(1) 次の行書で書かれた漢字の部首名を書きなさい。 3

秋

[　　　]

(2) (1)の部首と組み合わせたとき、常用漢字表にある、正しい漢字になるものを次から一つ選び、記号で答えなさい。

ア 音　イ 責　ウ 成　エ 含

[　　　]

13

次の漢字の部首名を書きなさい。また、楷書で書いた場合の総画数と同じ画数になる漢字をあとから一つ選び、記号で答えなさい。 1・3 群馬県

複

ア 遠　イ 確　ウ 増　エ 報

部首名 [　　　]

同じ画数の漢字 □

14

漢字「活」の部首と同じ部首をもつ漢字を行書で書いたものを次から一つ選び、記号で答えなさい。 高知県

ア 補　イ 伯　ウ 演　エ 絡

[　　　]

15

HIGH LEVEL

次の□は、「調」を行書で書いたものである。これを見ると、部首の点画を省略して書いていることがわかる。これと同じように、部首の点画を省略して書いているものを、あとに示した漢字の中から一つ選び、それを楷書で書きなさい。 和歌山県

調

開　性　頭　店

□

COLUMN 1

これで得点アップ! 漢字読み書き問題

どの入試でも、必ず出題される漢字の読み書き問題。点の取りやすい分野なので、絶対に点数を落としたくないもの。そこで、次に挙げる得点をアップするコツをおさえておこう。

漢字の読み

1 音読みよりも、訓読みの正答率が低い傾向《けいこう》にある。**漢字一字の場合は、訓で読むのが原則**だ。その他間違《まちが》えやすいのは、次のような漢字である。

①複数の訓読みをもつ漢字

著《あらわ》す…著《いちじる》しい　省《はぶ》く…省《かえり》みる

②難しい訓読みをもつ漢字

覆《おお》う　鮮《あざ》やか　陥《おちい》る　紛《まぎ》れる

①は、**二つの訓読みを送り仮名で見分けよう。**

②は、その**漢字を含《ふく》む熟語を思い浮《う》かべてみる**という手がある。例えば「覆う」なら、「覆面《ふくめん》」などの熟語である。それを文に言い換《か》えてみると、「面を覆う」となり、「おお（う）」という読みを導き出せる。

2 熟語の中の漢字の読みが思い出せないときは、その漢字の「部分」に注目してみよう。例えば、「申請《しんせい》」の「請」が読めなければ、「青」の部分に注目する。「青」の音読みは「セイ」だから、「請」も「セイ」ではないかと見当をつけることができる。

漢字の書き

1 一字の訓読みの漢字は、似たような意味をもつ熟語を思い出すとよい。例えば「ココロみる」が書けなければ、「試験」「試作」など、「ためしに行う」という意味をもつ熟語を思い浮《う》かべてみよう。

熟語の場合は、同音異義語が多いので、**その熟語が文中でどんな意味で使われているか**をよく考えること。また、「往フク」の「フク」のように、「復」「腹」「複」など**同音異字**があって迷う場合は、それぞれの**部首の表す意味**から判断しよう。

2 漢字の「はね」「とめ」や、画の**「つき出し」**などがあいまいだと、減点になる。また、**漢字は、大きく、濃《こ》く、丁寧《ていねい》に書く**こと。字が小さくて点画が曖昧《あいまい》だったり、バランスの乱れがあったりした場合は、不正解となることも多い。

文法

弱点チェック

次の問題を解いて、自分の弱点項目をみつけよう！

解答は別冊11ページ

1 単語の意味・用法

□ ①「この野菜は、生で食べられる。」の「られる」は、［受け身　可能　尊敬　自発］の意味を表す助動詞である。

□ ②「国道沿いにある家なので、夜でも車の音がうるさそうだ。」の「そうだ」は、伝聞・様態のどちらを表しているか？　［　　］

□ ③「妹の泣き声が聞こえたので、様子を見に行く。」の「の」は、［部分の主語　連体修飾語《しゅうしょくご》　体言の代用］を示す、［格助詞　接続助詞　副助詞　終助詞］である。

□ ④「早起きはつらいが、早朝のジョギングは気持ちがいい。」の「が」は、［主語を示す格助詞　並立の関係を示す格助詞　逆接の関係を示す接続助詞　前置きを示す接続助詞］である。

□ ⑤「この問題はそんなに難しくない。」の「ない」は、［補助形容詞　形容詞の一部　打ち消しの助動詞］である。

□ ⑥「その本は兄ので、これがぼくのだ。」の「で」は、［場所を示す格助詞　接続助詞「ので」の一部　断定の助動詞「だ」の連用形］である。

□ ⑦「国の行く末が案じられる。」の「られる」は、［受け身　尊敬　自発］の意味の助動詞である。

2 言葉の単位・文節の関係

□ ①「バスが来た。」を、例にならって単語に分けると？
（例）歌・を・歌う。　［　　］

□ ②「枝に小鳥が止まっている。」の文を文節に区切ると、いくつの文節に分けられる？　［　　］

□ ③「私はバナナを食べる。」の——線部と〰〰線部の文節の関係は、［主語・述語の関係　修飾・被《ひ》修飾の関係　並立の関係　補助の関係］である。

□ ④「夕日が沈《しず》んでいく。」の——線部と〰〰線部の文節の関係は、［主語・述語の関係　修飾・被修飾の関係　並立の関係　補助の関係］である。

□ ⑤「純白の大地。」の——線部は、［連体修飾語　連用修飾語］である。

□ ⑥「自分で作ったおもちゃを動かしてみる。」の——線部は連文節である。この連文節を作っている二つの文節の関係は？　［　　］

□ ⑦「広い、きれいな部屋が見つかった。」の——線部が直接係る文節は、［きれいな　部屋が　見つかった］である。

□ ⑧「夕方、食堂に、家族全員が集まった。」の——線部が直接係る部分を、一文節で抜《ぬ》き出すと？　［　　］

3 品詞の識別

□① 「遊園地で楽しく過ごした。」の「楽しく」と同じ品詞の単語は、「遊ぶ・冷たい・愉快《ゆかい》だ・ぐんぐん」のうちのどれ？ ［　　］

□② 「草原に、風がさわやかに吹《ふ》き渡《わた》り、わたしは幸福な気持ちで空を見上げた。」の文から形容動詞を二つ、そのままの形で順に抜き出すと？ ［　　・　　］

□③ 「山の中の小さな一軒家《いっけんや》を、ある日、一人の老人が訪れた。」の「ある」と同じ品詞の単語が、文中に一つある。その単語は？ ［　　］

□④ 「ゆっくり歩く。」「とてもうれしい。」「決して忘れません。」の――線部は、すべて同じ品詞である。その品詞名は？ ［　　］

□⑤ 「遊んでばかりいると、授業に追いつけなくなるようだ。」の「ばかり」は［**名詞　助詞　助動詞**］、「ようだ」は［**形容動詞　助詞　助動詞**］である。

4 用言の活用

□① 「友人を家に招く。」の「招く」という動詞の活用の種類は？ ［　　］

□② 「放送部員として活動しています。」の「活動し」は動詞である。この動詞の活用の種類は？ ［　　］

□③ 「着る・来る・投げる」のうちで、下一段活用をする動詞は？ ［　　］

□④ 「木の葉が落ちた。」の「落ち」は、上一段活用の動詞「落ちる」の［**未然形　連用形　連体形　仮定形　命令形**］である。

□⑤ 「元気なので安心してください。」の「元気な」は形容動詞であるが、ここでの活用形は？ ［　　］

5 敬語

□① 「お手紙を拝見する。」の「拝見する」は、［**尊敬語　謙譲語《けんじょうご》　丁寧語《ていねいご》**］である。

□② 「先生がお菓子《かし》を召《め》し上がる。」の「召し上がる」は、［**尊敬語　謙譲語　丁寧語**］である。

□③ 「市長が車に乗る。」の「乗る」を、「お……になる」の形で、尊敬語を使った表現にすると？ ［　　］

□④ 「電話番号を聞く。」の「聞く」を、「お……する」の形で、謙譲語を使った表現にすると？ ［　　］

□⑤ 「校長先生が申されたように、……。」の――線部を、正しい敬語を使った表現に直すと？ ［　　］

弱点チェックシート

正解した問題の数だけ塗りつぶそう。正解の少ない項目があなたの弱点部分だ。

項目	チェック	ページ
1 単語の意味・用法	1 2 3 4 5 6 7	48ページ
2 言葉の単位・文節の関係	1 2 3 4 5 6 7 8	53ページ
3 品詞の識別	1 2 3 4 5	57ページ
4 用言の活用	1 2 3 4 5	61ページ
5 敬語	1 2 3 4 5	65ページ

弱点項目から取り組む人は、このページへGO！

単語の意味・用法

出題率 42%

最重要点の確認

1 助動詞の意味・用法の識別

複数の意味をもつ助動詞は、言い換《か》えたり言葉を補ったりしてとらえる。

れる・られる

- ①受け身（他から何かをされる）　例 母に夜ふかしを注意される。
- ②可能（〜することができる）　例 裏口から外に出られる。
- ③尊敬（動作の相手を敬う）　例 十時にお客様が来られる。
- ④自発（自然にそうなる）　例 昔のことが思い出される。

う・よう

- ①推量　例 もう間に合わないだろう。▼前に「たぶん」を補える。
- ②意志　例 明日から頑張《がんば》ろう。▼「〜つもりだ」と言い換えられる。
- ③勧誘《かんゆう》　例 みんなで練習しよう。▼前に「一緒《いっしょ》に」を補える。

2 助詞の意味・用法の識別

同じ形で助詞の種類や意味・用法が違《ちが》うものがあるので注意する。

の

- ①部分の主語　例 姉の作ったケーキを食べる。▼「が」と言い換えられる。
- ②連体修飾語《しゅうしょくご》　例 鳥の声が聞こえる。▼体言に挟《はさ》まっている。
- ③体言の代用　例 歌うのが得意だ。▼「こと・もの」に言い換えられる。
- ④並立　例 眠《ねむ》いの疲《つか》れたのと騒《さわ》ぐ。▼「〜の〜の」の形。

と

- ①格助詞（引用）　例 いいよと言われる。▼前の部分を「　」でくくれる。
- ②格助詞（結末）　例 主となって君臨する。▼体言に付いている。
- ③格助詞（並立）　例 僕《ぼく》のと彼《かれ》のを替《か》える。▼「と」の前後を入れ替《か》えられる。
- ④接続助詞　例 これが終わると、楽になる。▼活用語の終止形に接続する。

3 識別の難しい単語

品詞の異なるもの、他の単語の一部であるものなどを見分ける。

ない

- ①助動詞（否定）　例 誰《だれ》も来ない。▼「ぬ」と言い換えられる。
- ②補助形容詞　例 庭は広くない。▼直前に「は・も」を補える。
- ③形容詞の一部　例 人生ははかない。▼「ない」の前で切り離《はな》せない。

に

- ①格助詞　例 校庭に集まる。▼「〜だ」で文を終えられない。
- ②接続助詞の一部　例 寒いのに薄着《うすぎ》だ。▼「のに」を「けれど」と言い換えられる。
- ③助動詞の一部　例 真夏のように暑い。▼直前に「よう・そう」がある。
- ④形容動詞の活用語尾《ごび》　例 妹が元気に遊ぶ。▼「〜な＋名詞」の形にできる。（元気な妹）

で

- ①格助詞　例 家で休む。▼「〜だ」で文を終えられない。
- ②助動詞の連用形　例 父は医者である。▼「〜だ」で文を終えられる。
- ③形容動詞の活用語尾　例 桜が見事である。▼「〜な＋名詞」の形にできる。（見事な桜）
- ④接続助詞「て」の濁音化《だくおんか》　例 からすが飛んでいる。▼直前に動詞の音便形がある。

ある

- ①動詞　例 公園に大木がある。▼「存在する」と言い換えられる。
- ②補助動詞　例 もう話してある。▼直前に「て（で）」がある。
- ③連体詞　例 昨年のある夏のことだ。▼「存在する」と言い換えられない。

そうだ

- ①助動詞（伝聞）　例 雨が降るそうだ。▼活用語の終止形に接続する。
- ②助動詞（様態）　例 雨が降りそうだ。▼活用語の連用形や語幹に接続する。
- ③副詞「そう」＋助動詞「だ」　例 私もそうだと思う。▼「そうだ」の前で文節に区切れる。

入試データ　読解問題の文章中で問われることが多い。それぞれの意味・用法や品詞の違いを覚えておこう。

実戦トレーニング

解答・解説は別冊11ページ

お急ぎ **1**

次の文の――線部と同じ意味・用法のものを、それぞれあとから一つ選び、記号で答えなさい。 3

(1) それは本物の物自体ではない 福島県

ア いくら考えてもこのパズルが解けない。
イ 薬を飲んだので頭はもう痛くない。
ウ 例年と比較《ひかく》すると積雪がかなり少ない。
エ 彼《かれ》の言葉がどうしても忘れられない。
オ 体育祭の翌日だが疲《つか》れは全くない。

[　　]

(2) 教室では騒《さわ》がないようにしよう。 栃木県

ア 運動会は雲一つない晴天に恵《めぐ》まれた。
イ どのような困難にも彼はくじけない。
ウ 友人のさりげない一言が胸にしみた。
エ 君の夢が実現する日もそう遠くない。

[　　]

(3) 傷がついていない緑の葉っぱ 静岡県

ア それほど急ぐ必要はない。
イ スピードの出し過ぎは危ない。
ウ 赤ん坊《ぼう》の寝顔《ねがお》はあどけない。
エ 相手の言うことが理解できない。

[　　]

(4) プログラムを開発した者でさえ、ロボットが次にどのような動作をとるか、予測できなくなる。 青森県

ア それは小学生にさえ解ける簡単なクイズだ。
イ 夜には雨が降り雷《かみなり》さえ鳴り出した。
ウ 弟も静かにさえしていれば怒《おこ》られないのに。
エ 彼はひまさえあれば本を眺《なが》めている。

[　　]

(5) サクラの木に茂《しげ》っている緑の葉っぱ 富山県

ア 傷がつかずに生きている緑の葉っぱの中では、二つの物質は接触《せっしょく》しないようになっています。
イ では、質問のように、なぜ雨あがりのサクラ並木で、桜もちの香《かお》りがしたのでしょうか。
ウ 原因は、桜並木のサクラの木の根もと付近にたまっている、サクラの古い落ち葉です。
エ お天気が続いていると、落ち葉はカラカラに乾《かわ》いて水気を含《ふく》んでいません。

[　　]

(6) そうした土地に生える山菜を、採りながらも護《まも》ってきた。 千葉県

ア 小さいながら、よく走る自動車だ。
イ 走りながら、汗《あせ》をふく選手もいた。
ウ いつもながら、楽しい時間だった。
エ 涙《なみだ》ながらに、自分のことを語った。

[　　]

2

次の文の――線部と同じ意味・用法のものを、それぞれあとから一つ選び、記号で答えなさい。 2

(1) 美術部員の描《か》いたポスター　茨城県

ア　桜の咲《さ》く公園

イ　庭の植木

ウ　歩くのに疲《つか》れる

エ　秋なのに暑い

［　　］

(2) 俳句がもっぱら季節感をともなった自然を描《えが》くのも、この意識の上にあることなのだ。　京都府

ア　このアルバムには、彼《かれ》らの思い出がたくさん詰《つ》まっている。

イ　雨の降る日は、近くの図書館で読書をして過ごしたものだ。

ウ　あまりに小さいので、すぐに見つけることができなかった。

エ　集団で行動するときに、集合時間を守るのは大切なことだ。

［　　］

(3) このピアノは、音がきれいだ。　群馬県

ア　よく晴れた日だ。

イ　彼女《かのじょ》は表情が豊かだ。

ウ　ボールが遠くまで飛んだ。

エ　彼は明日の午後来るそうだ。

［　　］

正答率 80%

(4) 昨日、自動車で家族と牧場に出かけた。　埼玉県

ア　日本は平和である。

イ　やかんでお湯を沸《わ》かす。

ウ　彼は疲れていたようである。

エ　シラコバトが飛んでいる。

［　　］

(5) 私たちの目に触《ふ》れるのは、製造途中《とちゅう》の製品ではなく、店頭に並べられた完成品である。　新潟県

ア　私の兄は高校二年生で、妹は中学一年生です。

イ　顧問《こもん》の先生のおかげで、県大会に出場できた。

ウ　昔をなつかしんで、祖母は思い出話を始めた。

エ　私は陸上競技場で、走り高跳《たかと》びの練習をした。

［　　］

(6) 母親は曖昧《あいまい》な思い出話をするばかりで、初めて落ち合う相手の特徴《とくちょう》をいっこうに教えてくれなかった。　鳥取県

ア　今にも泣かんばかりの顔だった。

イ　見えるものといえば波ばかりだ。

ウ　あれから三年ばかりが経過した。

エ　鳥取《とっとり》にはさっき着いたばかりだ。

［　　］

(7) 体の内と外から冷やされて、クジラはほんとうに寒くないのだろうか。　三重県

ア　私の考えは君と違《ちが》う。

イ　雨が降ると試合は中止だ。

ウ　彼女は小説家となった。

エ　私は桃《もも》とメロンが大好きだ。

［　　］

3

次の文の――線部と同じ働きをしているものを、それぞれあとから一つ選び、記号で答えなさい。

(1) ひとつの疑問がわいてきた。　山口県

ア 暖かい春がきた
イ 雰囲気《ふんいき》が和んできた
ウ すぐに発見できた
エ 鼻につんときた

［　　］

(2) 網《あみ》を掛《か》けられた白いゴールポスト。　長崎県

ア 春の気配が感じられた。
イ 手伝いをして母にほめられた。
ウ 難問にやっと答えられた。
エ 先生が退職を迎《むか》えられた。

［　　］

(3) ふと静かにつぶやいた。　香川県

ア 直ちに現場へ向かう
イ 部屋をきれいにする
ウ 五時までに帰宅する
エ 集合場所に到着《とうちゃく》する

［　　］

4

次の文の――線部と同じ働き・意味で使われている「よう」を含《ふく》む文をあとから一つ選び、記号で答えなさい。 ↻1　滋賀県

●日常生活のなかに求められる「変化」の妙味《みょうみ》は「旅」に尽《つ》きよう。

ア 太郎《たろう》さん、明日は一緒《いっしょ》にテニスをしよう。
イ 必ずやこの理想が実現するときが来よう。
ウ ついに希望がかなうとはまるで夢のよう。
エ やっと宿題が終わったのですぐに寝《ね》よう。

［　　］

5

次の文の――線部と同じ働きのものをあとから二つ選び、記号で答えなさい。 ↻3　岩手県

●その考えがよくないと思ったら

ア 私と彼《かれ》とはたがいに面識がない。
イ その絵は居間にふさわしくない。
ウ 文化祭まであと五日間しかない。
エ 君に励《はげ》まされたことは忘れない。
オ 彼のあの言い方は穏《おだ》やかでない。

［　　］［　　］

6

次の文の――線部の働き・意味として適切なものをあとから一つ選び、記号で答えなさい。 ↻1　青森県

●三つ目の「思う」は、これも決意で、断固とした表現に当たろう。

ア 勧誘《かんゆう》　イ 意志
ウ 推量　エ 断定

［　　］

7

次の言葉について、あとの――線部のうち、働き・意味の異なるものを一つ選び、記号で答えなさい。3

(1) ない　鳥取県

ア　あわれな字を書く人がすくなくない

イ　うまく書こうとは思わない

ウ　なかなか上達しない

エ　まだまだ書けない

［　　］

(2) の　兵庫県

ア　今更《いまさら》言い立てるのも気がひける

イ　小説を書く基礎《きそ》になるのは、日常、事物を杜撰《ずさん》にではなく「見る」習慣、「見る」力だと知らされる。

ウ　それは、日常、自分の環境《かんきょう》の事物を見る、その見方のほどに限りがないのと本質的には違《ちが》っていない

エ　私が自分の評論に求めるようになったのは、出来《でき》るだけ平明な言葉で、事物としての文章の分析《ぶんせき》帰納を行うこと。

［　　］

(3) らしい　宮城県

ア　記録の更新《こうしん》は確実らしい。

イ　正月の門松は日本らしい風物だ。

ウ　夏らしい抜《ぬ》けるような青空だ。

エ　まぶしいほどの笑顔が君らしい。

［　　］

(4) と　長野県

●「植物たちの発芽の季節は、いつですか」と(ア)問えば、多くの人は、「春」と(イ)答えるでしょう。

●この姿は、バラ（rose）の花に見立てられて、「ロゼット（rosette）」と(ウ)よばれます。

●葉っぱが地面にへばりついていると(エ)、冷たい風の影響《えいきょう》をあまり受けません。

［　　］

8

「伝聞」の意味で使われている助動詞が含《ふく》まれている文を、ア～エから一つ選び、記号で答えなさい。1　高知県

ア　生命は海から誕生したそうだ。

イ　天気図では明日は雨が降るらしい。

ウ　夜空の星は輝《かがや》く宝石のようだ。

エ　努力すれば願いは実現するだろう。

［　　］

9

次の――線部と異なる働きをしているものを、あとから一つ選び、記号で答えなさい。2　茨城県

●苦情に対応する

ア　車両の一方の端《はし》に向かい合う形で

イ　優先席の増設に合わせて

ウ　確かに現在の優先席は

エ　小学生が高齢者《こうれいしゃ》に席を譲《ゆず》る

［　　］

2 言葉の単位・文節の関係

最重要点の確認

出題率 25%

1 言葉の単位

言葉を、文節や単語ごとに正しく分けられるようにする。

文節

●意味を壊《こわ》さず、発音しても不自然にならない範囲《はんい》で、文をできるだけ短く区切ったひと区切りのこと。

例 校舎の〈文節〉 ネ 東側に〈文節〉 ネ 朝日が〈文節〉 サ 当たる〈文節〉 ヨ。

「ネ・サ・ヨ」を入れて、自然に切れるところを見つける。

単語

●意味のある言葉としては、これ以上分けることができない、最も小さい単位のこと。それだけで意味がわかる単語（自立語）と、それだけでは意味がわからず、必ず自立語のあとに付いて文節を作る単語（付属語）がある。

例
〈文節〉 校舎（自立語）〈単語〉 の（付属語）〈単語〉
〈文節〉 東側（自立語）〈単語〉 に（付属語）〈単語〉
〈文節〉 朝日（自立語）〈単語〉 が（付属語）〈単語〉
〈文節〉 当たる（自立語）〈単語〉。

2 文節と文節の関係

並立の関係と補助の関係は、常に連文節になることに注意する。

①主語・述語の関係　例 犬が 走る。 街は にぎやかだ。

②修飾《しゅうしょく》・被《ひ》修飾の関係　例 青い 風船。（連体修飾語と被修飾語の関係） 船に 乗る。（連用修飾語と被修飾語の関係）

③接続の関係　例 時間なので、帰る。

④独立の関係　例 こんにちは、お元気ですか。

⑤並立の関係　例 この湖は、広くて 深い。 ▼入れ換《か》えても意味が変わらない。

⑥補助の関係　例 子犬が 鳴いて いる。

3 文の成分

一文節の場合は「〜語」、連文節の場合は「〜部」という。

▼二つ以上の文節がまとまって、一つの文節のような働きをするもの。

①主語（主部）▼「何が」「だれが」

②述語（述部）▼「どうする」「どんなだ」「何だ」「ある・いる・ない」

③修飾語（修飾部）▼「何を」「いつ」「どこで」「どのように」

④接続語（接続部）▼前後をつなぐ。

⑤独立語（独立部）▼他と直接関わらない。

4 文節の係り受け

特に修飾・被修飾の関係に注意しておさえておく。

●何の・だれの・どんなを表す言葉→体言を含《ふく》む文節を修飾
例 子犬の 悲しそうな 鳴き声が いつまでも 続いて いた。

●どのように・どのくらい・いつ・どこで・何を などを表す言葉→用言を含む文節を修飾
例 夕方、にじが かかった。

●呼応（陳述《ちんじゅつ》）の副詞→それに呼応する言い方を含む文節を修飾
例 決して→…ない　たぶん→…だろう　もし→…たら

入試データ 読解問題の文章の中で、修飾・被修飾の関係や文の成分が問われる。

実戦トレーニング

解答・解説は別冊13ページ

1 お急ぎ

次の文を単語に区切ったときの単語の数を、数字で書きなさい。 1 高知県

●私は高い山に登りたい。

［　　］

2

「私はリレーの選手に選ばれました。」の——線の部分を単語に区切った場合、正しいものはどれか。次から一つ選び、記号で答えなさい。 1 栃木県

ア 選ばれ／まし／た

イ 選ばれ／ま／し／た

ウ 選ば／れ／ました

エ 選ば／れ／まし／た

［　　］

3

次の文を単語に区切るとき、その区切り方として適切なものをあとから一つ選び、記号で答えなさい。 1 大分県

●さまざまな役割を担った人が住んでいる。

ア さまざまな／役割／を／担っ／た／人／が／住ん／で／いる。

イ さまざまな／役割／を／担っ／た／人／が／住んで／いる。

ウ さまざま／な／役割／を／担っ／た／人／が／住ん／で／いる。

エ さまざま／な／役割／を／担っ／た／人／が／住んで／いる。

［　　］

4 正答率64％ お急ぎ

次の——線部の文節と〰〰の文節との関係を、それぞれあとから一つ選び、記号で答えなさい。 2

(1) 丘《おか》の 上の 大きな 家まで ゆっくり 歩く。 埼玉県 ［　　］

(2) それは 十分に その 達成に 満足して いい バランスと 完成度を たたえて いる。 山口県・改

ア 主語・述語の関係

イ 修飾《しゅうしょく》・被《ひ》修飾の関係

ウ 並立（対等）の関係

エ 補助の関係

［　　］

5

次はいくつの文節に区切ることができるか。文節の数を算用数字で書きなさい。 1

(1) 私は長谷川《はせがわ》コトミをふりかえる。 宮城県 ［　　］

(2) 全く予想もしなかったことを 北海道 ［　　］

(3) では、人間を他者と区別するもっとも大きな特徴《とくちょう》はなんだろうか。 福井県・改 ［　　］

6 HIGH LEVEL

次のうち、一つの意味だけに読み取れ、解釈《かいしゃく》をする上で誤解の生じない文はどれか。一つ選び、記号で答えなさい。　栃木県

ア　彼《かれ》はお昼前に学校に来るよう担任の先生から連絡《れんらく》を受けた。

イ　母親は笑いながら走り回っている子どもたちに声をかけた。

ウ　今朝東京に住む兄から正月には実家に帰ると電話があった。

エ　祖母から誕生日のお祝いに小さなかばんと財布をもらった。

［　　］

7 お急ぎ

次の文の——線部の主語を、一文節で抜《ぬ》き出して書きなさい。　3

(1) すると、隣《となり》のユリカがぼくの顔を見てから、大きな笑みを浮《う》かべて叫《さけ》んだ。　岐阜県　［　　］

(2) 木の下にたたずむおとめも、また全身を桃《もも》の花のいろに染め、ほのかにかがやいている。　滋賀県　［　　］

8

次の文を、主語と述語が対応した適切な一文にしたい。「体験に必要な時間は、」に続けて、あとの部分を適切な表現に直して書きなさい。　静岡県

●体験に必要な時間は、一時間かかります。

体験に必要な時間は、［　　］。

9

次の文の——線部「その人は」の述語に当たる部分を、一文節で抜《ぬ》き出して書きなさい。　3　宮崎県

●その人は、自分の家の前の「マエヤマ」（家の正面に立った時に見える山の風景あるいは山そのもの）に見える桜の木は、自分の祖父が植えたものであり、今後生まれてくる孫や曾孫《ひまご》の代の人々が自分の植えた満開の山桜を楽しめるように、今のうちに桜の苗木《なえぎ》を植えておくのだと言った。

［　　］

10 お急ぎ

次の文の——線部「おのずと」が修飾《しゅうしょく》している語句を、〰〰部ア〜エから一つ選び、記号で答えなさい。　4　青森県

●そこにはおのずと、ア香《かお》りや手触《てざわ》り、イ風のウ温度までがエ織り込《こ》まれてくる。

［　　］

11

次の文の——線部「必ずしも」が直接係るのは、どの言葉か。一文節で抜き出して書きなさい。　4　石川県

●前者は「生きる」という人間に自然で必然の基本に関わることであり、後者は「よく生きる」という必ずしも必然とは言えない欲求に基づく。

［　　］

12

正答率 63%

次の――線部は、どの言葉に係るか。それぞれあとから一つ選び、記号で答えなさい。 4

(1) 面白いことに人間は、彩《いろど》りのないさまざまな明るさの灰色だけで表現された風景を見て、それを美しいと感じることができる。 滋賀県

ア 表現された
イ 見て
ウ 美しい
エ 感じる

［　　］

(2) 私はまだ見たこともない私に出会い 北海道

ア 見た
イ ない
ウ 出会い

［　　］

(3) ただでさえ二日目のコースはきつめに設定されている。 宮城県

ア 二日目の
イ コースは
ウ きつめに
エ 設定されている

［　　］

(4) そういう親切なキット《材料一式》を売り出す人は、きっと入門者に対する親切心から、至《いた》れり尽《つ》くせりの状況《じょうきょう》を用意するのだろうし、そこまでしてやらないと、今の子どもたちは本当にものを作ろうとしない。 福井県

ア 親切心から
イ 用意するのだろうし
ウ 子どもたちは
エ しない

［　　］

13

「読んでいる」の「読んで」と「いる」とはどのような関係か。適切なものを次から一つ選び、記号で答えなさい。 2 三重県

ア 修飾《しゅうしょく》・被《ひ》修飾の関係
イ 主語・述語の関係
ウ 補助の関係
エ 並立の関係

［　　］

14

「帯びてくる」の「帯びて」と「くる」の二文節と同じ関係のものを、次の――線部から一つ選び、記号で答えなさい。 2 秋田県

ア ときには矛盾《むじゅん》に見えるほどの多様性を含《ふく》んでいる。
イ 物語には悲劇的な結末も少なからず待っています。
ウ 希望は、人々を物語の世界に引き込《こ》む魔力《まりょく》があります。
エ むしろ知的興奮や感動によって評価されるものです。

［　　］

出題率 24%

最重要点の確認

1 品詞の分類

品詞とは、単語を文法上の性質や働きによって分類したものである。

- 単語
  - 自立語
    - 活用する……述語になる（用言）
      - ウ段の音で終わる……動詞
      - 「い」で終わる……形容詞
      - 「だ・です」で終わる……形容動詞
    - 活用しない
      - 主語になる（体言）……名詞
      - 主語にならない
        - 修飾語《しゅうしょくご》になる
          - 主に用言を修飾……副詞
          - 体言のみを修飾……連体詞
        - 接続語だけになる……接続詞
        - 独立語だけになる……感動詞
  - 付属語
    - 活用する……助動詞
    - 活用しない……助詞

2 活用する自立語

動詞・形容詞・形容動詞は言い切りの形で見分ける。これらは単独で**述語**になることができる。

動詞	動作・作用・存在を表す。	例 読む・思う・ある・いる
形容詞	性質・状態・感情を表す。	例 強い・近い・明るい・おいしい
形容動詞	性質・状態・感情を表す。	例 ほがらかだ・元気だ・静かです

CHECK! 補助用言
- 補助動詞……いる・みる・ある・いく・くる・あげる・しまう
- 補助形容詞…ない・よい・ほしい

3 活用しない自立語

特に、連体詞・副詞とその他の品詞の識別ができるようにする。

①名詞	主語になる。	例 川（普通《ふつう》名詞）・奈良県《ならけん》（固有名詞）・五人（数詞）・それ（代名詞）・食べるとき（形式名詞）
②副詞	主に連用修飾語になる。	例 ゆっくり（状態の副詞）・かなり（程度の副詞）・決して（呼応〈陳述《ちんじゅつ》〉の副詞）
③連体詞	連体修飾語になる。	例 この・あらゆる・とんだ・我《わ》が
④接続詞	接続語になる。	例 だから（順接）・しかし（逆接）・また（並立・累加《るいか》）・あるいは（対比・選択《せんたく》）・つまり（説明・補足）・さて（転換《てんかん》）
⑤感動詞	独立語になる。	例 あら（感動）・おい（呼びかけ）・はい（応答）・さようなら（挨拶《あいさつ》）

4 付属語

単独では**文節を作れない**。品詞は活用の有無で見分ける。

①助動詞	意味を付け加えるなどの働き。	例 れる・ない・ます・た・たい・だ
②助詞	文節の関係を示すなどの働き。	例 が・の・を・ので・ばかり・なあ

入試データ 品詞の識別は、読解問題の文の中で問われることが多い。品詞名を答えられるようにしておこう。

実戦トレーニング

解答・解説は別冊14ページ

1 お急ぎ

次の――線部それぞれの品詞名を、それぞれあとから一つ選び、記号で答えなさい。 ↻1 岐阜県

(1) 表情が、一瞬《いっしゅん》だが硬《かた》くこわばった ［　］

(2) ある学問分野の研究に従事してきた ［　］

(3) 創造的な研究業績をひとつも上げることなく、 ［　］

ア 名詞　イ 動詞
ウ 形容詞　エ 形容動詞
オ 助詞　カ 助動詞

2

次の各文の――線部のうち、助動詞であるものを一つ選び、記号で答えなさい。 ↻1 高知県

ア 私は最初に読んだとき、「あれ？」と思って、もう一度ゆっくり読み返しました。

イ それが実際の景色であり、ありのままの見方といえます。

ウ どういうことかというと、「渡《わた》り鳥」と最初に呟《つぶや》いた瞬間に、作者の心が「渡り鳥」に乗り移っているわけです。

エ 読者も「渡り鳥」の視点を得て、まるで空を飛んでいる気分を味わえます。 ［　］

3 正答率24%

次の――線部の品詞名を書きなさい。 ↻1 鹿児島県

小さなノートを取り出して、 ［　］

4

次の文の――線部について、各問いに答えなさい。 ↻3 愛媛県

＊異質な人々がつながり合うことを技術的に可能にしたネットという便利なシステムが、一方ではまた、同質な人々がつながり合うことを容易にする手段としても、大いに役立っています。

(1) ――線部「大いに」の品詞名を、次から一つ選び、記号で答えなさい。

ア 動詞　イ 形容詞
ウ 連体詞　エ 副詞 ［　］

(2) 次の――線部の中から、「大いに」と品詞が同じものを一つ選び、記号で答えなさい。

ア 若い人々の中には、今の自分というものは将来も変わらないと思っている人もいるかもしれません

イ いかに生きていくべきなのか、私たちにはその知《ち》恵《え》が問われていることになります。

ウ たとえ一時的には自己肯定感《こうていかん》が揺《ゆ》らいだとしても、異質な他者とも付き合っていかなければなりません。

エ 自分たちの生活圏《せいかつけん》を物質的、心理的なゲートで外部から閉ざす ［　］

5

次の――線部と同じ品詞の語を次から一つ選び、記号で答えなさい。 1 和歌山県

●そのように、私は自分を情けなく思いました。

ア 表からまっすぐ奥《おく》へ延びる通路
イ 細長く暗い通路が延びている
ウ 家の土間に入る
エ 私の方も、痛みはあるし、

［　　］

6

次の――線部のうち、品詞の異なるものを一つ選び、記号で答えなさい。 2 千葉県

●私は念願かなって（ア）白神《しらかみ》の森を訪れることができた。
●「ブナの原生林」として有名に（イ）なったそこは、世界遺産になったこともあって（ウ）、
●原生林などほとんど目にしたことのなかっ（エ）た私は、

［　　］

7

次の文の――線部のうち、品詞が他と異なるものを一つ選び、記号で答えなさい。 3 三重県

ア こっちは楽しくやってるよ。
イ それだけ言うと、恵美菜《えみな》はバイバイと手を振《ふ》って走り去ってしまった。
ウ これ、お友だちからのプレゼントだったの？
エ その拍子《ひょうし》に額を机の角にぶつけた。

［　　］

8

次の文の――線部「胸の内で」で用いられている「で」の品詞名を書きなさい。また、――線部中の「で」と異なる品詞の「で」を用いたものをあとから一つ選び、記号で答えなさい。 1 徳島県

●胸の内で、ひとり不安な気持ちとたたかっていた

ア 弟と妹は仲良く遊んで、公園から帰ってきた。
イ 二つ年上の私の姉は看護師で、明るい性格の持ち主だ。
ウ いつもどおり自転車で、夕食の買い物に出かけた。
エ 近所の山で、来年の夏休みにはキャンプをする予定だ。

品詞名［　　］　記号［　　］

9

次の――線部のうち、活用しない語を一つ選び、記号で答えなさい。 1 島根県

ア 級の誰彼《だれかれ》との約束や計画が、あざやかに浮《う》かんでくる。
イ いつも父の座る大ぶりな椅子《いす》。
ウ 僕《ぼく》はさらに右手の上を、左手で包み、膝《ひざ》の上で全身の力を籠《こ》めた。
エ 果てしなくはしゃぐ、子供達《たち》の上の電灯は、八時頃《ごろ》に消されたが、

［　　］

10

次の文の――線部のうち、文法上異なる働きをしているものを一つ選び、記号で答えなさい。 3 宮城県

●運動といわれるとピンと（ア）来ないかも知れませんが、

●顔というものの構造がちゃんと（イ）理解されている

●ある（ウ）高名な日本画家が絵の極意は対象をひたすら（エ）見ることだ、と述べていました。

［　　］

11

次の文章中の――線部「緩《ゆる》やかな」の品詞名を答えなさい。また、「緩やかな」と同じ品詞の語を、文章中から書き抜《ぬ》きなさい。 2 熊本県

この辺りは、夏は激しく唐突《とうとつ》に終わる。昨日まで布《ふ》団《とん》をけっ飛ばして寝《ね》ていたのに、翌日には厚い布団に潜《もぐ》り込《こ》まないと寒くて眠《ねむ》れない。そのきっぱりとした気候のせいか、秋の彩《いろど》りも美しい。緩やかな温度の低下とともに色を変えていく紅葉とは違《ちが》い、山はぱっと黄金色に染まる。学校から見える山も、通勤途《と》中《ちゅう》に見える木々も、紅ではなく黄色やオレンジに染まる。

（瀬《せ》尾《お》まいこ「図書館の神様」より）

品詞名［　　］

同じ品詞の語［　　］

12 HIGH LEVEL

山本さんたちのクラスでは、国語の学習でプレゼンテーションをすることになった。次は、山本さんたちのグループの発表原稿《げんこう》である。発表原稿中には、文法的に誤った使い方をしている形容詞が一語ある。その形容詞を抜き出し、正しい使い方に直しなさい。 2 鳥取県・改

割合の違いが何を示しているかを話し合ううち、わたしたちはこのグラフを「ある人の生涯《しょうがい》における考え方の変化」ととらえてみることにしました。そういう見方をすると、その人の考え方が年齢《ねんれい》によって変化しているということになります。グループの話し合いでも、年代によって家族構成や社会の中での役割が変わるので、これはすごい自然なことだという意見で一致《いっち》しました。

［　　］→［　　］

13

次の――線部の「久しい」と同じ品詞である単語を、次の□の中の文章から書き抜きなさい。 2 新潟県

●あの鉄工所のような情景が、日常生活から遠い存在になって久しい。

人は生まれるとともに道具に接し、道具の恩恵《おんけい》を受けて成長していく。私たちの身の回りには、さまざまな便利な道具があり、生活を明るく豊かにしてくれる。

［　　］

4 用言の活用

出題率 24%

最重要点の確認

1 動詞の活用の種類

動詞の活用の種類には、次の五種類がある。

①五段活用	活用語尾《ごび》がア・イ・ウ・エ・オの五段で変化。	例 泳ぐ 止まる
②上一段活用	全ての活用語尾にイ段の音が入る。	例 見る 起きる
③下一段活用	全ての活用語尾に工段の音が入る。	例 出る 投げる
④カ行変格活用	カ行の音で特殊《とくしゅ》な活用をする。	例 来る
⑤サ行変格活用	サ行の音で特殊な活用をする。	例 する ○○する

動詞の活用の種類は、「ナイ」をつけて未然形を作り、その活用語尾の音で判断する。

- ア段（例 泳がナイ・止まらナイ）→五段活用
- イ段（例 見ナイ・起きナイ）→上一段活用
- 工段（例 出ナイ・投げナイ）→下一段活用
- カ変は「来る」一語なので、覚える。
- サ変は「する」「○○する（ずる）」のみなので、覚える。

CHECK!
可能動詞
五段活用の動詞に対応しており、全て下一段活用である。
例 書ける 話せる 泳げる

2 動詞の活用形

活用する一つ一つの形を活用形という。動詞の活用形は六つ。

種類	基本形 例語	語幹 ／主な続き方	未然形 ナイ・ウ・ヨウに続く	連用形 マス・タ・テに続く	終止形 言い切る	連体形 トキに続く	仮定形 バに続く	命令形 命令して言い切る
五段	書く	か	か こ	き い	く	く	け	け
上一段	落ちる	お	ち	ち	ちる	ちる	ちれ	ちろ ちよ
下一段	食べる	た	べ	べ	べる	べる	べれ	べろ べよ
カ変	来る	○	こ	き	くる	くる	くれ	こい
サ変	する	○	し せ さ	し	する	する	すれ	しろ せよ

3 形容詞・形容動詞の活用

活用の種類はそれぞれ一つ。活用形は動詞と同じだが命令形はない。

	基本形 例語	語幹 ／主な続き方	未然形 ウに続く	連用形 タ・ナイ・ナルに続く	終止形 言い切る	連体形 トキ・ノデ（ノ）に続く	仮定形 バに続く	命令形 命令して言い切る
形容詞	白い	しろ	かろ	かっ く う	い	い	けれ	○
形容動詞	元気だ	げんき	だろ	だっ で に	だ	な	なら	○

＊形容動詞には「○○です」の形のものもある。

入試データ 動詞の活用の種類や、動詞・形容詞・形容動詞の識別問題が出題される。

実戦トレーニング

お急ぎ **1**

解答・解説は別冊15ページ

1 動詞の活用の種類について、あとの問いに答えなさい。

(1) 次の文の――線部「打た」は、五段活用の動詞「打つ」の活用したものである。この「打つ」と活用の種類が同じ動詞を、あとの――線部から一つ選び、記号で答えなさい。 新潟県

●詩人は突然《とつぜん》ある強い感情に打たれた。

ア 外に出ると、日の光がまぶしく感じられた。
イ 夜空を見ると、空一面に星が輝《かがや》いていた。
ウ 思い切り走ると、さわやかな気分になった。
エ 皆《みな》で演奏すると、力強い音が響《ひび》いてきた。
オ 兄が来ると、家の中がにぎやかになった。

[　　]

(2) 次の――線部と活用の種類が同じ動詞を、あとの――線部から一つずつ選び、記号で答えなさい。 群馬県

① わたしは、窓を開けた。

ア わたしは、今朝、飛行機雲を見た。
イ わたしは、環境《かんきょう》問題について勉強した。
ウ わたしは、昨日、午前八時に家を出た。
エ わたしは、修学旅行の計画について話した。

[　　]

② 自分の本棚《ほんだな》には、自分が過ごしてきた読書の時間が詰《つ》め込《こ》まれている。 静岡県

ア 一人残らず帰宅した。
イ 彼《かれ》が率いるチームだ。
ウ 仲間を集めればよい。
エ 丁寧《ていねい》に人と接する。

[　　]

(3) 次の文の――線部と同じ活用の種類の動詞を含《ふく》むものを次から一つ選び、記号で答えなさい。 岐阜県

●その街も過ぎて、今度は国道の二三二号線をひたすら北へと走る。

ア みんなが一斉《いっせい》に起きた。
イ 友だちが朝早く来た。
ウ 兄が短い手紙を書いた。
エ 母がドアを開けた。

[　　]

(4) 次の①～④の――線部の動詞の中から活用の種類の異なるものを一つ選び、番号で答えなさい。また、一つだけ活用の種類が異なるものの活用の種類として適切なものを、**ア**～**オ**から一つ選び、記号で答えなさい。 愛媛県

[　　]

① ある状況《じょうきょう》を、それとは別の状況や物事の様子から見て取る
② 植物や水を一切用いず、石や砂だけで自然を表現する。
③ 伝統的な日本文化が世界から注目を浴びているが、

④ 四季の花々の文様で飾《かざ》られた衣装を身に付け、

ア 五段活用　イ 上一段活用
ウ 下一段活用　エ カ行変格活用
オ サ行変格活用

活用の種類の異なるもの［　　］
活用の種類［　　］

(5) 次の――線部「見」の活用の種類を、あとから一つ選び、記号で答えなさい。 高知県

●この世の片隅《かたすみ》に誰《だれ》が見ようと見まいと、

ア 五段活用　イ 上一段活用
ウ 下一段活用　エ サ行変格活用

［　　］

正答率 42%

(6) 次の――線部の動詞の活用の種類が他と異なっているものを一つ選び、記号で答えなさい。 埼玉県

●別れ（ア）て二十年にもなる故郷へ、わたしは帰っ（イ）た。
●故郷へ近づく（ウ）につれて、
●すきまから外をうかがう（エ）と、

［　　］

2

用言の活用について、あとの問いに答えなさい。 →3

(1) 次のa～dの――線部について、①・②の問いに答えなさい。 愛媛県

a だれか親しい人
b 最もまずい聴《き》き方
c 重い口を開く
d ぎすぎすしてしまうことが多い

① ――線部a～dは、全て同じ品詞である。その品詞名を漢字で書きなさい。［　　］

② ――線部a～dから活用形の異なるものを一つ選び、記号で答えなさい。また、一つだけ活用形が異なるものの活用形として適切なものを、次のア～エから一つ選び、記号で答えなさい。

ア 未然形　イ 連用形
ウ 終止形　エ 連体形

活用形の異なるもの［　　］
活用形［　　］

(2) 次の――線部「豊かな」の品詞と活用形を書きなさい。 熊本県

●私たちは豊かな食生活を送ることができます。

品詞名［　　］
活用形［　　］

(3) 「後悔《こうかい》ばかりふくらんで大きくなっていた」の中から、形容詞をそのまま抜《ぬ》き出して書きなさい。また、この場合の活用形を書きなさい。 岐阜県

形容詞［　　］
活用形［　　］

3

動詞の活用について、あとの問いに答えなさい。 2

(1) 次の――線部「向け」の活用形を、あとから一つ選び、記号で答えなさい。 香川県

●今から先のことばかりに目を向けようとする

ア 未然形
イ 連用形
ウ 連体形
エ 仮定形

[　　]

(2) 次の①・②の――線部に含《ふく》まれている動詞の終止形を書きなさい。 兵庫県

① ひとがひとりでできることはきわめて限られていて [　　]

② ひとりでできることなどたかが知れている。 [　　]

正答率 32%

(3) 次の――線部の動詞のうち、活用形の異なるものを一つ選び、記号で答えなさい。 千葉県・改

ア ひとことで言えば、
イ 一般的《いっぱんてき》な誤解を解いておこう。
ウ 思考の本質はむしろ飛躍《ひやく》と自由にあり、
エ 論理は、むしろ閃《ひらめ》きを得たあとに必要となる。

[　　]

(4) 次の①・②の――線部と同じ活用形のものを、あとから一つ選び、記号で答えなさい。 大分県

① 自分の鳩《はと》を飛ばしたいって気持ち、わかるだろ？

ア 図書館に行って植物図鑑《ずかん》を借りる。
イ 誠意をもって話せば、思いは届く。
ウ 慌《あわ》てて食べないように気をつける。
エ 長い冬が終わり、暖かい春が来た。

[　　]

② 高い石垣《いしがき》を積んだ旧家の庭

ア 祭りで踊《おど》る一行が打ち出した。
イ 保育園組はやさしい踊りだ。
ウ 少年組はもっと活発な踊りである。
エ 青年組は激しく踊り跳《と》ぶ。

[　　]

4

次の文の――線部「わから」は動詞であるが、その活用の種類と活用形の組み合わせとして適切なものをあとから一つ選び、記号で答えなさい。 1・2 三重県

●なぜ伐《き》られてしまったのか理由はわからないが、おそらくたいした理由はないであろう。

ア 五段活用―未然形
イ 五段活用―連用形
ウ 上一段活用―未然形
エ 上一段活用―連用形

[　　]

5 敬語

最重要点の確認

出題率 12%

1 敬語の種類

敬語とは、話し手（書き手）が、話題の中の人や話の聞き手（読み手）の人格や立場を尊重する姿勢を示すために使われるものである。

①尊敬語…相手や話題の人物の動作や様子を高めて言う表現。

尊敬の意味を表す動詞	例 いらっしゃる（行く・来る・いる） おっしゃる（言う）・なさる（する） 召《め》し上がる（食べる・飲む） くださる（くれる） *（ ）内は普通《ふつう》の言い方
「お（ご）…になる（なさる）」	例 お待ちになる・ご指摘《してき》になる・ご出席なさる
助動詞（れる・られる）	例 言われる・される・来られる・投げられる
接頭語・接尾語《せつびご》	例 お言葉・ご健康・山田《やまだ》様・妹さん

②謙譲語《けんじょうご》…自分や身内など**自分の側の人の動作をへりくだって言う**ことで、間接的に相手や話題の人物に敬意を表す表現。

謙譲の意味を表す動詞	例 申す・申し上げる（言う）・参る（行く・来る） うかがう（行く／聞く）・いたす（する） いただく（食べる・飲む／もらう） 拝見する（見る）
「お（ご）…する（いたす）」	例 お待ちする・ご案内する・ご連絡《れんらく》いたします
接頭語・接尾語	例 粗《そ》茶・弊《へい》社・拙《せっ》宅・私ども

③丁寧語《ていねいご》…話し手（書き手）が丁寧な言い方で言うことで、**話の聞き手（読み手）**への敬意を表す表現。

「…です」「…ます」 「…ございます」	例 あれが市役所**です**。・私も参加し**ます**。 開店時間は午前十時で**ございます**。
接頭語「お・ご」 （美化語）	例 お米・お花・おやつ・おかず・おしぼり ご飯・ご馳走《ちそう》

※「です」「ます」は助動詞、「ございます」は補助動詞。

2 敬語の正しい使い方

誤りやすい敬語の使い方に注意する。

①尊敬語と謙譲語を混同しないようにする。

例
×先生が申したとおりです。 〔「申す」は謙譲語。〕
○先生がおっしゃった（言われた）とおりです。

②敬語を重ねた言い方（二重敬語）をしない。

例
×先生がお書きになられた本。
▼「お…になる」の尊敬表現。
▼尊敬の助動詞「れる」。
○先生がお書きになった（書かれた）本。

③自分の身内の動作や物事には尊敬語を使わない。

例
×母が家でお待ちになっています。
○母が家でお待ちしています（お待ちしております）。

CHECK! **補助動詞として使う敬語**
・先生が読んでくださる。
・先生に読んでいただく。

入試データ 普通《ふつう》の文を敬語を使った文に書き換《か》える問題や、敬語の使い方の誤りを指摘《してき》する問題が出される。

実戦トレーニング

解答・解説は別冊16ページ

1 お急ぎ

敬語の種類について、あとの問いに答えなさい。 1

(1) 次のa〜dの——線部の敬語の種類を記した組み合わせとして適切なものを、あとから一つ選び、記号で答えなさい。 沖縄県

a お食事のときに茶わんをごらんになると、
b いくらさしあげたいと思っても、
c 頭を下げておわびを申しあげました。
d 安物を買ってまいりましたのでございます。

	a	b	c	d
ア	尊敬語	謙譲語《けんじょうご》	尊敬語	謙譲語
イ	謙譲語	謙譲語	丁寧語《ていねいご》	尊敬語
ウ	尊敬語	謙譲語	謙譲語	丁寧語
エ	丁寧語	尊敬語	謙譲語	丁寧語

［　　］

(2) 次の文の——線部「言おう」について、各問いに答えなさい。 千葉県

●お礼を言おうとしたのに、感謝の気持ちが伝わらず、かえって失礼なことをしてしまいました。

① 「言おう」を適切な敬語に直す場合、その敬語の種類をあとから一つ選び、記号で答えなさい。

ア 尊敬語　イ 謙譲語　ウ 丁寧語

［　　］

② ①の敬語と同じ種類の敬語をあとから一つ選び、記号で答えなさい。

ア いらっしゃる
イ 召《め》し上がる
ウ ございます
エ 拝見する

［　　］

(3) 次の——線部で使われている敬語と敬語の種類が同じものを、あとから一つ選び、記号で答えなさい。 富山県

●すばらしいメロンをお送りする

ア ご覧になる
イ お見えになる
ウ 召し上がる
エ お知らせする

［　　］

2

敬語の使い方について、あとの問いに答えなさい。 2

(1) 次の文章中の「地域の皆《みな》さん」に対する敬語の使い方について説明したものとして適切なものを、あとから一つ選び、記号で答えなさい。 神奈川県

●本日の校外清掃《せいそう》にはたくさんの地域の皆さんにご参加していただき、ありがとうございました。私たち生徒もこの地域がもっときれいになるようがんばり

ますので、これからもご協力ください。

ア 「ご参加していただき」は、敬意が十分でないので、「ご参加されていただき」にするのがよい。

イ 「ご参加していただき」は、敬語表現として適切でないので、「ご参加いただき」にするのがよい。

ウ 「ご協力ください」は、敬意が十分でないので、「協力になってください」にするのがよい。

エ 「ご協力ください」は、敬語表現として適切でないので、「ご協力してください」にするのがよい。

［　　］

(2) A中学校の小林さんは、自由研究のレポートを書くために博物館を訪れた。次の会話の――線部**ア**～**エ**から、敬語の使い方が正しいものを一つ選び、記号で答えなさい。 栃木県

小林「こんにちは、A中学校の小林です。今日は、郷土の歴史を調べに**ア**うかがいました。よろしくお願いします。」

職員「こんにちは。先日連絡《れんらく》をくれた小林さんですね。今日はゆっくり見学していってください。」

小林「館内では写真を**イ**お撮《と》りになってよろしいですか。」

職員「一般《いっぱん》展示してあるものなら大丈夫《だいじょうぶ》です。」

小林「ありがとうございます。見学後に質問したいことがあるのですが、どなたに**ウ**質問なさるとよろしいですか。」

職員「どのような質問ですか。内容に応じて、専門の者を紹介《しょうかい》します。」

小林「江戸《えど》時代について**エ**存じ上げている方をお願いします。」

職員「私の専門なので、あとで声をかけてください。」

［　　］

正答率 88%

(3) 次の会話は、PTA主催《しゅさい》のレクリエーションで食堂の係になった中学生の山田さんとお客さんが話した内容の一部である。――線部**ア**～**カ**の中から、敬語の使い方が正しくないものを二つ選びなさい。 福島県

山田さん「いらっしゃいませ。何に**ア**なさいますか。」

お客さん「カレーライスをください。辛口《からくち》はありますか。」

山田さん「辛口はありませんが、小袋《こぶくろ》の辛みスパイス**イ**を差し上げますので、お好みでかけて、**ウ**いただいてください。お使いに**エ**なりますか。」

お客さん「では、辛みスパイスをください。」

山田さん「分かりました。ほかに必要なものがありましたら、遠慮《えんりょ》なく**オ**申し上げてください。」

お客さん「ありがとう。大丈夫です。」

山田さん「では、準備ができましたら、**カ**お呼びします。」

［　　］［　　］

3 敬語表現について、あとの問いに答えなさい。 2

(1) 次は、放送委員の山田さんが、学校で講演した植物学者の中村さんに、校内放送番組を製作するための取材活動として行ったインタビューの一部である。――線部「して」を、「いる」につながるように、平仮名三字の適切な敬語表現に直しなさい。 長野県

●改めてお聞きしますが、中村先生がしている研究は、植物の中でも、特に花についてということでよいでしょうか。

［　　　］

(2) 次の文の――線部「くれる」を、「指導員の方」に対する敬意を表す表現にしたい。「くれる」を敬意を表す表現に言い換《か》え、――線部を書き直しなさい。 静岡県

●指導員の方が教えてくれるので、誰《だれ》でも失敗なくできます。

［　　　］

(3) 次は、中学二年生の信子《のぶこ》さんが幼稚園《ようちえん》の先生である藤本《ふじもと》さんにインタビューした時のやりとりの一部である。――線部「聞きたい」を適切な敬語表現に直して書きなさい。 熊本県

●まず、幼稚園の先生の仕事内容を聞きたいのですが。

［　　　］

(4) 良美《よしみ》さんのクラスでは、国語の授業で、グループごとにいろいろな詩を調べて発表することになった。次は、良美さんのグループがまとめた発表原稿《げんこう》の一部である。――線部「知っている」をそのあとの文につながるように、適切な敬語表現に直しなさい。 宮城県

●皆《みな》さんも知っているように、政宗《まさむね》は仙台藩《せんだいはん》の藩主でした。

［　　　］

(5) 次は、図書委員の川上さんが、町の図書館に勤務する前田さんにインタビューを行い、その内容を、学校の図書だよりに掲載《けいさい》するために作成した原案の一部である。川上さんは、図書委員会の仲間からアドバイスをもらうため、気付いたことを付箋《ふせん》に書いてもらった。次の付箋に書かれた内容を生かして、図書だよりの――線部を書き直しなさい。 宮崎県

（図書だよりの原案の一部）

●先日、町の図書館に勤務されている前田さんに、お話を聞きました。

（付箋）

「聞きました」という言葉は、より適切な敬語の表現にしたほうが、よいのではないでしょうか。

［　　　］

HIGH LEVEL

(6) 次の――線部中の「もらう」を、先生方に対する敬意を表す表現にしたい。「もらう」を敬意を表す表現に言い換え、――線部を書き直しなさい。 静岡県

●先生方にネットを設置してもらう予定です。

［　　　］

古典

弱点チェック

次の問題を解いて、自分の弱点項目をみつけよう！

解答は別冊16ページ

1 歴史的仮名遣《かなづか》い・文法

□ ①「わざとならぬにほひ、しめやかにうちかをりて、」の――線部ア・イを現代仮名遣いに直して書くと？

ア［　　］　イ［　　］

□ ②「三寸ばかりなる人、いとうつくしうてゐたり。」の――線部ア・イを現代仮名遣いに直して書くと？

ア［　　］　イ［　　］

□ ③「いま一度本国へ迎《むか》へんとおぼしめさば、この矢はづさせたまふな。」の――線部を現代仮名遣いに直して書くと？

［　　］

□ ④「夏は夜。月のころはさらなり、やみもなほ、蛍《ほたる》の多く飛びちがひたる。」で、――線部アの「の」は［主語　連体修飾《しゅうしょく》語　体言の代用］を、――線部イの「の」は［主語　連体修飾語　体言の代用］を表している。

□ ⑤「扇《あふぎ》も射よげにぞなつたりける」では、文中に「ぞ」という助詞が用いられたために、文末が特別な活用形で結ばれている。古文に見られるこのような関係を、何という？

［　　］

□ ⑥ 結びの活用形が已然形《いぜんけい》になる係《かかり》助詞は、［ぞ　なむ　こそ］である。

2 動作主・主題

秦《しん》の恵王《けいわう》、蜀《しょく》の国を討たむとしたまへるに、道絶えて（道は途中《とちゅう》でなくなり）、人通ふ境にあらず（場所でなかった）。はかりこと（計略。はかりごと）をめぐらし、石の牛を作りて、牛の尻《しり》に金を置きて、ひそかに境のほとりに送り遣《つか》はす（国境の近くまで運ばせた）。そののち、蜀の国の人、この牛を見て、「石牛、天より下りて、金を下せり（金のふんをした）。」と思へり。すなはち五人の力人をして（力のある人に頼《たの》んで）、山を掘《ほ》り、牛を引くに、険しき山（けわしくて危険な山道も）、平らげる道になりぬ。秦の相（大臣の）張儀《しやうちやうぎ》を遣はして（張儀を派遣《はけん》して）、石牛の跡《あと》を見て、蜀の国を討ちとりてけり。

（「十訓抄《じっきんしょう》」より）

埼玉県・改

□ ① ――線部アの動作主は誰《だれ》か？　［　　］

□ ② ――線部イの動作主は誰か？　［　　］

□ ③ ――線部ウの動作主は誰か？　［　　］

□ ④ ――線部エ「下りて」とあるが、何が下《くだ》ったと言っているのか。　［　　］

□ ⑤ この話の中心になっているのは、秦の恵王の［権力の大きさ　はかりごとの巧《たく》みさ　心の薄情《はくじょう》さ］である。

3 古語の意味・口語訳・文脈

仁和寺《にんなじ》にある法師、年寄るまで石清水《いはしみづ》を拝まざりければ(ア)、心うく覚えて（残念なことだと思われて）、あるとき思ひたちて、ただ一人、徒歩《かち》より詣《まう》でけり（徒歩で参拝した）。極楽寺《ごくらくじ》・高良《かうら》などを拝みて、(イ)かばかりと心得て帰りにけり。

さて、かたへの人（仲間）にあひて、「年ごろ（長年）思ひつること、果たしはべりぬ。聞きしにも過ぎて、尊《たふと》くこそおはしけれ。そも（それにしても）、参りたる人ごとに山へ登りしは、何事かありけん、(ウ)ゆかしかりしかど、神へ参るこそ本意《ほい》なれ（本来の目的である）と思ひて、山までは見ず。」とぞ言ひける。

少しのことにも、先達《せんだち》はあらまほしきこと（あってほしいものである）なり。

（兼好《けんこう》法師「徒然草《つれづれぐさ》」より）

□ ① ——線部アの口語訳は、［拝まなかったならば　拝みたかったが　拝んでいなかったので］となる。

□ ② ——線部イの口語訳は、［これだけと思い込《こ》んで　これだけかと失望して　これだけのはずはないと思って］となる。

□ ③ ——線部ウ「ゆかしかりしかど」の「ゆかし」とは、［うれしい　知りたい　心配だ］という意味の古語である。

□ ④ 作者の感想が述べられている一文の、初めの七字を書き抜《ぬ》くと？［　　　］

4 漢文のきまり

□ ① 「学ビテ而時ニ習レフ之《これ》ヲ、」を書き下し文にすると「学びて時に□、□」となる。□に入るのは？［　　　］

□ ② 「処処聞二啼《てい》ク鳥《てう》ヲ一」の——線部を書き下し文にすると？［　　　］

□ ③ 「感ジテハ□時ニ花ニモ濺《そそ》ギ□涙《なみだ》ヲ」の□に、「時に感じては花にも涙を濺ぎ」と読むように返り点を入れると？

［感ジテハ□時ニ花ニモ濺ギ□涙ヲ］

□ ④ 「煙《えん》花《くわ》三月下ル揚《やう》州《しう》ニ」の——線部を、「揚州に下る」と読ませるように返り点をつけて書き直すと？

（ふり仮名、送り仮名は書かなくてよい。）［　　　］

□ ⑤ 一句が五字で、四句からなる漢詩の形式を、［五言絶句《ごごんぜっく》　七言《しちごん》絶句　五言律詩《りっし》　七言律詩］という。

□ ⑥ 絶句・律詩などの漢詩で、構成が同じで、内容が対応する二つの句を「○句」という。○に入る漢字は？［　　　］

弱点チェックシート

正解した問題の数だけ塗りつぶそう。正解の少ない項目があなたの弱点部分だ。

1 歴史的仮名遣い・文法	1 2 3 4 5 6	72ページ
2 動作主・主題	1 2 3 4 5	75ページ
3 古語の意味・口語訳・文脈	1 2 3 4	78ページ
4 漢文のきまり	1 2 3 4 5 6	81ページ

弱点項目から取り組む人は、このページへGO!

歴史的仮名遣《かなづか》い・文法

出題率 66%

最重要点の確認

1 歴史的仮名遣いの読み方

歴史的仮名遣いとは、現在使われている現代仮名遣いに対して、古文で使われている仮名遣いのこと。一定のきまりがあるので覚えよう。

	古文の表記	読み方	例
①	語頭以外の は・ひ・ふ・へ・ほ	わ・い・う・え・お	おはす→おわす いふ（言ふ）→いう
②	ゐ・ゑ・を	い・え・お	ゐる（居る）→いる こゑ→こえ
③	ぢ・づ	じ・ず	もみぢ→もみじ いづれ→いずれ
④	くわ・ぐわ	か・が	くわじ（火事）→かじ ぐわん（願）→がん
⑤	母音が au・iu・eu・ou	ô・yû・yô・ô	れう（reu）り（料理） →りょう（ryô）り

●**語頭よりあとに「ふ」が続く**ときは、①・⑤のきまりを使って二段階で直す。

例 けふ（今日）→① けう〈keu〉→⑤ きょう〈kyô〉
あふぎ（扇）→① あうぎ〈augi〉→⑤ おうぎ〈ôgi〉

2 語句の省略

①主語・述語の省略

主語（動作主）や述語が省略されていることがあるので、前後の文脈から判断してとらえるようにする。

例 （翁《おきな》が）〔主語の省略〕あやしがりて、寄りて見るに……
訳 翁が不思議に思って近寄って見ると……

例 春はあけぼの（をかし）。〔述語の省略〕
訳 春は明け方が趣《おもむき》がある。

②助詞の省略

助詞「は・が・を・の」などが省略されていることが多いので注意。

例 竹取《たけとり》の翁といふもの（が）〔助詞の省略〕ありけり。
訳 竹取の翁という者がいた。

3 係り結び

文中に次の係助詞《かかりじょし》があると、文末が終止形以外になる。

	係助詞	結び	意味	例
①	ぞ・なむ	連体形	強調	花ぞ昔の香《か》ににほひける。
②	や・か	連体形	疑問・反語	いづれの山か、天に近き。
③	こそ	已然形《いぜんけい》	強調	神へ参るこそ本意《ほい》なれ。

入試データ 古語の意味・口語訳は選択肢《せんたくし》問題がほとんどである。文脈に当てはめて考えよう。

実戦トレーニング

解答・解説は別冊17ページ

1 お急ぎ

次の――線部を現代仮名遣《かなづか》いに直して、平仮名で書きなさい。1

(1) 若き女の何とも物をばいはずして、……　岩手県［　　］

(2) 昼よりありつる事どもをうちはじめて、よろづの事を言ひ笑ひ……　秋田県［　　］

(3) さて、浦島太郎《うらしまたろう》は、一本の松の木陰《こかげ》に立ち寄り、あきれはててぞ、ゐたりける。　長野県［　　］

(4) 片つ方は海、浜《はま》のさまも、寄せかへる浪《なみ》の景色も、いみじうおもしろし。　大阪府［　　］

(5) 川の水はやうして、流れにひかれてくだる。　島根県［　　］

(6) ……狼《おおかみ》とびかかり、耳をくはえて山中に到《いた》りぬ。　高知県［　　］

(7) いと弱き心に、頭もたげて、人に紙持たせて、苦しき心地に、からうじて書きたまふ。　大分県［　　］

(8) いかやうにも罪におこなひ給《たま》へ。　鹿児島県［　　］

(9) あさましきわざをしたけれども、いひがひなしとて、荒《あら》き声をも立てず。　埼玉県［　　］

(10) 「いかなる者ぞ。」と問はせたまへば、知れる者有りて、……　福井県・改［　　］

(11) この日、あまりにのどかなりしが、日暮れたれば、山おろし荒く吹《ふ》きて、にはかにさむくさへなりぬ。　愛媛県［　　］

2 正答率91%

古文の仮名遣いについて、あとの問いに答えなさい。1

(1) 次の文の――線部の読みを、全て平仮名で書きなさい。（ただし、現代仮名遣いでない部分は、現代仮名遣いに改めること。）

●心に思はんやう、ありのままに　新潟県［　　］

(2) 次の文の――線部は、歴史的仮名遣いで書かれている。この平仮名の部分を全て現代仮名遣いに直して、平仮名で書きなさい。

●おほよそ初学《うひ》びのほどは、心より外《ほか》に歌数多く出《い》で来《き》、又《また》は思ふに従ひて口にいひ出でらるるをりもあるものなり。　京都府［　　］

3

古典文法について、あとの問いに答えなさい。

(1) 次の――線部を意味で区切ったものとして、最も適切なものをあとから一つ選び、記号で答えなさい。 鳥取県

＊ある人、ゑのこ《小さな子犬》をいといたはりけるにや、その主人外《ほか》より帰りける時、かのゑのこその膝《ひざ》にのぼり、胸に手をあげ、口のほとりを舐《ねぶ》り廻《まは》る。

ア かの・ゑの・こその・膝に・のぼり
イ かの・ゑのこ・その・膝に・のぼり
ウ かのゑ・の・こその・膝に・のぼり
エ かのゑの・こそ・の・膝に・のぼり

［　　］

(2) 次の――線部「の」の中で、意味・用法が他と異なるものを一つ選び、記号で答えなさい。 秋田県・改

ア 宵《よひ》も過ぎぬらむと思ふほどに、沓《くつ》の音の近う聞《きこ》ゆれば、……
イ あやしと見いだしたるに、時々かやうのをり、おぼえなく見ゆる人なりけり。
ウ 「今日の雪をいかにと思ひきこえながら……
エ 昼よりありつる事どもをうちはじめて、よろづの事を言ひ笑ひ、……

［　　］

(3) 次のうち、係り結びが用いられている表現はどれか。一つ選び、記号で答えなさい。 3 山梨県

ア 吉野《よしの》の花見にと思ひたつ
イ 二十年ばかりにもなりぬるを
ウ いで立つになむありける
エ 久しかるべき旅にもあらねば

［　　］

正答率 22%

(4) 次の文章の□に入る、前の語を強調する働きをする語を、文章中から平仮名二字でそのまま抜《ぬ》き出しなさい。 3 青森県・改

つれづれなる折《所在のない折》、昔の人の文見出《ふみみい》でたるは《手紙を見つけたのは》、ただ《まったく》その折の心地して《その当時に戻った感じがして》、いみじく《たいそう》うれしく□おぼゆれ《思われます》。まして亡《な》き人などの書きたるものなど見るは、いみじくあはれに、年月《としつき》の多く積もりたるも《多くの年月が過ぎているのに》、ただ今《たった今》筆うち濡《ぬ》らして書きたるやうなるこそ、返す返すめでたけれ《本当にすばらしいことです》。

（「無名草子《むみょうぞうし》」より）

□

2 動作主・主題

最重要点の確認

1 動作主の見つけ方

古文では、動作主がはっきり示されない場合が多い。下の二つの文章を例に確かめてみよう。

① 主語を示す助詞「が」が省略されている場合
▼「が」を補って読む。
▼ Ⅰ 1・6行目 Ⅱ 1行目

② 直前の文の中に動作主が示されている場合
(直前の文と動作主が同じ場合)
▼ Ⅰ 1行目

③ 文章の前のほうに動作主が示されている場合
▼ Ⅰ 4・5行目

④ 文の途中《とちゅう》で動作主が変わっている場合
▼ Ⅱ 3行目

⑤ 作者の動作に対しては主語が示されていない場合
▼随筆《ずいひつ》や日記に多い。
▼ Ⅱ 5行目

2 主題のとらえ方

●**随筆**…作者のものの見方・感じ方をとらえるようにする。

⑥ 具体的な出来事のあとに、作者の感想とともに教訓が示されている場合
▼ Ⅱ 9〜10行目

●**説話など**…話の展開や結末に注意して、話のおもしろさをとらえるようにする。

Ⅰ

今は昔、竹取《たけとり》の翁《おきな》といふもの①(が)ありけり。②(竹取の翁は、)野山にまじりて竹を取りつつ、よろづのことに使ひけり。名をば、讃岐《さぬき》の造《みやつこ》となむいひける。

その竹の中に、もと光る竹なむ一筋ありける。③(竹取の翁〈＝讃岐の造〉が)あやしがりて、寄りて見るに、筒《つつ》の中光りたり。③(竹取の翁が)それを見れば、三寸ばかりなる人①(が)、いとうつくしうてゐたり。

(「竹取物語」より)

Ⅱ

高名《かうみやう》の木のぼりといひしをのこ①(が)、[1]人をおきてて、高き木にのぼせて梢《こずゑ》を切らせしに、いと危《あや》ふく見えしほどは言ふこともなくて、④(木に登った人が)降るるときに、軒丈《のきたけ》ばかりになりて、「あやまちすな。心して降りよ。」と言葉をかけはべりしを、「かばかりになりては、飛び降るとも降りなん。いかにかく言ふぞ。」と⑤(私が)申しはべりしかば、「そのことに候《さうら》ふ。目くるめき、枝危ふきほどは、おのれが恐《おそ》れはべれば申さず。あやまちは、[2]やすきところになりて、必ず仕《つかま》ることに候ふ。」と言ふ。

⑥〔あやしき下臈《げらふ》なれども、聖人の戒《いまし》めにかなへり。[3]鞠《まり》も、難《かた》きところを蹴出《けいだ》して後、やすく思へば、必ず落つとはべるやらん。〕

(兼好法師《けんこうほうし》「徒然草《つれづれぐさ》」より)

(注) 1人をおきてて＝人に指図して。 2やすきところ＝易しい所。 3鞠＝当時の貴族の遊びで、「けまり」のこと。

入試データ 主題を問う問題は、正しい内容を選択《せんたく》する問題として出される場合が多い。

実戦トレーニング

解答・解説は別冊17ページ

1

お急ぎ

次の文章を読んで、あとの問いに答えなさい。　北海道

木下何某《なにがし》[1]の、近臣をうち連れて楼に登り眺望ありしに、遥《はるか》の向ふに松ありて、梢《こずゑ》に鶴の巣[2]をなして、雄雌餌《ゑさ》を運び養育せる有り様、遠眼鏡《とほめがね》にて望みしに、松の根より、よほど太き黒きもの段々木へ登る様、（ア）うはばみ[3]の類《たぐひ》なるべし。「やがて巣へ登りて雛《ひな》をとり喰《くら》ふならん。あれを制せよ」と、人々申し騒げどもせん方なし。しかるに、二羽の鶴のうち、一羽蛇を見付けし体《てい》にてありしが、虚空《こくう》に飛び去り（イ）ぬ。「哀れいかが、雛はとられなん」と手に汗して望み眺めしに（ウ）、もはや、かの蛇も梢近くに至り、あわやと思ふ頃、一羽の鷲《わし》遥に飛び来《きた》り、蛇の首を喰《くは》へ、帯を下げし如《ごと》く空中をたち帰りしに（エ）、親鶴も程なくたち帰りて雌雄巣へ戻り、雛を養ひしとなり。鳥類ながら、その身の手に及ばざるをさとりて、同類の鷲を雇ひ来りし事、鳥類心ありける事と語りぬ。

（根岸鎮衛《ねぎしやすもり》「耳袋《みみぶくろ》」より）

(注)
1何某＝人の名を省略したり、ぼかしたりしていうことば。
2鶴の巣＝ここでは、コウノトリやアオサギなど、「鶴に似た鳥」のこと。
3うはばみ＝大きな蛇。

● ――線**ア**〜**エ**のうち、鶴の動作を表しているものを、一つ選び、記号で答えなさい。　［　　］

2

次の文章を読んで、あとの問いに答えなさい。　島根県・改

漢[1]の高祖《かうそ》[2]と楚《そ》[1]の項羽《かうう》[2]と戦ひしとき、高祖の方に（高祖の側の家来に）石奢《せきしや》[2]といふ兵《つはもの》あり。項羽は石奢が母をとりこめて（つかまえて）、「汝《なんぢ》が子石奢をよびよせずは、命を断つべし」と言ひけるに、項羽は天下をたもつべからざる相を（天下を治めるのにはふさわしくない人物であることを）見て①、「かならず高祖につかへ奉《たてまつ》れ（おつかえ申し上げなさい）、我は命を捨つ」と、言ひて②、剣に落ちかかりて死ぬ。

（「宝物集《ほうぶつしゆう》」より）

(注)　**1漢・楚**＝いずれも国名。
2高祖・項羽・石奢＝いずれも人名。

● ――線部①・②の主語は同じだが、その主語にあたる人物を、次から一つ選び、記号で答えなさい。

ア 高祖　**イ** 項羽　**ウ** 石奢　**エ** 石奢の母　［　　］

3

次の文章を読んで、あとの問いに答えなさい。　兵庫県

鳥羽《とば》院の御時《おんとき》（鳥羽院が世を治められていた時に）、花のさかりに、法勝寺《ほつしようじ》へ御幸《みゆき》[1]ならんとしける（法勝寺へお出かけなさろうとしたおり）に、執行《しゆぎやう》[2]なりける人、見てとくまゐりける（それを知って急いで寺に参上したところ）に、庭の上に、所もなく花散りしきたりけるを、「あさましき事なり。ただ今御幸のならんずるに（今すぐお出かけがあろうというのに）、今まで庭を掃かせざりける。」

と叱《しか》り、①腹立ちて、3公文《くもん》の従儀師《じゅぎし》を召して、「今までいかに《どうして》掃除をばせざりけるぞ《しなかったのだ》。ふしぎなり。」と②言ひければ、ついひざまづきて、

散るもうし《つらい》散りしく庭もはかまうし《掃くのもつらい》花に物思ふ《もの思いをする》春の4とのもり

（藤原信実《ふじわらのぶざね》「今物語《いまものがたり》」より）

（注）1御幸＝ここでは、院のお出かけのこと。
2執行なりける人＝寺の運営にかかわる責任者。
3公文の従儀師＝寺の僧に対して、作法になかった立ち居振る舞いを指導する人物の補佐役。
4とのもり＝庭の掃除などに従事する役人。

● ——線部①と②の主語の組み合わせとして適切なものを、次から一つ選び、記号で答えなさい。

ア ①鳥羽院　②鳥羽院
イ ①鳥羽院　②公文の従儀師
ウ ①執行なりける人　②公文の従儀師
エ ①執行なりける人　②執行なりける人

［　　］

HIGH LEVEL　お急ぎ

4

次の文章を読んで、あとの問いに答えなさい。 2（宮城県）

ある所の草庵《そうあん》に貧僧あり。1非時《ひじ》に行かんと思ふ折ふし《ちょうどその時》、雨ふりければ、しばらく晴れ間を待ちける所へ、2近付《ちかづき》一人来《きた》り、「からかさ一本御貸し」といへば、かさは一本、我が身も非時に行けば貸す事はならず。貸さぬも気の毒。ちやくと《すばやく》横になり、昼寝したる顔してゐる。この近付、「これこれ」と起こしけれども、寝入りたるふりしてかまはねば、ぜひなく《仕方がなく》帰り、隣の門に雨やどりしてゐる。かの僧、むくむくと起き、非時遅くならんと思ひ、かさをさして出《いで》ければ、隣に雨やどりしてゐたる男、「これ御坊、手がわるい《やり方がずるい》」といへば、せんかたなくて、からかさをさして大いびきをかいた。

（「露休置土産《ろきゅうおきみやげ》」より）

（注）1非時＝僧のとる食事。
2近付＝親しい知人。

● この文章で、「貧僧」はどのような人物として描かれているか。適切なものを、次から一つ選び、記号で答えなさい。

ア 主体的な行動はとれないものの、相手の思いにしっかり応《こた》える、温良な人物。
イ その場をとり繕えなくなると突拍子もない行動をとってしまう、滑稽《こっけい》な人物。
ウ 相手の存在を無視してまでも貪欲《どんよく》に睡眠をとろうとする、自己中心的な人物。
エ 自らの欲望にとらわれることなく、知人の窮状を救おうとする、真摯《しんし》な人物。

［　　］

3 古語の意味・口語訳・文脈

出題率 20%

最重要点の確認

1 古語の意味

現代と異なる意味をもつ言葉や、現代では使われない言葉に注意する。意味のたくさんある語は、文脈の中で判断しよう。

①現代語と意味が異なる言葉

例 **やがて**
- 古語…そのまま。すぐに。
- 現代語…まもなく。そのうちに。

例 **うつくし**
- 古語…かわいらしい。見事だ。
- 現代語（うつくしい）…きれいだ。

例 **けしき**
- 古語…様子。表情。きざし。
- 現代語…風景。

例 **おどろく**
- 古語…はっと気がつく。はっと目を覚ます。
- 現代語…びっくりする。

例 **おとなし**
- 古語…大人びている。思慮《しりょ》深い。
- 現代語（おとなしい）…性格などが穏《おだ》やかだ。

CHECK!
入試に出る古語
おほかた・せぬ
こなた・あしき
かひなし・召《め》す
すなはち
～ぬべし・～ざる

②現代では使われていない言葉

例 **いと**…たいそう。
例 **つゆ**…少しも。全く。
例 **げに**…本当に。
例 **とく**…はやく。
例 **はた**…やはり。また。
例 **つとめて**…早朝。翌朝。
例 **つきづきし**…似つかわしい。
例 **さらなり**…言うまでもない。
例 **のたまふ**…おっしゃる。
例 **候《さうら》ふ**…お仕えする。あります。

2 口語訳

省略されている語句を補い、古語の意味や古語の助動詞の働きに注意して口語訳をする。

●古語の助動詞

例 **なり**…断定（…である）　例 **けり**…過去（…た・…たという）
例 **たり**…完了《かんりょう》（…た）・存続（…ている）
例 **ぬ**…完了（…た・…てしまう）▼打ち消しの「ず」の連体形「ぬ」と間違《まちが》えやすい。

3 文脈

指示語や会話文に注意して文脈をたどり、大意をつかもう。

●古語の指示語（指す内容の見つけ方は、現代文の場合と同じ。）

例 **かかる**…このような。こんな。　例 **かく**…このように。
例 **さる**…そのような。そんな。

●会話文

古文では、会話部分に「　」を使わない場合がある。会話のあとには、「…と言ふ（申す・問ふ）」や「…とて」などの言葉が続くことが多いので、それを手がかりにとらえよう。

例 卜伝《ぼくでん》大いに驚《おどろ》きて、さては一の太刀《たち》授《さづ》くべき器《き》にあらずと言ひけり。（～～部分が卜伝の言った言葉。）

入試データ 古語の意味・口語訳は選択肢《せんたくし》問題がほとんどである。文脈に当てはめて考えよう。

実戦トレーニング

お急ぎ

1

解答・解説は別冊18ページ

次の文章を読んで、あとの問いに答えなさい。 1・2 富山県・改

大臣《おとど》（北辺《きたのへ》の左大臣）あるときに、よる（ある夜）筝《しやうのこと》（琴の一種）を弾き給《たま》ひける、よもすがら（一晩中）①心に興ありて弾き給ふ間、暁方《あかつきがた》になりて（夜明け方になり、）、難《かた》き手のやむごとなき（難しい曲でとても素晴らしい曲を選び、）を取り出《い》でて弾き給ひける時に、我が心にも、「いみじくめでたし」（「たいそう素晴らしい」）と思ひ給ひけるに、前の放出《はなちいで》の隔子《かうし》のあげられたる上に、（前の離れの部屋の引き上げられた戸の上に、）物（何かが）の光るやうに見えければ、②「何の光るにかあらむ」と思ひ給ひて、和《やは》ら（そっと）見給ひけるに、長《た》け一尺ばかりなる（丈約三十センチほどの）天人どもの二三人ばかりありて、舞ふ光なりけり。

（日本古典文学全集「今昔《こんじゃく》物語集」より）

(1) ——線部①「興ありて」の「興」の本文中の意味に最も近いものを、次から一つ選び、記号で答えなさい。

ア 興亡　イ 興趣
ウ 興奮　エ 興行

［　　］

(2) ——線部②「何の光るにかあらむ」の現代語訳を答えなさい。

［　　　　　　］

2

次の文章を読んで、あとの問いに答えなさい。 2 大阪府

にしとみといふ所の山、①絵よくかきたらむ屏風《びやうぶ》をたてならべたらむやうなり。片つ方は海、浜のさまも、寄せかへる浪《なみ》の景色も、いみじうおもしろし。*もろこしが原といふ所も、砂子のいみじう白きを二三日《ふつかみか》行く。「夏はやまとなでしこの濃く薄く錦《にしき》をひけるやうになむ咲きたる。これは秋の末なれば見えぬ」と②いふに、なほところどころはうちこぼれつつ、あはれげに咲きわたれり。もろこしが原に、やまとなでしこも咲きけむこそなど、人々をかしがる。

(注) ***もろこしが原**＝現在の神奈川《かながわ》県南部一帯の海岸。「もろこし」は、昔、わが国で中国をさして呼んだ名称《めいしょう》。

(1) ——線部①「絵よくかきたらむ屏風」の意味として適切なものを次から一つ選び、記号で答えなさい。

ア 絵を何度も描き直した屏風
イ 絵をじょうずに描いた屏風
ウ 絵を描き切っていない屏風
エ 絵を片側だけに描いた屏風

［　　］

(2) ——線部②「いふに」の本文中での意味として適切なものを次から一つ選び、記号で答えなさい。

ア 言うけれども　イ 言うとすぐに
ウ 言うのを待って　エ 言うまでに

［　　］

お急ぎ 3

次の文章を読んで、あとの問いに答えなさい。 ⤵3 山形県

世人《せじん》を見るに、果報《めぐまれていて》もよく、家をも起《おこ》す人は、皆正直に、人の為《ため》にもよきなり。故に家をも保ち、子孫までも、絶えざるなり。心に曲節あり、人の為にあしき人は、たとひ一旦《いったん》は、果報もよく、家も保てる様なれども、始終《終わり》あしきなり。たとひ又、一期《いちご》は、よくて過ぐせども、子孫未《いま》だ必ずしも吉《幸せ》ならざるなり。

又、人の為に、善事《よきこと》を、彼《か》の主《ぬし》《その相手》に善しと思はれ、悦《よろこ》ばれんと思うてするは、悪《わろ》きに比すれば勝れたれども、猶《なほ》、是《これ》は自身を思うて、人の為に、実《まこと》に善きに非《あら》ざるなり。

（『正法眼蔵随聞記《しょうぼうげんぞうずいもんき》』より）

● ――線部「是」の指す内容として適切なものを、次から一つ選び、記号で答えなさい。

ア 相手によく思われないが、自分の利益になる行いをすること。

イ 相手によく思われなくても、相手のために厳しい行いをすること。

ウ 相手によく思われようと、見せかけだけの善い行いをすること。

エ 相手によく思われたくて、相手が喜ぶような善い行いをすること。

［　　］

HIGH LEVEL 4

次の文章を読んで、あとの問いに答えなさい。 ⤵2・3 宮崎県・改

人はおのれをつづまやかにし[1]、奢《おご》り[2]を退けて、財《たから》を持たず、世をむさぼら[3]ざらんぞ、いみじかる[4]べき。昔より、賢き人の富めるは稀《まれ》なり。

唐土《もろこし》に許由《きょゆう》と言ひつる人は、さらに身にしたがへるたくはへもなくて、水をも手して捧《ささ》げて飲みけるを見て、なりひさご[5]といふ物を人の得させたりければ、ある時、木の枝にかけたりけるが、風にふかれて鳴りけるを、かしかましとて捨てつ。また手にむすび[6]てぞ水も飲みける。いかばかり心のうち涼《すず》しかりけん。

（『徒然草《つれづれぐさ》』より）

（注） 1つづまやかに＝質素に。　2奢り＝ぜいたく。　3世をむさぼる＝俗世間の名誉や利益をむやみに欲しがる。　4いみじ＝立派である。　5なりひさご＝瓢箪《ひょうたん》。　6むすぶ＝（手のひらで）すくう。

● ――線部「いかばかり心のうち涼しかりけん。」の意味として適切なものを、次から一つ選び、記号で答えなさい。

ア 瓢箪を捨てた許由は、どんなにすがすがしかったことだろう。

イ 風で鳴る瓢箪の音は、どんなに澄んで美しかったことだろう。

ウ 許由に瓢箪を贈った人は、どんなに悲しかったことだろう。

エ 許由が手ですくった水は、どんなに冷たかったことだろう。

［　　］

4 漢文のきまり

最重要点の確認

出題率 14%

1 漢文のきまり

漢字だけで書かれている原文を、日本語の文章として読むことを訓読、訓読のために送り仮名や返り点を付けたものを訓読文という。

①送り仮名…助詞・助動詞や用言の活用語尾《ごび》などを、漢字の右下に片仮名で示したもの。歴史的仮名遣《かなづか》いを用いる。

例 唯ダ見ル長江ノ天際ニ流ルルヲ
（唯《た》だ見る長江《ちやうかう》の天際に流るるを）

②返り点…読む順序を示す記号のこと。漢字の左下に付ける。

・レ点〈下の一字を先に読み、上に返る。〉

例 欲レス然エント ▼然→欲 の順に読む。（然《も》えんと欲《ほっ》す）
春眠不レ覚エ暁ヲ ▼春→眠→暁→覚→不 の順に読む。
（春眠《しゅんみん》暁《あかつき》を覚えず）

・一・二点〈下の二字以上を先に読んで、上に返る。〉

例 下ル揚州ニ 揚 州 ▼揚→州→下 の順に読む。（揚州《やうしう》に下る）
（下二・州一）

③置き字…訓読するときには読まない。

例 学ビテ而時ニ習フレ之ヲ ▼「而」を抜《ぬ》かして読む。
（学びて時に之《これ》を習ふ）

④書き下し文 訓読文を、漢字仮名交じりの文に改めたもの。

＊右の例で、（ ）内に示したもの。

2 漢詩

中国唐代《とうだい》（7〜10世紀）の詩人による漢詩が多く出題される。

①漢詩の形式

- 絶句《ぜっく》
  - **五言《ごごん》絶句**……一句が五字で、四句からなる。
  - **七言《しちごん》絶句**……一句が七字で、四句からなる。
- 律詩《りっし》
  - **五言律詩**……一句が五字で、八句からなる。
  - **七言律詩**……一句が七字で、八句からなる。

②絶句の構成

第一句＝**起句**（詩を歌い**起**こす）……江《かう》ハ碧《みどり》ニシテ鳥ハ逾《いよい》ヨ白ク
第二句＝**承句**（起句を**承**《う》けて展開する）……山ハ青クシテ花ハ欲《ほっ》スレ然《も》エント
第三句＝**転句**（場面を**転換**《てんかん》する）……今春看《みすみす》又《また》過グ
第四句＝**結句**（しめくくって**結**ぶ）……何《いづ》レノ日カ是《こ》レ帰ル年ゾ

例 絶句 杜甫《とほ》

※例は五言絶句の詩

③表現技法

●対句…構成が同じで、内容が対応する二つの句。

例
江 ↔ 山
碧 ↔ 青
鳥 ↔ 花
逾白 ↔ 欲然

CHECK! **入試によく出る漢文**
「論語《ろんご》」…孔子《こうし》（中国古代の思想家）やその弟子たちの言行を記録したもの。

入試データ 現代文や古文と組み合わせた文章や、書き下し文の形で出題されることがある。

実戦トレーニング

解答・解説は別冊19ページ

1

お急ぎ

次の漢文はどのように読むか。書き下し文を書きなさい。

(1) 不《ず》レンバ楽シマ是《これ》如何《いかん》　〔　　〕　宮城県・改

(2) 子《し》路《ろ》問二フ君子一ヲ　〔　　〕　三重県・改

正答率70%

(3) 勇者ハ不二ズシモ必一有レラ仁　〔　　〕　青森県・改

2

次の漢文を訓読する場合、どの順番で読めばよいか。例を参考にして、読む順番を□の中に数字で答えなさい。　鳥取県

(例) 花ハ欲レス然《も》エント
1 3 2

漢文 行二ク百里一ヲ者ハ半二バトス九十一ヲ
□□□□□□□

3

次の漢文が書き下し文の読み方になるように、返り点をつけなさい。

(1) 在リ不ざルニ得一ヲ
一を得ざるに在り　兵庫県・改
〔在　不　得　一〕

(2) 後ニスレバ黒ヲ即《すなは》チ可ナリ
黒を後にすれば即ち可なり
〔後　黒　即　可〕　山口県・改

(3) 敏ナレバ即チ有リ功
敏なれば即ち功有り
〔敏　即　有　功〕　徳島県・改

(4) 得タリ以テ操《と》リテ飲ムコトヲ
以て操りて飲むことを得たり
〔得　以　操　飲〕　宮崎県・改

4

次の文章を読んで、あとの問いに答えなさい。　群馬県

宋《そう》人得レテ玉ヲ1、献二ズ諸《これ》ヲ司《し》2城《じやう》ノ子《し》罕《かん》一ニ。子3罕不《ず》レ受ケ。献レズル玉ヲ者曰《いは》ク、以《もつ》テ示二スニ玉4人一ニ、玉人以テ為《な》レスト宝ト、故ニ献レズト之《これ》ヲ。子罕曰ク、我ハ以テ不《ざ》レルヲ5貪《むさぼ》ラ為レス宝ト。爾《なんぢ》ハ以テ玉ヲ為レス宝ト。若《も》シ以テ与レヘナバ我ニ、皆6喪《うしな》レフ□ヲ也《なり》。7不レ若《し》カ人有《たも》二タンニハト其《そ》ノ宝一ヲ。

(「蒙求《もうぎゅう》」より)

宋人玉を得て、諸を司城の子罕に献ず。子罕受けず。玉を献ずる者曰く、以て玉人に示すに、玉人以て宝と為す、故に之を献ずと。子罕曰く、我は貪らざるを以て宝と為す。爾は玉を以て宝と為す。若し以て我に与へなば、皆□を喪ふなり。若かず人其の宝を有たんにはと。

（注）1玉＝宝石。　2司城＝役職の一つ。
3子罕＝宋国の人の名前。
4玉人＝宝石職人。　5貪＝欲深く物を欲しがる。
6喪＝失う。　7不若〜＝〜のほうがよい。

(1) ――線部「示玉人」に、書き下し文の読み方になるように返り点を書きなさい。1
［　示　玉　人　］

(2) □に当てはまる語を、本文から漢字一字で抜《ぬ》き出して書きなさい。
［　　］

HIGH LEVEL

(3) 本文の内容に合うものとして、適切なものを次から一つ選び、記号で答えなさい。

ア むやみに知識を自慢すると、すべてを失ってしまう可能性があるということ。

イ 国を治めようとする者は、公正な態度で人を裁かなければならないということ。

ウ ものを見極める能力のない人に貴重なものをあげても、まったく意味がないということ。

エ 人の価値観はそれぞれ違うので、自分にとって価値のあるものを大切にしたほうがよいということ。

［　　］

---

5 お急ぎ

次の漢詩を読んで、あとの問いに答えなさい。2　（沖縄県・改）

春望

国破レテ山河在リ
城春ニシテ草木□シ
感ジテハレ時ニ花ニモ濺《そそ》ギレ涙ヲ
恨ンデハレ別レヲ鳥ニモ驚カスレ心ヲ
烽火連ナリ二三月ニ一
家書抵ル二万金ニ一
白頭掻ケバ更ニ短ク
渾ベテ欲スレ不《ざ》ラントレ勝ヘレ簪ニ

(1) この漢詩の作者名を漢字で書きなさい。
［　　］

(2) 詩の形式として正しいものを次から一つ選び、記号で答えなさい。

ア 五言絶句　**イ** 五言律詩
ウ 八行古詩　**エ** 八行律詩

［　　］

(3) 漢詩の□には押韻《おういん》する字が入る。□に入る文字として適切なものを次から一つ選び、記号で答えなさい。

ア 青　**イ** 無　**ウ** 深　**エ** 移

［　　］

(4) この漢詩の作者の他に、中国の詩人として当てはまるものを、**ア**〜**エ**から選び、記号で答えなさい。

ア 西行法師　**イ** 孔子
ウ 魯迅　**エ** 李白

［　　］

COLUMN 2

これだけは! 入試によく出る文学史

入試前に、最低限おさえておきたい日本の文学史は、以下のものである。分野ごとに、時代や作品名、作者、内容をチェックしておこう。作品名や作者は、漢字で正しく書けるようにしておくこと。

和歌集

◎万葉集《まんようしゅう》

奈良《なら》時代後期に成立した**現存する最古の和歌集**。主な歌人は**柿本人麻呂《かきのもとのひとまろ》**・**山上憶良《やまのうえのおくら》**など。五七調が多く、力強く素朴《そぼく》。

◎古今和歌集《こきんわかしゅう》

平安《へいあん》時代前期に成立した**最初の勅撰《ちょくせん》和歌集**。主な歌人は**紀貫之《きのつらゆき》**・**在原業平《ありわらのなりひら》**など。七五調が多く、優美で繊細《せんさい》。

◎新古今和歌集《しんこきんわかしゅう》

鎌倉《かまくら》時代前期に成立した八番目の勅撰和歌集。主な歌人は**藤原定家《ふじわらのていか》**・**西行《さいぎょう》**など。七五調が中心。感覚的で象徴《しょうちょう》的。

物語

◎竹取物語《たけとりものがたり》

平安時代前期に成立した**現存する最古の伝奇《でんき》物語**。作者不明。「**かぐや姫《ひめ》**」の物語として有名。

◎平家物語《へいけものがたり》

鎌倉時代に成立した**軍記物語の代表作**。作者不明。源氏《げんじ》と平家《へいけ》の争いと、**平家の滅亡《めつぼう》**を描《えが》いた。

随筆《ずいひつ》

◎枕草子《まくらのそうし》

平安時代中期に**清少納言《せいしょうなごん》**が書いた。鋭《するど》く細やかな感覚で、宮中における作者の見聞や自然に対する感想などを描く。「**をかし**」の文学とよばれる。

◎徒然草《つれづれぐさ》

鎌倉時代末期に**兼好法師《けんこうほうし》（吉田兼好《よしだけんこう》）**が書いた。自然や人生に関する豊かな知識や意見が述べられている。**仏教的な無常観**が根本に流れる。

その他の文学

◎おくのほそ道

江戸《えど》時代前期に**松尾芭蕉《まつおばしょう》**が書いた。**俳句と俳文**で構成された**紀行文**。江戸《えど》から奥羽《おうう》・北陸地方を経て大垣《おおがき》に至る旅を記録した。

読解Ⅰ（頻出《ひんしゅつ》出題形式別）

頻出《ひんしゅつ》題形式別の読解

最重要点の確認

1 心情の問題

①登場人物の状況《じょうきょう》に注目して心情をとらえる

- どんな出来事が起こっているか…いつ・どこで・誰《だれ》が・何をしたかに注目する。
- 場面の状況はどうか…その出来事が起きた場面で登場人物がどんな立場にいるか、周囲はどんな状況なのかに注目する。

②登場人物の発言や、様子や心情を表す部分から心情をとらえる

直接的表現	「悲しかった」「いらいらする」など、**心情が直接的に表された部分**に注目する。
間接的表現	登場人物の**行動・表情**について書かれた部分に注目する。**風景や天候などの情景描写《びょうしゃ》**にも注意。

2 文脈の理解の問題

①指示語の指し示す内容をとらえる

指示語の指し示す内容はたいてい指示語よりも前にあるので、まず**直前の部分**から探す。

▶ 指示語の指し示す内容を見つけたら、**指示語の部分にその内容を代入**し、文意が通るかどうか確認する。

②接続語の働きを確かめて、前後の関係をとらえる

順接	だから・それで・すると・したがって・それゆえ	逆接	だが・しかし・けれども・ところが・が・でも
並立 累加《るいか》	そして・また・それから・そのうえ・しかも・なお	対比 選択《せんたく》	それとも・あるいは・もしくは・または
説明 補足	すなわち・つまり・ただし・例えば・なぜなら	転換《てんかん》	ところで・さて・では・次に・いっぽう・ときに

③場面の移り変わりをとらえる（文学的文章）

背景	季節・登場人物のいる場所・時間・時代など、登場人物を取り巻く状況の変化に目を向ける。
人物	中心的な登場人物の心情や置かれた立場がどのように変化していくか、登場人物どうしの関係を中心に見ていく。
事件	話の流れとともに起こる個人的、あるいは社会的な出来事に対する登場人物の心情や立場に注目する。

3 主題の問題

「主題」とは、小説や随筆《ずいひつ》の書き手が、その作品を通して訴《うった》えようとしている、中心的な思いのこと。

入試データ　心情や文脈、主題、要旨などについては選択式《せんたくしき》で問われることが多い。

小説
中心的な登場人物の考え方や心情、人物像、クライマックス（作品の山場）に注目してとらえる。

随筆
事実を述べた部分と意見・感想を述べた部分を区別し、意見・感想の部分からとらえる。文章の最後にまとめられていることが多い。

4 韻文《いんぶん》の表現技法の問題

① 詩の主な表現技法をおさえる

印象を深める

- **直喩《ちょくゆ》**（明喩）…「～ような・みたいな」などの言葉を使って直接たとえる。
  例 氷のように冷たい手。
- **隠喩《いんゆ》**（暗喩）…「～ような・みたいな」などの言葉を使わずにたとえる。
  例 彼《かれ》の氷の手がふり下ろされる。
- **擬人法《ぎじんほう》**…人でないものを人に見立ててたとえる。
  例 空がすすり泣いている。

強調・余韻《よいん》

- **倒置法《とうちほう》**…語の順序を普通《ふつう》とは逆にする。
  例 出かけよう、明るい日差しを浴びながら。
- **体言（名詞）止め**…行末を体言（名詞）で止める。
  例 部屋に残された花の香《かお》り。

リズムを生む

- **対句法《ついくほう》**…形の上からも内容の上からも対応する語句を並べる。
  例 小鳥は楽しげにさえずり、子どもたちはにぎやかに歌う。
- **反復法**…同じ語句、または似た語句を繰《く》り返す。
  例 出会えば笑顔に　出会えば笑顔に

② 短歌・俳句のきまりをおさえる

句切れ
一首（句）の途中《とちゅう》で、文としての意味が切れる部分のこと。俳句では「切れ字」があることが多い。

俳句の季語
季節を表す言葉で、一句に一つ詠《よ》み込《こ》むのが原則。

俳句の切れ字
詠嘆《えいたん》や強調を表す助詞「や・ぞ・か・かな」や助動詞「けり・なり」。

CHECK!
季節を誤りやすい季語
・残雪《ざんせつ》（春）
・若葉《わかば》（夏）
・天《あま》の川《がわ》（秋）
・小春日《こはるび》（冬）

5 意見の理由・説明の問題

事実と意見を読み分ける…事実を述べている文と意見を述べている文とを読み分ける。
（「～と思う。」「～ではないだろうか。」「～しなければならない。」など。）

▶ 意見の理由・根拠《こんきょ》をとらえる…理由や説明を示す言葉「なぜなら・つまり～から（ため）である」などに注目する。

6 要旨《ようし》の問題

各段落の中心文（その段落の話題の中心をまとめた文）を見つけ、要点をとらえる。
（→段落の初めか終わりにあることが多い。）

▶ 各段落のつながりをとらえて要点をつなぎ合わせる。

▶ 結論をおさえ、結論部分の内容を中心にまとめる。

実戦トレーニング

1 次の文章を読んで、あとの問いに答えなさい。 群馬県・改

解答・解説は別冊20ページ

〔「彼女（長森）」は、「ぼく」が通う学校に転校してきたばかりの歴史好きな高校生である。一方、宮下先生は少し変わっていて熱い、日本史の先生である。〕

「君らが生きるということは、その役割を果たすいうことや。働くというのも同じこと。君らが生まれてきた役割を果たしていくことや。これからいっしょに、この国に生まれ、役割を果たして去っていった数々の偉人たちの人生を見つめていこう。歴史を学ぶひとつの良さは、人間は自分の役割を果たすために生まれてきたということを信じるに値する事例がたくさんあることなんや。」

宮下先生はひとりひとりと目を合わせると、満足げに微《ほほ》笑《え》んだ。

全員が顔を上げてひとつになる。水を打ったような静けさ。この雰囲気は、ぼくが知っている限り宮下先生にしかつくり出せない。

「ここまで、ええか？」

宮下先生が、緊張を解くためにそう言葉を繋《つな》いだ瞬間、長森が手を挙げた。

宮下先生は一瞬［　　　］顔をして、すぐに微笑んだ。先生にとっては言葉を繋いだだけだったのに、転校生が手を挙げたことに面食らったのだろう。

ぼくも驚いた。

彼女が授業で手を挙げたのは、ぼくが知る限りこれが最初だった。

「どうした、長森？」

「先生の役割は何ですか？」

「おお～。」

クラス全体からどよめきが起こった。そのどよめきにはぼくも参加している。

（喜多川泰《きたがわやすし》「スタートライン」〈ディスカヴァー・トゥエンティワン〉より）

(1) ［　］に入る言葉として適切なものを次から一つ選び、記号で答えなさい。

ア 意外そうな　**イ** 悲しそうな

ウ 寂しそうな　**エ** 不服そうな

［　　］

(2) ――線部「おお～」とあるが、このどよめきには、どんなことに対するどのような気持ちが込められているか、書きなさい。

［　　　　］

2

次の文章を読んで、あとの問いに答えなさい。（茨城県・改）

〔部活動の盛んな国分《こくぶ》学園に入学した主人公のジュンペー（＝ぼく）は、全国大会の常連であるバスケットボール部に入部した。次の文章は、二年生との試合を控えた朝の場面である。この試合に勝てば、一年生は二年生との練習への参加が認められることになっている。〕

「大丈夫なのか」

「実力を出せればいけると思う」

まあ、頑張ってくれ、と親父《おやじ》が言った。親父はぼくが国分学園に入ってからというもの、だいたいにおいて上機嫌《じょうきげん》だった。

「はい、ご飯」

オフクロが茶碗《ちゃわん》を差し出した。ぼくはご飯の上にハムエッグを乗せて、そのまま食べ始めた。汚いわねえ、とオフクロが嫌な顔をした。

その後ぼくはひと言も喋《しゃべ》らず、テーブルの上にあったものを全部食べた。

よし、いけるぞ。ぼくは立ち上がった。どこ行くの、とオフクロが訊《き》いた。

「学校だよ」

「ジュンペー、まだ七時よ」

いいんだ。試合開始は十時の約束だったけど、いいんだ。ぼくのやる気はマックス*だった。とにかく行かねば。早く行かねば。

「行ってこい」

親父が言った。ぼくはうなずいた。試合だ。今日は試合なのだ。

（五十嵐貴久《いがらしたかひさ》「ぼくたちのアリウープ」〈PHP研究所〉より）

(注) *マックス＝最大。最大限。

(1) ――線部「ぼくはうなずいた」とあるが、この時のジュンペーの気持ちとして適切なものを、次から一つ選び、記号で答えなさい。

ア 他人事のような父の態度を見て、試合に勝って見返してやろうと決心した。
イ 父から励ましの言葉に対し、うなずくことしかできないほど焦《あせ》っていた。
ウ 見送ってくれる父の言葉に後押しされて、試合への意気込みを新たにした。
エ 父の優しい言葉によって、それまで勝負にこだわっていた気持ちが和んだ。

(2) この文章の表現や心情の説明として、適切なものを、次から一つ選び、記号で答えなさい。

ア 短い文を多く用いることで、試合を目の前に控えて混乱する主人公の気持ちを表現している。
イ 家族の会話を中心に描くことで、二年生に対して不満を持つ主人公の気持ちを表現している。
ウ 食事をする様子を具体的に描くことで、両親に強く反発する主人公の気持ちを表現している。
エ 繰り返しの表現を何度も用いることで、試合に向けて高まる主人公の気持ちを表現している。

［　　］

実戦トレーニング

解答・解説は別冊20ページ

1 次の文章を読んで、あとの問いに答えなさい。（栃木県・改）

あるとき人間は、自ら痕跡《こんせき》をつくりだすことを始めた。いつどこでどのようにして、という問いは永遠に答えを与えられないかもしれないが、文字と呼ばれる痕跡が現れるのは、1メソポタミアが最初であったとされている。博物館で見ることのできる、2印章や粘土板がそうだ。図案の彫られた石の筒を柔らかい粘土板のうえに転がしてゆくと、同じ図案が帯状のパターンを描いてゆく。痕跡という自然現象を、記憶のための技術として利用したはじまりである。「書物」という人類最大の財産リストの最初のページに現れるのは、①自然現象としての痕跡を文化現象として扱うことを思いついた、この発明である。

技術というものが、すべて自然のなかから取り出され、自然を変えてきた人間の力だとするならば、痕跡もまた技術である。ただそれは、火や石斧《せきふ》や土器のように目立ってはいない。痕跡は、火や石斧のように、直接物質に働きかけて、破壊したり変形するものではない。その意味で、痕跡は、間接的である。痕跡は必ず、それを読み解く誰《だれ》かが必要であり、その誰かがいなければ、痕跡はただの自然現象でしかない。読み解かれることによって、痕跡はそれを作り出した誰かの考えや意思を伝える。痕跡は火や石斧のように、直接世界に働きかける代わりに、②世界を伝えるのである。

（港千尋《みなとちひろ》「書物の変　グーグルベルグの時代」〈せりか書房〉より）

（注）**1メソポタミア**＝チグリス・ユーフラテス両河の間の地域。世界最古の文明の発祥地《はっしょうち》。
2印章＝印。はんこ。

(1) ――線部①「自然現象としての痕跡を文化現象として扱うこと」とあるが、「文化現象として扱う」とはどういうことか。適切なものを次から一つ選び、記号で答えなさい。

ア 粘土板や印章を博物館に保存して活用すること。
イ 記憶のための技術として文字を使用すること。
ウ 美を表現するために多彩な図案を考案すること。
エ 火や石斧などを用いて生活環境を改善すること。

［　　］

(2) ――線部②「世界を伝える」とあるが、ここでいう「世界」とは何か。二十字以内で書きなさい。

2

次の文章を読んで、あとの問いに答えなさい。　（石川県・改）

私たちは何のために働くのだろうか。

食べていのちをつなぐためだという原形はすぐに見えてくる。そしてどんなに文明が進んでも人間が動物である以上この条件は変わらない。数百万年間採集という分かりやすい形で、食べること、働くこと、生きることはぴったりと重なっていただろう。

しかし人間はとびきり好奇心の強いサルである。いのちの確保以上に珍しいこと、美しいものが好きである。ここから、交換、商業、交易が始まる。おそらく「よく生きたい」はここに発するだろう。人間にあっては「よく」は必ず「よりよく」であり、それは比べることから可能になるからである。①働くことのもう一つの原形、それは、「よりよく」に応《こた》えること、具体的には、美味《おい》しい食べ物、きれいな着物、見栄《みば》えのする道具を含めて、珍しい美しい「財（宝）」を所有することである。

働く人々にも、作り出す人と交換する人の区別ができてくる。前者は「生きる」という人間に自然で必然の基本に関わることであり、後者は「よく生きる」という自然だが必ずしも必然とは言えない欲求に基づく。他の動物と異なる人間らしさは②後者の発達を著しく促し、間接的な交換が直接的な食糧や道具の生産とあい並ぶようになる。

また、働くことと享受することの分化も生じる。例えば、幼き子ども、弱った病者や高齢者、支配者が食べるために別の人が働く。財に関しても、美しいものを作るには才能が必要だから専門の工芸の作り手が発生し、遠くからやってくるものほど珍しいから交易をもっぱら仕事とする商人が働くことになる。

こうして③働くことの派生形ができるのである。それは、獲得したい食糧や道具や財に交換できるものを生み出す間接的な労働である。

（工藤和男《くどうかずお》「くらしとつながりの倫理学」〈晃洋書房〉より）

※一部省略されている箇所《かしょ》があります。

(1) ――線部①「働くことのもう一つの原形」とあるが、筆者が本文中で述べている一つ目の原形とはどのようなことか、書きなさい。

［　　　　］

(2) ――線部②「後者」とは、ここでは何を表しているか。「〜こと。」に続くように、文章中から書き抜《ぬ》きなさい。

［　　　　］こと。

(3) ――線部③「働くことの派生形」に該当するものとして適切なものを次から一つ選び、記号で答えなさい。

ア　おいしい食物を得ること
イ　珍しい宝を売買すること
ウ　美しい品を作り出すこと
エ　生きるために食べること

［　　］

実戦トレーニング

解答・解説は別冊21ページ

1 次の文章を読んで、あとの問いに答えなさい。 山口県・改

〔「ぼく」は、本を見ながらお菓子作りをしているところである。〕

この「ひつじ雲スコーン」の「ひつじ雲」というのは、いったいどういうことなんだろう？ 何を意味しているのだろう？ そのことについては、ページのどこにも書かれていない。「ここがポイント」のところにも、「要注意！」のところにも、「忘れないで」のところにも。

「魔法のひとしずく」のところには、「丸めた生地をならべ終えたら、牛乳にひたしたひとさし指で、よしよしと頭を撫《な》でるようにして」と書かれているだけだ。その文をふたたび読み返していたとき、ぱっとひらめいた。ひらめきがやってきた。

そうだ、いいアイディアがある。

戸だなのなかから、くるみの入った缶をとりだすと、ならべ終えた生地の上にふたつずつ、くるみをさしこんでいった。ひつじに「目」をつけたのだ。焼き上がったときにはきっと、ひつじみたいになっているはず。雲に見えるかどうかは、わからないけれど。

そうか、①これがおじいちゃんの言いたかった「想像力と創造力」なのか。

オーブンの温度を二百度まで上げてから、ひつじたちのならんだ天パンをぐいっとおしこんだ。あとは、わずか二十分だけ、じっと待つだけだ。

その二十分間、ぼくはまるで、ロケットに乗って、②宇宙旅行をしているような気分だった。

どきどき、わくわく、ぶるぶる、そわそわ。

〈小手鞠《こでまり》るい「お菓子の本の旅」〈講談社〉より〉

(1) ——線部①「これ」を説明した次の文の A ・ B に入る適切な表現を、それぞれ文章中から二字で書き抜《ぬ》きなさい。

●見たことのない「ひつじ雲スコーン」を A し、それを実際に自分で工夫して B できること。

A [　　] B [　　]

(2) ——線部②「宇宙旅行をしているような気分」とあるが、これは「ぼく」のどんな心情をたとえたものか。適切なものを次から一つ選び、記号で答えなさい。

ア ひたすら先を急いでいるような焦燥感。

イ 予測不能な作業をしているような不安感。

ウ 未知の世界を進んでいるような高揚感。

エ 特殊な任務を遂行しているような責任感。

〔　　〕

2

次の文章を読んで、あとの問いに答えなさい。　長野県・改

〔大学を卒業して一年、米作りをして生きていくことを決意したゆきは、苦労の末、新しい品種の試験栽培に取り組めることになった。四月、米作りのベテランである祖父とともに、種籾《たねもみ》まき（種子として、殻のついたままの米をまくこと）の作業を始める。〕

「あんた、半日もしねぇのに、もうぐったりしてるねぇ」

祖母の意地悪な視線を無視し、ゆきは天を仰ぐ。

……凄《すご》いなぁ、①敵《かな》わないなぁ、かっこいいなぁ。

自分は今まで、何を見てきたんだろう。祖父の働く姿は、これまでだって沢山見てきたはずだった。でも今日の祖父は格別だ。同じ土俵に立ってみて、初めて見えてくるものがある。

できることなら、後学のためにメモを取ったり、写真を撮ったりしたかった。だが実際は、とてもそんな余裕はない。種まき機から次々に流れてくる箱を受け取るだけで精一杯、一箱受け取るごとに神経がすり減っていくのが自分でも分かった。

「おめが緊張したら、種籾まで緊張するべ」

「え、なにそれ」

「おめが適当にしたら、種籾まで適当になるしな。作物ってのは、そういうもんだ」

ゆきは心の中を見透かされた気がして慌てた。だったら自分はどうしたらよいというのだろう。

「田んぼ、できるごとになって、嬉《うれ》しいが？」

「うん」

「新しい品種、作ってみるの、楽しみだが？」

「もちろん」

「土の間がら芽が出て、緑色の苗がびっちり生えてきて、それを田んぼさ植えで……どげだ？」

「うん、わくわくする」

「ほしたら、その気持ちのまま作業すればいいんだ」

ゆきの胸に、春の風がふんわりと吹き込んだ。話を聞いていた祖母も、にっこりしている。

「経験を積んだ人の言葉は、やっぱ凄いなぁ。深いよ」

「経験なんてまだまだ。じいちゃんは、たったの五〇回ぐらいしか米作ったごど、ないがらなぁ」

……やられた。②やっぱり敵わないや。

（あべ美佳《みか》「雪まんま」〈NHK出版〉より）

● 次の□は、——線部①「敵わない」と——線部②「やっぱり敵わない」の違いについて考察したものである。A、Bに当てはまる最も適切な言葉を、それぞれ指定された字数で本文中から抜き出して書きなさい。

> 祖父がA（三字）を見て生じたゆきの感動が「敵わない」という表現に表れている。
> 一方、自分が積み重ねてきた経験を「B（十二字）」と言う祖父の言葉を聞き、祖父の生き方を改めて知ってわき上がったゆきの感動が「やっぱり敵わない」という表現に表れている。

A

B

4 主題の問題（文学的文章）

実戦トレーニング

解答・解説は別冊21ページ

1 次の文章を読んで、あとの問いに答えなさい。　佐賀県・改

〔耕作の幼なじみで同じクラスの井上権太は毎日のように遅刻しているが、それは母親が三月に体調を崩して以来、家の手伝いをしているためであった。先生は罰として放課後の掃除当番を権太に命じた。それを手伝っていた耕作は、級長の若浜にとがめられた。〕

「あんなぁ耕ちゃん。父《とう》ちゃんが言ってるよ。叱《しか》られても、叱られなくても、やらなきゃあかんことはやるもんだって」

「叱られても、叱られなくても……うん、そうか、わかった」

今度は権太の言葉が、耕作の胸にすぽっとはまりこんだ。

（そうか。先生に叱られても、自分で正しいと思ったことは、したほうがいいんだな）

　権太の言葉を納得した途端、耕作はがんと頬《ほお》を殴《なぐ》られた思いがした。

　耕作は小さい時から、いつも人にほめられて来た。家の者にも、近所の者にも、学校の先生にもほめられて来た。

「耕作は利口もんだ」

「耕ちゃんを見れ、行儀がいいこと」

「耕作は偉くなるぞ」

　いつもそう言われつづけて来た。字も絵もほめられた。[1]雑記帳の使い方も、朗読も、ほめられた。いつの間にか、耕作の心の中には、よりほめられたい思いが渦巻《うずま》くようになった。ほめられたいと思うことは、また叱られまいとすることであり、誰にも指をさされまいとすることでもあった。叱られるということは、いつもほめられている耕作には、耐えがたい恥ずかしさであった。それが今、権太に言われて、はじめて自分のどこかがまちがっていることに気がついたのだ。

「したら権ちゃん、先生に叱られても、割合平気なんだね」

「平気じゃないけどさ。泣いたことだってあるけどさ。だけど、先生に叱られるからと言って、母《かあ》ちゃんの手伝いをしないで、学校に走って来たりはしないよ」

「偉いなあ」

①耕作は内心恥ずかしかった。権太は先生にいくら叱られても、毎日遅れてくる。母親の[2]肥立《ひだ》ちの悪いのはわかっているが、何とか遅れない工夫はないのかと、耕作は内心思うこともあった。叱る先生が無理だとは思いながらも、そう思うことがあった。だが、権太は、学校に遅れるよりも、病気の母親をいたわらないほうが、悪いことだとはっきり確信しているのだ。

　二人はいつしか市街を出て、両側に田んぼの緑のすがすがと見える道を行く。青い忘れな草が、畦《あぜ》にこぼれるように咲いている。十勝岳《とかちだけ》のひと所に雲はかかっているが、いい天気だ。

「そうだなあ、権ちゃん。権ちゃんの言うとおりだなあ」

耕作は素直に言った。級長の若浜は、

「先生に言ってやるぞ、叱られるぞ」

と言った。多分若浜のことだから、先生に言いつけることだろう。若浜は、途中入学の耕作にいつもひけ目を感じている。耕作のほうが、級長の自分より成績がいいからだ。

（叱られても、いいことはするもんなんだ）

そう思うと、耕作はあらためて、

「叱られたっていい」

と、はっきり口に出して言った。ひどく清々《すがすが》しい心持ちだった。

「②権ちゃん、走るか」

（三浦綾子《みうらあやこ》「泥流遅滞《でいりゅうちたい》」〈新潮社〉より。一部省略した部分がある）

（注） **1雑記帳**＝いろいろ思いついたことを書きつけるためのノート。
2肥立ち＝ここでは、出産後の体調の回復のこと。

(1) ――線部①「耕作は内心恥ずかしかった」とあるが、これは権太と自分の違いに気付いたことによるものである。二人の違いとはどのようなものか。次の文の A 、 B に当てはまる内容を、文章中の言葉を使って書きなさい。

権太は、 A と考えて行動していたのに対し、耕作は B と思って行動していた。

A［　　　　］
B［　　　　］

(2) ――線部②「権ちゃん、走るか」とあるが、このときの耕作の気持ちの説明として適切なものを、次から一つ選び、記号で答えなさい。

ア 自分の考えを変えずに行動してもいいということがわかり、これから何も気にしないで過ごせることを嬉《うれ》しく思っている。

イ 掃除を手伝ったのが先生に見つかるのは嫌だと感じ、走ることでまとわりついてくる不安をぬぐい去りたいと思っている。

ウ 掃除を手伝ったのは胸を張れることだとわかり、自分の行動のとり方についても確信を得たので、吹っ切れた思いでいる。

エ 自分の非を認めてはいるもののやはり恥ずかしいので、走って帰ることで今日の出来事を早く忘れようという思いでいる。

［　　］

(3) 本文の内容の説明として適切なものを、次から一つ選び、記号で答えなさい。

ア 素朴で何事にもまっすぐな友人とのふれあいを通し、主人公の少年が心豊かに成長する姿を描いている。

イ 大人社会の中にある本音と建前《たてまえ》に影響を受けながらも、少年たちがたくましく成長する姿を描いている。

ウ ある出来事をきっかけとして、二人の少年がお互いに心の隔たりを感じていく様子を詳細に描いている。

エ 学校の先生や友人の親から様々なことを学び、少年が社会的に自立をしていく様子を巧みに描いている。

［　　］

実戦トレーニング

1 次の詩を読んで、あとの問いに答えなさい。

解答・解説は別冊21ページ

（三重県・改）

*飛《とび》込《こみ》（一）

村《むら》野《の》 四《し》郎《ろう》

①花のように雲たちの衣裳《いしょう》が開く
水の反射が
あなたの裸体に縞《しま》をつける
あなたは遂《つい》に飛びだした
②筋肉の翅《はね》で
日に焦《こ》げた小さい蜂《はち》よ
あなたは花に向《むか》って落ち
つき刺さるようにもぐりこんだ
軈《やが》て あちらの花のかげから
あなたは出てくる
液体に濡《ぬ》れて
さも重たそうに

（「日本の詩 村野四郎」〈ほるぷ社〉より）

（注） ＊**飛込**＝水泳競技の一つ。飛び込みの技術と美しさを競う競技。

(1) ――線部①「花のように雲たちの衣裳が開く」、②「筋肉の翅で」に当てはまる表現技法は何か。それぞれ次から選び、記号で答えなさい。

ア 体言止め　**イ** 直喩《ちょくゆ》
ウ 倒置法《とうちほう》　**エ** 隠喩《いんゆ》

①［　　］②［　　］

(2) この詩では、「あなた」を別のものに見立てて表現しているが、それは何か。適切なものを次から一つ選び、記号で答えなさい。

ア 花　**イ** 雲
ウ 縞　**エ** 蜂

［　　］

(3) この詩全体を通して表現されているものとして適切なものを次から一つ選び、記号で答えなさい。

ア 夏の強い日ざしが反射するプールの横に咲く花を、飛び込み台の上から見つめている「あなた」の姿。
イ 入道雲が花のように映っているプールに、大きく響きわたる飛び込みの音に対する「あなた」の驚き。
ウ 飛び込み台にいた「あなた」が、飛び出して落下し、水中に消えてから再び水面に現れるまでの様子。
エ 飛び込み台をけって、プールにつき刺さるように飛び込んでしまった「あなた」が見せる照れた笑顔。

［　　］

2

次の詩を読んで、あとの問いに答えなさい。

福島県・改

鳴く虫

高橋《たかはし》　元吉《もときち》

草かげの
鳴く虫たちの宝石工場
どの音もみんなあんなに冴《さ》えてゐるから
虫たちはきつといつしんになつて
それぞれちがつたいろの宝石を磨いてゐるのだらう
宝石のひかりがうつり
いひやうもない色まであつて
方々の草かげがほんのりあかるい

（『高橋元吉詩集5　草裡Ⅱ』〈煥乎堂〉より）

(1) 次の会話は、この詩について、授業中にグループで話し合ったときの内容の一部である。あとの①・②に答えなさい。

Aさん 「『宝石工場』って、何を表しているのかな。」
Bさん 「たくさんの虫が鳴く様子を表しているんじゃないかな。だって、『どの音もみんなあんなに冴えてゐる』という表現があるよ。」
Cさん 「虫の声が『冴えてゐる』のは、虫たちが懸命に鳴いているからだよね。懸命なことは、『　Ⅰ　』という言葉からわかるね。」
Bさん 「それに、作者は、虫の声を聞いて、一匹一匹に『　Ⅱ　』のよさがあると感じているんだよ。」
Aさん 「だから『宝石工場』なんだね。」

① 　Ⅰ　に入る言葉として適切なものを、詩の中から四字で書き抜《ぬ》きなさい。

② 　Ⅱ　に入る言葉として適切なものを、詩の中から十字で書き抜きなさい。

(2) この詩の表現上の特色として、適切なものを次から一つ選び、記号で答えなさい。

ア 繰り返しを用いて臨場感あふれる虫の声を表現している。
イ 歴史的仮名遣いを用いて、宝石の硬い質感を表現している。
ウ 同じ音の言葉を用いて、虫の色の美しさを鮮明に表現している。
エ たとえを用いて、虫の声の美しい響きを視覚的に表現している。
オ 各連の最後に同じ音を用いて、虫の声のリズム感を表現している。

〔　　〕

3

次の和歌と詩を読んで、あとの問いに答えなさい。（宮崎県・改）

A 袖《そで》ひちてむすびし水のこほれるを春立つ今日の風やとくらむ　紀貫之《きのつらゆき》

【現代語訳】 袖がぬれるのもかまわず、手ですくったあの水が□のを、立春の今日の風が、今ごろはとかしているだろう。

B まんさくの花　丸山《まるやま》 薫《かおる》

[1]まんさくの花が咲いた　と
子供達《たち》が手折《たお》つて　持つてくる
まんさくの花は淡黄色《たんこうしょく》の　粒々した
眼《め》にも見分けがたい花だけれど

まんさくの花が咲いた　と
子供達が手折つて　持つてくる
まんさくの花は点々と滴《したた》りに似た
[2]花としもない花だけれど

山の風が鳴る[3]疎林《そりん》の奥から
寒々とした日暮《ひぐれ》の雪をふんで
まんさくの花が咲いた　と
子供達が手折つて　持つてくる

（注）1まんさく＝マンサク科の低木。山地に自生する。
2花としもない＝花ともいえないほどの。
3疎林＝木がまばらで、葉を落とした林。

(1) **A**の和歌について、**【現代語訳】**の□に入る言葉を書きなさい。
［　　　］

(2) **B**の詩に見られる表現上の特徴として適切なものを、次から一つ選び、記号で答えなさい。
ア 擬人法　**イ** 対句法　**ウ** 反復法　**エ** 比喩法
［　　　］

(3) **B**の詩について、「子供達」にとって「まんさくの花」とは、どのような意味をもつ花か。わかりやすく書きなさい。
［　　　］

(4) **A**の和歌で詠《よ》まれている「風」と同じ季節の風が詠まれている俳句を次から一つ選び、記号で答えなさい。
ア 涼風や机上《きじょう》に白き貝一つ
イ コスモスや風の量ほど花唄《うた》ふ
ウ 海に出て木枯《こがらし》帰るところなし
エ 風吹いて蝶々《ちょうちょう》迅《はや》く飛びにけり
［　　　］

6 意見の理由・説明の問題（説明的文章）

実戦トレーニング

解答・解説は別冊22ページ

1 次の文章は、文学作品について評論を書いてきた筆者が、小説を書き始めたころのことを振り返って書いたものである。これを読んで、あとの問いに答えなさい。（兵庫県・改）

小説を書き始めてまず突き当たった壁は、評論という形式に馴染《なじ》んだための、A事物の抽象的な処理、非具体的な処理であった。心を動かされた作品と対《むか》い合い、なぜ感動したのかを問うてみる。事を分析[1]帰納しながら一般化できる共通事項を抽《ひ》き出し、[2]敷衍《ふえん》してゆく作業は、当然のこととして、B言葉による明確な結論を自分に要求する。時によっては、結論としての言葉あるいは文章が先に立ち、それを客観的に証明しようとしてC論理的な作業をひたすら重ねてゆく。

感動の拠《よ》り所を分析帰納して、少しでも論理的に把握したい評論への欲望と、感動の拠り所を分散拡大して、更に強調したい小説への欲望、この二種類の欲望は、どうやら自分の中には矛盾なく生きているらしい。今さら言い立てるのも気がひけるようなことながら、小説で必要なのはD事物の具体的な表現であって、抽象的な論評でもなければE概念的な記述でもない。なぜこの作品を書いたかという、作者の直接の言葉は不要であり、結論は、作者が提示した具体的な事物を通じて読者にゆだねればよい。しかし習慣は恐ろしい。結論めいた文章を書かない不安と私は長く争うことになる。小説を書こうとしながら、評論では許される抽象的、概念的な物言いに無意識のうちに逃れている自分に気づくと、一時的にもせよ筆は止まってしまう。

（竹西寛子《たけにしひろこ》「『見る』に始まる」より）

（注）1帰納＝具体的な事実から一般的な法則を導き出すこと。
2敷衍＝ここでは、ある作品について言えることを、他の作品に当てはめて考えること。

(1) 〜〜線部A〜Eは、「評論」について述べたもの四つと、「小説」について述べたもの一つに分けることができる。「小説」について述べたものを選び、記号で答えなさい。［　　］

(2) ――線部において、筆者は何を「恐ろしい」と言っているのか。それを説明した次の文の a ・ b に入る言葉を、それぞれ文章中から書き抜《ぬ》きなさい。（ただし、aは十字、bは十字以上十五字以内の言葉とする。）

小説においては、具体的な事物を通じて結論は a が、評論を書き慣れている筆者にとって、結論めいた文章を書かないことは不安であり、抽象的な言葉を用いて書くことに b ことがあるということ。

a ［　　　　　　　　　　］
b ［　　　　　　　　　　　　　　　］

2

次の文章を読んで、あとの問いに答えなさい。（埼玉県・改）

①ゼロテクノロジーというコンセプト[1]がある。略称ゼロテク。近代科学テクノロジーは新しい物質を、新しいメカニズムを、あるいは新しいエネルギーを「作り出す」ことに一貫してその心血を注いできた。

しかし、まさにそのテクノロジーが生み出したさまざまな余剰物、廃棄物、排出物によって、私たちは今、大きなリベンジ[2]を受けている。つまり、今後、私たちが求めるのはただ線形的にモノを作り出すテクノロジーではなく、むしろ「なくす」「元に戻す」「守る・保つ」といった働きに特化することによって新たな価値を生み出すような、そのようなテクノロジーが必要とされるのではないか。これがゼロテクである。

具体的には、安全に地雷を爆破・除去する地雷除去機、使用済み家電やパソコンなどを徹底的に分解・分別し、再資源化している家電製品リサイクル工場などが挙げられている。なかなか興味深い着眼点だ。

ただし、いくつか考慮しなければならない論点がある。自然現象は常にエントロピー＝乱雑さが増大する方向に進む。ゼロテクの主張する「なくす／元に戻す／守る」というのは、エントロピー増大をできるだけ押しとどめる、もしくは秩序を常に再構築する、ということだから、それには膨大なエネルギーとコストがかかることになる。つまり、コーヒーと牛乳からコーヒー牛乳を作ることはできるが、②コーヒー牛乳をコーヒーと牛乳に戻すことは容易ではない。この点を過小評価することはできない。

（福岡伸一《ふくおかしんいち》「動的平衡2」〈木楽舎〉より。一部省略がある。）

(注) 1コンセプト＝概念。　2リベンジ＝仕返し。

(1) ――線部①「ゼロテクノロジー」とあるが、次は、これまでの近代科学テクノロジーとゼロテクノロジーの考え方の違いをまとめたものです。（　）に当てはまる言葉を文章中から探し、五字で書き抜《ぬ》きなさい。

近代科学テクノロジー	ゼロテクノロジー
新しい物質やメカニズム、エネルギーを「作り出す」テクノロジー	「なくす」「元に戻す」「守る・保つ」といった働きに特化することで（　）を生み出すテクノロジー

□□□□□

(2) ――線部②「コーヒー牛乳をコーヒーと牛乳に戻すことは容易ではない。」とあるが、これは、ゼロテクを進めていくうえでどのような課題があると筆者が考えているからか。次の書き出しに続けて、文章中の言葉を使って、十字以上、二十字以内で書きなさい。

ゼロテクを推進するには、□□□□□□□□□□□□□□□□□□□□という課題があると考えているから。

7 要旨《ようし》の問題（説明的文章）

実戦トレーニング

解答・解説は別冊22ページ

1 次の文章を読んで、あとの問いに答えなさい。（新潟県・改）

私たちは、便利さや効率性や速度の幻惑には徹底的に弱い存在である。こんな速さは必要ない、こんなに便利になってどうするんだ。そんなことをつぶやいた次の日には、その速さや便利さは、心地《ここち》よいものとなっており、次の日には、それは、あって当然の存在、となってしまう。コンピュータがもたらす快適さや便利さを、私たちはとうてい捨てることはできないのである。

だが、他方で、対象と私たちの間に、コンピュータが媒介（メディア）として介入することで、何か、が失われることもまた確かなことである。失われるのは、世界の物質性と身体の直接的接触なのだろうか。それとも、音を時間を超えて保存するという驚異、光景を空間を超えて保存するという驚異なのだろうか。

例えば、インターネット上で、文字、図像などの情報を見たり聞いたりするというのは、実は私のコンピュータのメモリ上に、オリジナル情報の複製を瞬時に作っている、ということを意味している。このように〈物質〉から離れた〈デジタル〉情報は、私によって〈所有〉されるというよりは、あらゆる人に〈共有〉されるものである。

物質であれば、ここにある、ということは、その他の場所にはない、ということを意味する。私が所有する〈本〉は、私との一体感、私の所有感を満たす。物質からデジタル情報への変化は、〈偏在から遍在へ〉、〈所有から共有へ〉、という実に大きな変化をもたらすのだといえるのだろう。私のモノ（例えば、＊アールデコ時代の美しい書籍、中世の手写本）への愛着、あるいは執着は、デジタル情報に対しては、発生しようのない種類のものであるのだろう。

（黒崎《くろさき》政男《まさお》「哲学者クロサキの哲学する骨董《こっとう》」〈淡交社〉より）

（注） ＊アールデコ＝二十世紀はじめ、フランスを中心に流行した装飾様式で、実用的で、単純・直線的なデザインを特徴とする。

(1) ――線部「コンピュータが……確かなことである」とあるが、筆者の場合、何が失われると述べているか。文章中の言葉を使って、二十字以内で書きなさい。

(2) 筆者はデジタル情報の特徴をどのように述べているか。文章の内容を踏まえ、百字以内で書きなさい。

2

次の文章を読んで、あとの問いに答えなさい。 長野県・改

タンポポやオオバコは、冬だけではなく、一年中、ロゼット*状態で過ごします。「この姿で一生を過ごすことが、何か意味をもつのか」という疑問もあるでしょう。葉っぱが広がっている面積は小さいのですが、それがこの植物たちのなわばりです。

そのなわばり内の地面には、葉っぱでさえぎられて、光は当たりません。だから、ほかの植物は育ちません。そのため、背が低くても、花が咲けば目立ちます。花茎が伸びれば、葉は地面近くの高さにしかありませんから、花がもっと目立ちます。

タンポポの花がよく目立つのは、あざやかな黄金色のためでもありますが、花を支える花茎が葉っぱの位置よりすらっと高く伸びていることも一因です。ロゼット状態で花茎を伸ばす植物たちは、ハチやチョウに「花が咲いているよ」とアピールできます。

［　　］、葉っぱだけが地表面に展開するタンポポやオオバコには、芽をもつ茎が見当たりません。これらの植物が葉っぱをつくり出す芽は、地表面と同じくらいの高さにあるのです。そのため、動物がこれらの植物たちの芽を食べるのはむずかしいでしょう。

葉っぱは食べられるでしょうが、芽は動物に食べられずに残ります。残った芽からは、葉っぱが再び生えてきます。ですから、動物に食べつくされることに抵抗して芽を守る姿が、ロゼット状態で生涯を過ごす、もう一つの意義です。

私たちは、この種の雑草を抜くとき、できるだけ根もとから抜こうと心がけます。それは、芽が根もとの近くにあり、葉っぱだけを引きちぎったり刈りとったりしても、またすぐに葉っぱが茂ってくることを知っているからです。ひょっとしたら、ロゼットは、人間に邪魔者扱いされることに抵抗して、自分のからだを守って、生き抜いている姿なのかもしれません。

（田中修《たなかおさむ》「植物はすごい　生き残りをかけたしくみと工夫」〈中央公論新社〉より）

(注) ＊**ロゼット状態**＝茎を伸ばさず、株の中心から放射状に多くの葉っぱを広げる姿。バラの花に見立てられて「ロゼット（rosette）」という。

(1) ［　　］に入る言葉として適切なものを次から一つ選び、記号で答えなさい。

ア しかし　**イ** また　**ウ** 例えば　**エ** さて

［　　］

(2) ――線部「『この姿で……意味をもつのか』という疑問」とあるが、この疑問に対して筆者は何と答えているか、本文中の言葉を使い、「意味をもつ。」につながるように、二十五字以上三十五字以内で書きなさい。

［　　　　　　　　　　　　　　　　　　］意味をもつ。

読解Ⅱ（頻出《ひんしゅつ》文章テーマ別）

頻出《ひんしゅつ》文章テーマ別の読解

最重要点の確認

1 文化・社会がテーマの文章

①文章の傾向《けいこう》

●論説的な文章……文章の分野は、ほとんどが**論説文**。他には**随**《ずい》**想**《そう》（論理的な随筆）がある。

②学習のポイント

●文脈の理解……指示語や接続語に注意して、**文章の流れ**をおさえるようにする。

●要旨《ようし》……選択肢《せんたくし》にしても記述にしても、**各段落の要点**を正しくとらえ、つなぎ合わせていくようにする。

●読書対策……**日本の文化**や**日本文化と外国文化との比較**《ひかく》などを題材にした作品にふれておこう。

2 人物の成長がテーマの文章

①文章の傾向

●文学的な文章……**小説**が圧倒的《あっとうてき》に多い。次いで随筆。小説では、中心的登場人物が**心の成長**を遂《と》げていく姿、随筆では、筆者自身、あるいは題材の中に登場する人物に関して描《えが》いている。

②学習のポイント

●文脈の理解……中心的登場人物（随筆の場合は、筆者自身か取り上げている人物）をめぐって**どんな出来事が起こっているか**、時間的な流れに沿って、正しくとらえる。

●クライマックス（山場）に注目

・心情の変化
・行動の変化
・考え方の変化

↓

これらの変化を通して、登場人物が内面的にどう変わったかをつかむ。

CHECK! **人気小説は一読しよう**
話題の人気小説は出る可能性が高い。一読して、あらすじをつかんでおきたい。

3 古典がテーマの文章

①文章の傾向

●融合《ゆうごう》形式……随筆・説明文の形式をとった文章中に、**古文・和歌**（**短歌**）・**俳句**などを含《ふく》む場合が多い。数は少ないが、**漢文**が取り上げられることもある。

②学習のポイント

●古文・韻文《いんぶん》の基礎《きそ》知識……通常の読解の他に、**歴史的仮名遣**《かなづか》**い**や**句切れ**、**季語**などを問う場合が多い。特に、歴史的仮名遣い、季語はおさえておくようにしよう。また、有名な古典の作者・成立年代も整理しておこう。

4 言語・学問がテーマの文章

①文章の傾向

●論説的な文章……**論説文・説明文**がほとんど。

入試データ　文化・社会や言語・学問、学校・友情がテーマの文章の出題が多い。

②学習のポイント

●意見の理由・説明……文章中の語句の内容吟味《ぎんみ》を伴《ともな》うものが多い。言い換《か》えの表現や段落の関係に目を向ける。

5 家族がテーマの文章

①文章の傾向

●文学的な文章……小説がほとんどだが、随筆も時々取り上げられることがある。

②学習のポイント

●文脈の理解……登場人物と家族との間にどんな出来事が起こり、どのように展開しているかをおさえる。

●心情をとらえる

家族に対して……どんな出来事を通して、誰《だれ》にどう感じているか。

自分の行動に対して……家族にしたことについて、どう感じているか。

⇩

変化していく心情をつかむ。

6 身体・科学がテーマの文章

①文章の傾向

●論説的な文章……科学的な論説文がほとんど。時事的な話題を取り上げる場合も多い。

②学習のポイント

●文脈の理解……使われている用語は、専門的なものが多い。一文一文、語句の意味を確かめながら読んでいくようにする。(注)の説明を手がかりにしよう。

●読書対策……話題になっている科学的な事柄《ことがら》を、ふだんからキャッチしておこう。図書館の新刊などに目を向ける。

7 学校・友情がテーマの文章

①文章の傾向

●文学的な文章……ほとんどが小説。たまに随筆も取り上げられる。

②学習のポイント

●文脈の理解……話の背景をしっかりおさえておこう。

・時代はいつか。　・どんな場所か。
・季節はいつか。　・どんな人物が出てくるか。

●心情をとらえる……主人公を中心につかむ。

・どんな学校生活を送っているのか。
・誰とどのような友情を結んでいるのか。
・友情が、どのように変化していくか。

8 自然・環境《かんきょう》がテーマの文章

①文章の傾向

●論説的な文章……日本の自然環境・地球環境を話題にした論説文がほとんどを占《し》めている。

②学習のポイント

●意見の理由・説明……筆者が、取り上げている話題についてどんな意見を述べているか、理由とともに正しくおさえる。繰《く》り返し出てくる言葉(キーワード)に注目する。

●要旨……筆者が述べようとしている事柄や主張を、結論部分の内容を中心にまとめる。

実戦トレーニング

1 次の文章を読んで、あとの問いに答えなさい。 滋賀県・改

解答・解説は別冊23ページ

Ⅰ　色の好みは人それぞれだが、色の感じ方には共通するものがある。暖色や寒色という言葉があるように、色に温度を結びつけたり、ある感情を与える作用を認めたりする。どの文化でもたいがい赤は注意や警戒感を与えるし、青はその反対に［　　］をもたらす。ふたつの色を混合して得られる紫は、日本でもヨーロッパでも昔は高貴な色として、特別な階級の人々の服装に使われた。

Ⅱ　その点、ネズミ色はあまりいい意味をもたされていない。「灰色の世界」と聞けば、明るく楽しい世界の反対がイメージされるし、「グレーゾーン」と言えば、曖昧《あいまい》でどっちつかずと怪しまれる。

Ⅲ　だが身のまわりに目を向けると、①わたしたちが生きる世界には意外に灰色が多い。舗装された道路、コンクリートの建物、さまざまな配管、電柱に電線……都市生活をとりまく環境の大部分はこの色で占められている。公共空間だけでなく、オフィスや自宅でも多くの製品にグレーが使われる。特別な意味をもたず、特別な感情にも結びつく必要がない場所では、グレーのほうがよい。

Ⅳ　つまり灰色は消極的だから役立っているわけだが、②人間は灰色をさらに評価することもできる。そのひとつが白黒写真である。面白いことに人間は、彩《いろど》りのないさまざまな明るさの灰色だけで表現された風景を見て、それを美しいと感じることができる。それにはいろいろな理由が考えられる。

Ⅴ　そのひとつは色を差し引くせいで、わたしたちが光と影に敏感になることだろう。たとえば新緑の木々から色を差し引いたとたんに、木の葉の重なりの微妙な影に気がつく。初夏の海をモノクロームにすると、砂と波が織りなすパターンが見えてくる。

Ⅵ　人間の顔もそうである。*モノクロームで表現された人間の顔にはまた違った趣がある。引き締まった画面の陰影が、人柄の深さを表すこともあるし、人生の時間を感じさせることもある。このように、わたしたちは灰色の無限の段階のなかに、光と影の戯《たわむ》れを見て楽しむことができる。

Ⅶ　こうした感覚は実は昔から存在していたものだろう。都市のなかでいえば、日本や韓国《かんこく》の屋根瓦《やねがわら》がそうだ。グレー一色の世界に見えるが、実はそうではない。同じグレーでも濃淡があるし、また天気によっても色が違って見える。雲の色を反映して、夏の盛りには強く照り、雨が降ればしっとりと落ち着く。世界の建築のなかでも、

これほど豊かな灰色をもった屋根はあまり見当たらない。

Ⅷ おそらく日本は灰色の美しさに目覚め、それを大切に育ててきた文化をもっている。派手な色彩を控え、微妙な明暗の変化を愛《め》でる。そのもっとも洗練された芸術のひとつが、茶の湯にちがいない。

Ⅸ ネズミ色の服を着た人が、小さな部屋で、灰色の茶碗《ちゃわん》を見つめている。日本の文化はそんな世界に、どんなカラフルな色にもまさる、最高の美を認めることもできるのである。（港千尋《みなとちひろ》「芸術回帰論　イメージは世界をつなぐ」〈平凡社〉より）

※一部省略されている箇所《かしょ》があります。

（注）＊モノクローム＝着色しない、白と黒による表現。

(1) □に入る言葉として適切なものを、次から一つ選び、記号で答えなさい。

ア 緊張　イ 沈静
ウ 高揚　エ 苦痛

［　　］

(2) ――線部①「わたしたちが生きる世界には意外に灰色が多い」とあるが、この理由にあたる部分を、解答欄の「から。」につながるように本文中から四十字以内で探し、初めと終わりの五字を書き抜きなさい。

□□□□□～□□□□□から。

(3) ――線部②「人間は灰色をさらに評価することもできる」とあるが、その理由を筆者はどのように考えているか。灰色の特徴を明らかにしながら、六十字以内で書きなさい。

(4) ――線部③「日本は灰色の美しさに目覚め、それを大切に育ててきた文化」とあるが、Aその具体例として何を挙げているか。また、Bその様子を端的《たんてき》に説明した一文の初めの五字を書き抜きなさい。

A［　　］
B □□□□□

(5) 本文中における段落の関係についての説明として適切なものを、次から一つ選び、記号で答えなさい。

ア Ⅱ段落では、Ⅰ段落とは対照的な事例を示すことにより、一般的な考えを否定している。
イ Ⅲ段落では、Ⅱ段落で述べた内容に反論することで、筆者の主張が強く述べられている。
ウ Ⅵ段落は、Ⅴ段落で提示された例に加えて、別の具体例を示すことで論を補強している。
エ Ⅶ段落は、Ⅳ～Ⅵ段落で示された筆者の主張の根拠を提示し、論への批判に答えている。

［　　］

2

次の文章を読んで、あとの問いに答えなさい。 岐阜県・改

〈パソコンが登場し、いわゆるメール（電子メール）が利用されるようになったとき、①私は手紙とメールの違いに驚いた。手紙は人と人との関係のなかで書かれる。だから相手の立場や気持ちに思いを寄せながら書く。［Ⅰ］と受け取り手の間に生まれた過去の関係が大事にされるといってもよい。手紙のなかには、過去のすべての関係が蓄積されているのである。

　ところがメールになると、自分の伝えたい情報の送信になってしまう。自分の伝えたいことを伝えるだけである。不思議なことにメールだと、受け取る側も情報を知ろうという読み方になって、たまに手紙のような文面が送られてくると読むのがめんどうになってくる。

　広告メールのようなものを除けば、メールも人と人との関係のなかで送られている。その点では手紙もメールも同じようなもののはずである。ところが違う。手紙は、たとえそれが頼みごとであったとしても、過去の関係の蓄積をふまえて、自分の思いを伝えることに主目的があるのに対して、メールの主目的は情報の伝達である。［Ⅱ］は必要な情報だけを受け取り、必要のない情報は読み捨てる。ここでは情報の送信者と受信者という関係だけが成り立ち、必要な情報でなければ、その関係も一瞬にして消える。〉

　私は、この手紙からメールへの変化のなかに、現代のさまざまな関係のあり方が象徴的にあらわれているような気がする。たとえば、かつてはお店では［Ⅲ］と買い手の関係があった。昔からの関係の蓄積を前提にして、店の人と客は会話をし、ときに商品をすすめられながら、客は商品を購入した。だが今日のコンビニやスーパー、量販店では違う。その場かぎりの関係が生まれ、その関係もたちまち消える。つねに新しい関係が一瞬生まれ、消えていくという繰り返しのなかで、私たちは暮らしている。

　現在では、私たちを包むあらゆる部分で、このような変化が進行しているのだと思う。関係が＊希薄化しているとよく言われるけれども、それは正確な言い方ではない。関係が蓄積されていかないのである。あるいは、たえず新しい関係が生まれては、その関係が使い捨てられ、消費されていく世界のなかに、私たちが次第にのみ込まれていったのである。

【だから、そういう世界のなかに身を置いていると、使い捨てられないような関係を結ぶことは、めんどうに感じられてくる。地域社会のなかで関係を結ぶことも、ときに家族の関係も、あるいは職場の人間関係や友人同士の関係も、である。たえず関係を使い捨て消費しながら関係から離れていけることが「自由」の意味になっていく。そういう時代がこうして生まれていった。手紙よりもメールの方が自由な伝達手段と感じる人たちが生まれていったように。

　だが、②そんな時代も、この一、二年の間に再び変化しはじめたような気がする。使い捨てではない、しっかりとした関係を持ちながら生きていきたいと考える人々が、急速

にふえてきた。この傾向は若い人ほど大きくて、個人の自立を価値としてきた戦後の日本の社会が、大きな精神変化の時代を迎えたような気さえする。関係を消費しながら生きることが虚《むな》しくなり、蓄積されるような関係とともに生きたいと思う時代。この変化が消費の時代をどう変えるのかはまだわからない。しかし、確実に何かが変わりつつあるのである。

（内山節《うちやまたかし》「戦争という仕事」〈信濃毎日新聞社〉より）

【注】 ＊希薄化＝薄くなること。

(1) [Ⅰ]～[Ⅲ]には、①～③の言葉が入る。それぞれに入る最も適切な言葉の組み合わせを、次から一つ選び、記号で答えなさい。

① 送り手　② 売り手　③ 読み手

ア（Ⅰ①　Ⅱ②　Ⅲ③）　**イ**（Ⅰ①　Ⅱ③　Ⅲ②）
ウ（Ⅰ③　Ⅱ①　Ⅲ②）　**エ**（Ⅰ③　Ⅱ②　Ⅲ①）

［　　］

(2) ――線部①「私は手紙とメールの違いに驚いた」とあるが、手紙とメールの違いについて述べた一文を、〈　〉内から探し、初めの五字を書き抜《ぬ》きなさい。

□□□□□

(3) この文章の中で、今日のコンビニやスーパー、量販店の例はどのような役割を果たしているか。その説明として適切なものを次から一つ選び、記号で答えなさい。

ア かつてのお店とは異なり、関係の蓄積があることを示し、筆者の考えの正しさを証明している。

イ 広告メールとは異なり、情報を多くの人に伝える重要性を示し、筆者の考えの新しさを印象づけている。

ウ 手紙と同じように、相手の気持ちに思いを寄せることの大切さを示し、筆者の考えに独自性を与えている。

エ メールと同じように、関係が蓄積されていかないことを示し、筆者の考えに説得力をもたせている。

［　　］

(4) ――線部②「そんな時代も、この一、二年の間に再び変化しはじめた」とあるが、どのような時代からどのような時代へと変化しはじめたと筆者は述べているか。【　】内の言葉を使って、五十字以上五十五字以内でまとめて書きなさい。ただし、「自由」、「蓄積」という二つの言葉を使い、「たえず関係を使い捨て消費しながら」という書き出しに続けて書くこと。

●たえず関係を使い捨て消費しながら

（解答欄 50）

時代へと変化しはじめた。

実戦トレーニング

解答・解説は別冊24ページ

1 次の文章を読んで、あとの問いに答えなさい。（佐賀県・改）

> 二年生の「ぼく」は膝《ひざ》がおかしいことに気づいていたが、岡野とともに、キャプテンの山内さんに見込まれて、三年生にとって最後になる試合に出場することになった。「ぼく」と岡野は活躍《かつやく》したが、二回戦で負けてしまった。

ぼくたちは部活の練習以外にも二人で特訓を積んだ。三年生のなかには「二年生なんか使うなよ」と山内さんに文句を言う人も何人かいて、その中心が、岡野と交代してコートからひっこむことになる富山さんだった。でも、ぼくは思う、うまい奴《やつ》が試合に出る、そんなのあたりまえじゃないか。ぼくは「もっとうまくなれば試合の頭から使ってもらえるぜ」と岡野に言い、岡野はぼくに「ミスったら富山さんにシメられるよなあ」と心配顔で言っていた。そのあたりが性格の違いなんだろう。

オレたちをスタメンで使っていれば二回戦も勝っていた、とぼくは思い、タイムアップ寸前のスリーポイントシュートをはずした岡野は、目に涙を浮かべて先輩一人一人に謝っていた。でも、岡野にはわかっていたはずだ。最後のシュートミスはぼくのパス出しのタイミングがワンテンポ遅れたせいだ。ディフェンスをかわしてターンするとき、右膝がズキッと痛んでバランスを崩し、それでパスが遅れたのだ。

①岡野はぼくを責めなかったし、ぼくも謝ったりはしなかった。いまでもべつに謝るつもりはない。ただ、あれが公式戦最後のプレイになるんだったら、もっとうまくやりたかったな、といまになって悔しさがつのる。

新チームは八月から始動した。山内さんが指名したキャプテンは岡野、副キャプテンはぼく。山内さんはぼくにこっそり言った。「岡野をサポートしてやれよ、あいつおとなしいけど、バスケのことになるとまわり見えなくなるタイプだから」。オレだってそうですよ——と、なぜだろう、②そのとき少し悔しくて、山内さんに言い返したかった。

でも、山内さんの言っていたことは正しかった。岡野は急に性格がキツくなった。いままでは自分一人で黙々と練習をしていたのが、ぼくらがちょっとサボっただけで、「なにやってんだよ！」と文句を言うようになった。部室のロッカーの使い方や一年生の言葉づかいにもうるさくなり、高校生の使うような複雑なフォーメーションを練習に組み入れて、覚えの悪い奴は二年生でも怒鳴《どな》りつけた。

「おまえ、権力握ると人間変わるタイプなのな」とぼくは言った。冗談ぽく、でも半分本音で。

③「なにが権力だよ」岡野はつまらなそうに笑い、「試合に

勝たなきゃしょうがないだろ」と言った。ちょっと無理してるんじゃないかとぼくは思ったけど、そのときは黙ってうなずいた。

（重松清《しげまつきよし》「エイジ」〈朝日新聞社〉より。一部省略がある）

(1) ——線部①「岡野はぼくを責めなかったし、ぼくも謝ったりはしなかった。」とあるが、岡野と「ぼく」の性格の違いが対比的に表現されている一文を、これより前の部分から二つ探し、それぞれ最初の五字を書き抜《ぬ》きなさい。

(2) ——線部②「そのとき少し悔しくて、山内さんに言い返したかった。」とあるが、「ぼく」がこのような気持ちになったのはなぜか。その理由として適切なものを次から一つ選び、記号で答えなさい。

ア 今までは岡野が自分をサポートしてきたのに、これからは自分が岡野をサポートするようにと山内さんに言われたから。

イ 足の痛みに耐えながら頑張っている自分のことを知っている山内さんが、新チームのキャプテンに岡野を指名したから。

ウ バスケに対する情熱は岡野に負けないと思っているのに、山内さんは自分のことを理解してくれていないと感じたから。

エ プレイに関しては自分のほうが上なのに、山内さんは自分の選手としての力を正当に評価してくれていないと感じたから。

［　　］

(3) ——線部③「『なにが権力だよ』岡野はつまらなそうに笑い、『試合に勝たなきゃしょうがないだろ』と言った。」とあるが、このときの岡野の様子の説明として適切なものを次から一つ選び、記号で答えなさい。

ア 自分はキャプテンなのにだれも従ってくれず、その上「ぼく」から非難されたことで、あきらめの気持ちが強くなっている。

イ 自分はキャプテンとして当然のことをやっているだけであり、「ぼく」の指摘は的外れでばかばかしいものだと感じている。

ウ 自分はキャプテンらしい言動をとってはいないので、「ぼく」に偉そうにしていると見られていることを意外に思っている。

エ 自分はキャプテンを押しつけられて困っているのに、その思いを理解していない「ぼく」のことを面白くないと思っている。

［　　］

2

次の文章を読んで、あとの問いに答えなさい。 北海道・改

〔これは、師匠である「岡崎」のもとで絵を学ぶ「さち」が、花火の日に師匠たちと乗船する予定の金時丸を、兄弟子の「永承《えいしょう》」と下見してきたときの話です。〕

屋敷に戻ったあと、さちは白紙の半紙を見詰めた。

見詰めているうちに、真っ白な紙の上に金時丸の形が浮かんで見えた。しかも見える形は、さまざまに異なっていた。

筆を手にしたさちは、半紙に見えている船形をなぞった。

1半刻《はんとき》のうちに、四枚の絵が仕上がった。

船の座敷を真上から見下ろした図。

船端《ふなばた》に立ち、斜めに見た図。

船着場から見た、金時丸の真横の図。

そして、2艫《とも》の台所から舳先《へさき》を見渡した図。

「これは大した絵図だ」

さちが描いた金時丸の絵図四枚を見て、永承は感嘆のうなり声を漏らした。

「これらを見れば、だれもが金時丸を①目の当《ま》たりにしたも同然の気になれる」

四方向から船を描いたことで、形も大きさもはっきりと捉《とら》えることができていた。

「おまえはこのような描き方を、亡《な》くなられた3横泉《おうせん》様から教わっていたのか?」

「いいえ」

さちの首の振り方は、きっぱりとしていた。

「ならば、どこで教わったのだ?」

確かな答えを、早く知りたいのだろう。永承の問い方は、いつになくきつい口調になっていた。

②さちはすぐには答えなかった。

見詰めている半紙のうえに、金時丸の形が浮かんで見えた。しかしそのことを、永承に言っていいのだろうか。

さちは判断がつかず、言葉がすぐには出なかったのだ。

4御前吟味の折りに、さちは紙の上に線を見た。そのことを明かしたとき、岡崎は深い目でさちを見た。

かつて紙に線を見た者はふたりしかいないと、岡崎は名を挙げた。永承は、そのふたりのなかに入ってはいなかった。

それゆえにさちは、半紙の上に金時丸が見えたと正直に明かせなかった。

永承はしかし、真摯《しんし》な目でさちを見ていた。

どこで教わったのかときつい口調で問いかけたが、そのあとは静かな目でさちを見ていた。目の色には、いささかも妬《ねた》みのような色は含まれてはいなかった。

「半紙を見詰めていたら、船の形が見えました。わたしはそれを、きちんとなぞっただけです」

永承の目の色が、さちに正直な答えを言わせた。

「やはり、そうだったのか」

5深く得心がいったようだ。さちを見る永承の目には、心底、相手を敬っている色が浮かんでいた。

「御前吟味の折りに、さちは紙を見詰めたまま、四半刻以上も筆をとらずにいただろう」

あれも、紙に線が見えるのを待っていたのかと永承は問

うた。

吟味の行われたその日のうちに、線が見えたのかと訊《き》きたくてたまらなかった。しかしあの日の永承は、さちにそれを問うきっかけを得られず仕舞《じま》いだった。

紙を見詰めていれば、描きたいものが浮かんで見える。

このことは、弟子のだれもが先輩から申し送りとして聞かされていた。しかしそれを成し遂げたのは、師匠の岡崎のほかにはほとんどいない……このこともまた、弟子たちは聞かされていた。

さちは見事に成し遂げていた。

半紙のうえに見えた金時丸を、四枚の絵図に仕上げていた。

永承は③師匠に教えを請《こ》う弟子のような所作[6]で、さちが口にする仔細[7]《しさい》に聞き入った。

金時丸を隅々まで自分の足で歩き、大きさや造りを身体の芯《しん》に覚え込ませた……船の長さと幅を歩幅で測ったと、永承に話した。

「わたしもそれを為《な》していたおまえを見ていたが、自分の足で測ろうとはしなかった」

よろず、ものごとが成就《じょうじゅ》できるか否《いな》かの分かれ道は、心がけの差のなかに潜んでいたのか……おのれの甘さを思い知った永承は、目をきつく閉じ合わせた。

さちは永承を見詰めた。

両目を開いたときの永承は、晴れやかな目でさちを見た。

（山本一力《やまもといちりき》「ほうき星」〈角川書店〉より）

（注） **1半刻**＝現在の約一時間。 **2艫**＝船尾。
3横泉＝さちの父の名。
4御前吟味＝ここでは、岡崎のもとで絵を学び続ける資格を得るため、「岡崎の前で真っ直ぐの線を描く試験」のこと。
5得心＝納得。 **6所作**＝ふるまい。
7仔細＝詳しい話。

(1) ――線①「目の当たりにしたも同然の気になれる」とあるが、これはどんな気持ちになれることを表したものか。適切なものを次から一つ選び、記号で答えなさい。

ア 実際に金時丸に乗船したような気持ち。
イ あたかも金時丸のすべてを知ったような気持ち。
ウ 実際に金時丸を見たような気持ち。
エ あたかも船着場で金時丸を描いたような気持ち。

〔　　〕

(2) ――線部②「さちはすぐには答えなかった」とあるが、これはなぜか。六十字程度で書きなさい。

60

(3) ――線部③「師匠に教えを請う弟子のような所作」とあるが、このような永承の所作は、どのようになることを成し遂げていたさちに対する、どんな気持ちによるものか。文章中の言葉を使って五十字程度で書きなさい。

50

実戦トレーニング

解答・解説は別冊24ページ

1 次の文章を読んで、あとの問いに答えなさい。（一部表記を改めたところがある。）　富山県・改

さくらさくら
さくら咲き初《そ》め咲き終《おわ》り
なにもなかったような公園

デンマークの高校生に、短歌の話をしたことがある。学校の教室だったが、きちんと椅子《いす》に座ってではなく、生徒たちは思い思いのスタイルだった。床で膝《ひざ》を抱えていたり、机の上にぴょんと腰掛けて足を組んでいたり。それだけで私にはカルチャーショックだったが、みな熱心に話を聞いてくれて、結果、①何の問題もなかった。

古典の短歌は古めかしく見えても、②そこに詠《よ》まれた心情は、今に通じるものがある……その例として「世の中にたえて桜のなかりせば春の心はのどけからまし（この世に桜というものがなかったなら、春の心はどんなにのどかなことだろう）」という③在原業平《ありわらのなりひら》の一首を紹介した。日本人は今でも、桜の季節が近づくとそわそわし、咲いたら咲いたで高揚し、散ればまた気がぬけたようになる。まさに、この花のために、のどかではない春を過ごしている。

だが、彼《か》の地の高校生たちは、④ぽかんとしていた。なぜ大の大人が、花ごときにそんなに振り回されるのか、という顔をしている。補足のために「*桜前線」のことを話すと、ゲラゲラ笑い出す始末。「花が咲きそうかどうかがニュースになるなんて」というわけだ。

考えてみれば、ずいぶん呑気《のんき》な話かもしれない。しかし春の私たちは、呑気というよりやはり、桜に心乱されているというのが実感だ。桜の季節が過ぎると、なんだか夢から覚めたような気分になる。

子どもとの時間にも、似たようなことを感じる時がある。いつになったら歩くんだろう、いつになったらしゃべるんだろう。そわそわ待っていた時期から、⑤大喜び大騒ぎの時期がきて、やがては何もなかったように日常に戻《もど》ってゆく。成長した姿のほうが、当たり前になるからだ。

小学生になる、中学生になる、そういう節目節目にも、きっと同じような「桜騒動」があるのだろうなと思う。そんな時間を重ねながら、若木だった子どもも、いつしか大木になってゆくのだろう。

［Ⅰ］

子育ての「桜騒動」には、嬉《うれ》しいこと楽しいことばかりではなく、辛《つら》いこと大変なことも多い。私はまだ経験していないけれど、子どもの受験などは、その⑥典型かもしれな

い。

（俵万智《たわらまち》「たんぽぽの日々」〈小学館〉より）

（注）　**＊桜前線**＝日本国内各地の桜の開花日をつないだ線。

(1) ――線部①「何の問題もなかった」とあるが、これを説明した次の文章の［a］に入る適切な言葉を答えなさい。

デンマークの高校生は、［a］とは異なり、思い思いのスタイルで聞いていたが、話をする上では問題はなかった。

［　　　　］

(2) ――線部②「そこ」とは何を指しているか。文章中から書き抜きなさい。

［　　　　］

(3) ――線部③「在原業平の一首を紹介した」とあるが、筆者が平安時代の歌人在原業平の歌を引用したのはどのようなことを述べるためか。適切なものを次から一つ選び、記号で答えなさい。

ア　昔の人の方が、自然のとらえ方が巧みであること

イ　今の人の方が、細やかな感受性をもっていること

ウ　昔から、日本人は落ち着きがない国民であること

エ　古今を問わず、日本人に通じる感じ方があること

［　　］

(4) ――線部④「ぽかんとしていた」とあるが、このようになったのは、どのような気持ちからか。文章中の言葉を使って説明しなさい。

［　　　　］

(5) ――線部⑤「大喜び大騒ぎ」とあるが、どのようなことに対して大喜び大騒ぎをするのか。文章中の例を使って答えなさい。

［　　　　］

(6) ［Ⅰ］に入る短歌として適切なものを次から一つ選び、記号で答えなさい。

ア　逆光に桜花びら流れつつ感傷のうちにも木は育ちゆく

イ　夕光《ゆふかげ》のなかにまぶしく花みちてしだれ桜は輝《かがや》を垂《た》る

ウ　よきものは一つにて足る高々と老木の桜咲き照《て》れる庭

エ　さくら花幾春かけて老いゆかん身に水流の音ひびくなり

［　　］

(7) ――線部⑥「典型」の本文中の意味として適切なものを次から一つ選び、記号で答えなさい。

ア　最も世間で評価されていること

イ　最も容易に思いつきやすいこと

ウ　最もその特徴を備えていること

エ　最も古くから使われてきたこと

［　　］

2

次の文章Ⅰは孔子と弟子の言行の記録『論語』の一節であり、文章Ⅱは文章Ⅰについて解説したものである。これらを読んで、あとの問いに答えなさい。 岡山県・改

Ⅰ 子曰《い》はく、「1由《ゆう》、2女《なんぢ》これを知るを3誨《おし》へんか。①これを知るをこれを知ると為《な》し、知らざるを知らざると為す、是《こ》れ知るなり。」と。

子曰ハク、「由、誨ヘン二女ニ知ルヲレ之《これ》ヲ乎《か》。知レルヲ之ヲ為レシ知レルト、之ヲ、不レざるヲ知ラ為レス不レルト知ラ、是レ知ル也なりト。」

先生がいわれたことには、「由よ、おまえに知るということを教えようか。知っていることは知っている、知らないことは知らないと区別する、それが知るということである。」と。

(注) **1由**＝孔子の弟子。字《あざな》（昔の中国で本名以外に用いた別名）は子路。 **2女**＝あなた。おまえ。 **3誨**＝教えをさとす。

Ⅱ 孔子が、弟子の子路に対して、真の知を教えさとした言葉である。そもそも人間が、すべての事象を知りつくすことは不可能である。それならば、自分が知っていることと、自分が知らないことについて、客観的にかつ明確に区別できてこそ、真に物事を知る者といえるのである。こうした考えに基づき、孔子は、自分が知らないことに関しては、発言をつつしむようにもいう。

子曰はく、「野《や》なるかな、由や。君子はその知らざる所においては、蓋闕如《がいけつじょ》たり。」と。

先生がいわれた「がさつだな、由は。君子は、自分が知らないことについては、 ② しないものである」。

われわれは、日常、物事をわかったつもり、知ったつもりでいることが多い。しかし、先に述べたように、世の中には、わからないこと、知らないことが無限に存在するのであり、そのことをまず自覚しなければならない。そうした自覚なしで、さらに未知への探究など、ありえない。この自覚こそ、真の知への出発点であり、学問の根幹にほかならない。

③ここで思い起こされるのが、古代ギリシャの哲学者、ソクラテス（前四七〇〜前三九九）の説いた「無知の知」である。「無知の知」とは、自分が無知であることを自覚することであり、そのことを*知悉《ちしつ》するソクラテスは、他人と問答することを通して、相手が無知であることを自覚させ、それを出発点として真の知に導いたという。このように、東洋では孔子が、西洋ではソクラテスが、奇《く》しくもほぼ同時期に真の知を究明しようとしたことは、まことに興味深いものがある。

④さらに孔子は、真の知の探究にとどまらず、一層、高い境地をめざした。

子曰はく、「これを知る者はこれを好む者に如《し》かず。これを好む者はこれを楽しむ者に如かず。」と。

先生がいわれた「物事を知っている者は、これを好む者には及ばない。これを好む者は、これを楽しむ者には及ばない」。

学問を通して、物事を知的に理解することは、なるほど重要である。しかし、それよりも愛好する方がまさり、さらには楽しんで一体になる方がまさるというのである。この言葉は、真に知ることを出発点として、真に好むことを、そして最終的には真に楽しむ境地を求めたものと理解されよう。その意味において、孔子は、人間の精神的な発展には限界がないことを説いたともいえる。

(注) ＊**知悉**＝知りつくすこと。

（弥和順《ゆはずかずより》「論語珠玉の三十章」〈大修館書店〉より）

(1) ――線部①「これを……知るなり。」とあるが、文章Ⅱの筆者は、なぜこのようにいえると考えているか。それを説明した次の文の[　]に入れるのに適切な言葉を、文章Ⅱの中から十五字以内で書き抜《ぬ》きなさい。

●世の中にはわからないことや知らないことが無限に存在し、人間が[　]など、そもそもできないことであるから。

(2) [②]に入れるのに適切な言葉を、文章Ⅱの中から漢字二字で書き抜きなさい。

(3) ――線部③「ここで思い起こされる」とあるが、この書き出しに続けて表現されている一形式段落について、この筆者の意図を説明したものとして適切なものを次から一つ選び、記号で答えなさい。

ア 東洋と西洋という対極的な地域を取り上げることで、文化の違いが人のものの見方に影響することを印象づけている。

イ 自分自身の無知の自覚を説くソクラテスの考えを紹介することで、孔子の考えの出発点を明らかにしようとしている。

ウ 異なる地域でありながら同じく真の知を志向した存在を取り上げることで、無知の自覚という考え方を際《きわ》立たせている。

エ 孔子と同じように歴史に名を残す西洋の偉大な人物を例に挙げることで、読み手に対して孔子の権威を鮮明にしている。

［　　］

(4) ――線部④「孔子は……めざした」とあるが、ここで、文章Ⅱの筆者は、孔子の考えをどのようなものと解釈しているか。それを説明した次の[　]に入れるのに適切な言葉を、文章Ⅱの中の言葉を使って四十字以内で書きなさい。

●真に物事を知ることにとどまらず、最終的には[　]もの。

実戦トレーニング

解答・解説は別冊25ページ

1 次の文章を読んで、あとの問いに答えなさい。（神奈川県・改）

今、君が使っている日本語には、明治時代や江戸時代には想像もできなかったほどたくさんの外来語が入り込んでいる。英語のままのもの、フランス語やイタリア語から入ったもの、さらにはロシア語やドイツ語から紛れ込んできたものなど数え切れないほどある。君がよく口ずさむ歌も英語だらけだ。いざ、君が一切の外来語を使わずに、話をしようとしても、ほとんど不可能だろう。なぜ、こうなってしまったのか？　一つには、南蛮《なんばん》貿易の時代とは比べ物にならないくらい大量の情報と物とが絶え間なく交錯しているからだ。日本が外国との貿易関係なしには存在できないのと同じように、①日本語も外国語との結びつきなしにはあり得ないのだ。

しかし、ここで注意しなければならないのは、日本語の中に英語がたくさん入っていることと、私たちが英語を流《りゅう》暢《ちょう》に話すこととは全く別のことだということだ。日本語の文法は相変わらずで、英語の単語や短い言い回しがそのまま、テニヲハで接着されているだけだからだ。日本語はちょうど、輸入品をたくさん取《と》り揃《そろ》えているデパートのようになっている。

②ザビエルや黒船が日本に来た頃《ころ》と較《くら》べたら、日本語はあらゆることを表現できるようになったかもしれない。しかし、使える言葉があり過ぎて、案外、自分の頭を使って考える機会が失われているかもしれない。自由とか神経といった言葉は、江戸時代にはなかった。たとえば、自由という言葉を使わずに、それが意味することを表現してみろといわれたら、かなり苦労するだろう。

日本語は最初からそんなに便利な言葉だったわけではない。君の先祖たちが様々な体験、試行錯誤、誤解、対決を通じて、少しずつこしらえてきたものだ。その恩恵を忘れてはならない。*シェイクスピアの『ロミオとジュリエット』を読めるのも、吹き替えにしろ、字幕スーパーにしろ、ハリウッドの映画を見て、感動したり、首を傾《かし》げたりできるのは、先祖たちが日本語の改良に努めたからだ。君の爺《じい》さん、婆《ばあ》さん、曾爺《ひいじい》さん、曾婆《ひいばあ》さんたちも、今君が使っている日本語を作ってきたのだ。君も名前くらいは聞いたことはあるだろう、樋口一葉《ひぐちいちよう》、森鷗外《もりおうがい》、夏目漱石《なつめそうせき》、芥川《あくたがわ》龍之介《りゅうのすけ》、谷崎潤一郎《たにざきじゅんいちろう》くらいは。彼らもまた、日本語を使って、世界と戦い、世界に通用する生き方、考え方を編み出してきたのだ。

（島田雅彦《しまだまさひこ》「いまを生きるための教室　死を想《おも》え　国語・外国語」〈角川書店〉より。）

(注) ＊シェイクスピア＝イギリスの詩人・劇作家（一五六四～一六一六）。『ロミオとジュリエット』はその代表的戯曲。

(1) ――線部①「日本語も外国語との結びつきなしにはあり得ない」とあるが、それを説明したものとして適切なものを次から一つ選び、記号で答えなさい。

ア 日本語がずっと昔から外来の漢字を使っているように、外来語の流入は近年になって始まったわけではないため、今さら日本語から外来語を排除することは考えられなくなっている。

イ 世界中で情報と物の交錯が絶え間なく進行し、国や言葉の境界があいまいになってきたため、日本語と外国語も文法の変化を伴って融合することが当然の成り行きになっている。

ウ 他の国々と大量の情報や物の行き来が盛んな時代になって、外国語が大量に日本語の中に流入しているため、外来語を用いない日本語の表現は考えられなくなっている。

エ さまざまな分野で国際化が進む中で、日本も必要な情報や物の多くを海外に依存せざるを得ない状況にあるため、これからの日本人には外国語の習得が必要不可欠になっている。

［　　］

(2) ――線部②「ザビエルや黒船が日本に来た頃と較べたら、日本語はあらゆることを表現できるようになった」とあるが、それを説明したものとして適切なものを次から一つ選び、記号で答えなさい。

ア 明治時代以降の日本語を改良していく歴史において、先祖があらゆる外来語をそれ以前からある日本の言葉に置き換えて表現してきたことにより、日本語の表現能力が飛躍的に向上した。

イ 多くの外国語を日本語の中に取り込んだり、それまでの日本になかったものや考え方を表現できるようにしてきた先祖たちのおかげで、より多様な日本語の表現ができるようになった。

ウ 古来日本が言葉を使わなくても心が通じ合う文化を持っていたために、日本語は表現力が乏しかったが、流入した外来語を活用して現在のような高い表現能力を持つ言葉に生まれ変わった。

エ 先祖たちが苦労して改良した日本語を、文学者が文学作品という形にして世界と戦えるように示してくれたおかげで、日本語は世界を代表するすぐれた表現ができる言葉になった。

［　　］

2 次の文章を読み、あとの問いに答えなさい。 （千葉県・改）

「論理」とは何だろうか。

ひとことで言えば、「論理」とは、言葉が相互にもっている関連性にほかならない。しかし、そのことの説明を続ける前に、まずは論理に対するひとつの①一般的な誤解を解いておこう。

一般に、論理力というのはすなわち思考力だと思われているのではないだろうか。「論理的思考力」とか「ロジカル・シンキング」[1]といった言葉がよく聞かれるように、論理とは思考に関わる力だと思われがちである。だが、そこには誤解がある。論理的な作業が思考をうまく進めるのに役立つというのはたしかだが、論理力は思考力そのものではない。

思考は、けっきょくのところ最後は「閃《ひらめ》き」（飛躍）に行き着く。そのために、グループで自由にアイデアを出し合う、いわゆるブレーン・ストーミング[2]などを行《おこ》なったりもする。そしてブレーン・ストーミングなどでは、論理的に一貫した発言をすることよりも、可能なかぎり自由に発想していくことの方が有効なものとなる。思考の本質はむしろ［②］と自由にあり、そしてそれは論理の役目ではない。

論理は、むしろ閃きを得たあとに必要となる。閃きによって得た結論を、誰にでも納得できるように、そしてもはや閃きを必要としないような、できるかぎり飛躍のない形で、再構成しなければならない。なぜそのような結論に到達したのか。それをまだその結論に到達していない人に向かって説明しなければならないのである。

ここで重要なのは、あなたがその結論に到達した実際の筋道ではない。実際の思考の筋道は、すでに述べたように、最終的な閃きに至った紆余曲折《うよきょくせつ》のある道だろう。苦労話をするというのでもないかぎり、③それをそのままアピールしても意味はない。どういう前提から、どういう理由で、どのような結論が導けるのか。そしてそれ以外の結論はどうして導けそうにないのか。そうしたことを、論理的に再構成して説明するのである。

たとえば、数学の証明などはもっとも厳格な論理を展開するものと言えるが、数学者が実際に数学の証明のとおりの道筋で考えたなどということはありえない。さまざまな飛躍を含みつつ為《な》された思考を、飛躍を許さない形で新たに書き直したもの、それが証明にほかならない。

繰り返そう。思考の筋道をそのまま表《あら》わすのではない。思考の結果を、できるかぎり一貫した、飛躍の少ない、理解しやすい形で表現する。そこに、論理が働く。

さらに、そのように表現されたものをきちんと読み解かねばならない。その結論はどのような根拠から導かれているのか。その根拠は結論を導くのに十分強いものであるのか。あるいは、議論全体の方向や筋道はどうなっているのか。そうしたことを④的確に読み取り、理解し、また評価する。それもまた、論理である。

それゆえ、論理力とは、思考力のような新しいものを生み出す力ではなく、考えをきちんと伝える力であり、伝えられたものをきちんと受け取る力にほかならない。つまり、論理力とはコミュニケーションのための技術、それゆえ言語的能力のひとつであり、「読み書き」の力なのである。

（野矢茂樹《のやしげき》「新版　論理トレーニング」〈産業図書〉より）

（注） **1ロジカル・シンキング**＝論理的な考え方と、その技法。
2ブレーン・ストーミング＝自由に意見を出し合って、独創的な発想を引き出す方法。

(1) ――線部①「一般的な誤解」の内容として適切なものを、次から一つ選び、記号で答えなさい。

ア 論理力を思考力と同じものとして考えること。
イ 自由な思考の本質は論理だと取り違えること。
ウ 論理力を言葉同士の関連性だととらえること。
エ 論理的な作業には思考力が必要だとすること。

〔　　〕

(2) 文章中の ② に入る言葉を、文章中から漢字二字で書き抜《ぬ》きなさい。

(3) ――線部③「それをそのままアピールしても意味はない」とあるが、その理由を説明した次の文の A 、 B に入る言葉を、五字以上、十字以内で、それぞれ自分の言葉で書きなさい。

実際の思考の筋道は A ものなので、結論への筋道を B ないと、他人には理解できない。

A
B

(4) ――線部④「的確に読み取り、理解し、また評価する」に関連して、次の文章の「だから」の前に一文を入れて、結論に至った道筋を明確にしたい。その一文を、あとの〔　〕にある三つの言葉のうち二つを使って二十字以上、二十五字以内で書きなさい。

「先生は今日、図書館へうかがいますか」と教室で言ったら、友人に注意された。だから、相手との関係や、その場の状況にふさわしい敬語の使い方を身に付けることが必要だと思った。

〔尊敬語　謙譲語　丁寧語〕

20

(5) この文章の論の進め方や内容の説明として適切なものを、次から一つ選び、記号で答えなさい。

ア 論理と思考の働きを説明した上で、論理力は読み書きによってこそ身に付くものであると述べている。
イ 論理と思考の関連を説明した上で、論理力は新しい考えを生み出すための高度な技術だと述べている。
ウ 論理と思考の違いを説明した上で、論理力は考えを言葉によってきちんと伝え合う力だと述べている。
エ 論理と思考の役割を説明した上で、論理力が言語活動に求められる最も重要な力であると述べている。

〔　　〕

実戦トレーニング

1

次の文章を読んで、あとの問いに答えなさい。（秋田県・改）

解答・解説は別冊26ページ

天保五（一八三四）年五月五日。朝から空は青く晴れ上がり、五ツ（午前八時）を過ぎると二三《ふみ》が遊ぶ庭にも陽光が届いていた。

「くろ、そっちに行ったら駄目だって」

庭を駆け回る犬を、二三が呼び止めた。走っていた犬が立ち止まり、二三に振り返った。

くろは二三の誕生に先駆けて、父親の亮助《りょうすけ》が浜の漁師からもらった犬だ。

「犬は安産のお守りだからよう」

二三誕生の数日前にもらってきた子犬は、二三の誕生までは名なしだった。が、鼻が真っ黒で黒目の大きい子犬を見た亮太《りょうた》とみさきは、勝手にくろと呼んでいた。

丈夫な二三が誕生したあと、子犬はくろと命名された。二三と同い年の四歳だが、くろはもはや成犬である。それでも犬なりに、二三とは格別の間柄であることをわきまえているらしい。まだこどもの二三には、ことのほか従順だった。

「柏《かしわ》の葉っぱを踏んだら、おかあちゃんに叱《しか》られるでしょ」

大きな犬が、子犬のようにクウンと鼻声で鳴いた。

「ほんとうに分かったのかなあ」

二三は首をかしげながら、くろのあたまを撫《な》でた。

今日は端午の節句である。亮太はもう十二歳で、しっかりと菜種作りの家業を手伝っていた。

「亮太はほんまによう働くのう。亮助さんが、うらやましいがね」

村の農家の女房は、亮太の働きぶりをうらやましがった。周りからは一人前だとみなされている亮太だが、端午の節句の柏餅《もち》を、だれよりも楽しみにしていた。

柏は、新しい葉が出ると、古い葉を落とす。そのさまは、あたかも跡継ぎができたのを見定めて、家督を譲るかのようである。

端午の節句に柏餅を食べるのは、この柏の葉のありさまに、代々の一家繁栄祈願を重ね合わせて祝うのが、興《おこ》りのひとつとされた。

とはいえ、亮太が柏餅をだれよりも喜ぶのは、甘い物好きだからである。が、たとえそうであっても跡取りがすこやかに育っているのは、亮助とよしにはこのうえない喜びだった。

①それゆえよしは、毎年一家五人では食べきれないほどの柏餅を拵《こしら》えた。庭に干してあるのは、これから餅をくるむ柏の葉である。

この朝早く、よしは庭にむしろを敷き、百枚の葉を並べた。家族と一緒に、くろも甘い餅にありつくことができた。

干された葉が、柏餅に使われることも知っているのだろう。

二三に何度叱られても、くろは葉が気になって仕方がないようだ。

母親のよしは、台所であずきの餡《あん》を拵えている。七歳のみさきが、台所の隅で糝粉《しんこ》を練っていた。粳米《うるちまい》を水に浸《つ》けて柔らかくしたあと、風で乾かしてから粉にしたものが糝粉である。これをよく練ったものを、柏餅の生地に使うのだ。

亮太の好物を拵えるのは、よしとみさきの仕事だった。あずきの餡が、出来上がりつつある。甘い香りが、庭にまで漂っていた。

二三とくろが、一緒に鼻をひくひくさせた。

「お昼過ぎには、柏餅ができるんだって。お前も楽しみでしょう?」

ワン、ワンと続けて吠《ほ》えて、くろが尻尾《しっぽ》を振った。二三は、わざと顔をしかめた。

「おかあちゃんが蒸《ふ》かしてくれるのは、おにいちゃんとおとうちゃんが、畑から帰ってきてからだよ。ちょっと畑を見に行ってみようか」

立ち上がった二三が、先に駆け出した。くろがあとを追い始めた。

小さな坂道を登った先には、一面の菜の花畑が広がっている。五月五日のいまは、花はすっかり落ちていた。花を落としたあとには、②菜種が実を結んでいる。

（山本一力《やまもといちりき》「菜種晴れ」〈中央公論社〉より）

(1) ——線部①「よしは……拵《こしら》えた」とあるが、「よし」の心情を次のようにまとめるとき、〔A〕〔B〕に当てはまる内容を、それぞれ十五字以内で書きなさい。

好物を〔A〕という愛情と、長男を〔B〕という願い

A

B

(2) 次に示すのは、ある生徒が、二三《ふみ》の家族のこの日の様子を、ノートに整理したものである。内容が正しくなるように、〔a〕〔b〕にはそれぞれ適する語句を書き、〔c〕には推測される内容を十字以内で書きなさい。

〈端午の節句〉

朝から昼にかけて	午後
二三本人・犬のくろ…庭で遊んだ後、畑へ 父親の亮助・兄の亮太…〔a〕に励む 〔b〕…台所で柏餅を作る	家族そろって、〔c〕

a〔　　〕

b〔　　〕

c

(3) ——線部②「菜種が実を結んでいる」という描写が連想させる家族の姿を、「家族の姿。」につながるように十五字以内で書きなさい。

●

家族の姿。

2

次の文書は、大人になった主人公の「僕」が昭和初期の少年時代を回想している場面である。これを読んで、あとの問いに答えなさい。 島根県・改

　この二三日、母の容体の面白くないことは知っていたので、靴を脱ぎながら、僕は気になった。着物に着換え顔を洗って、電気のついた茶の間へ行くと、食事の支度のしてある食卓の脇《わき》に、編み物をしながら、姉は僕を待っていた。僕はおやつをすぐに頬張《ほお》りながら聞いた。

「ただ今。――お医者さん、きょうは二人？」

「ええ、昨夜からお悪いのよ」

　いつもお腹《なか》をへらして帰って来るので、姉はすぐ御飯をよそってくれた。

　父と三人で食卓を囲むことは、その頃《ころ》ほとんどなかった。ムシャムシャ食べ出した僕に、姉も箸《はし》をとりながら、「節ちゃん、お父さまがね」と言う。「あさってで遠足ね、この分だと止《や》めてもらうかもしれないって、おっしゃっていてよ。」

　遠足というのは、六年生だけで一晩泊まりで、日光[1]へ行くことになっていた。

①「チェッ」僕は乱暴にそういうと、茶碗《わん》を姉に突き出した。

「節ちゃんには、ほんとうに済まないけど、もしものことがあったら。――お母さんとてもお悪いのよ」

②「知らない！」

　姉は涙ぐんでいる様子であった。それも辛《つら》くて、それきり黙りつづけて夕飯をかき込んだ。

③「お風呂《ふろ》、すぐ入る？　それとも勉強がすんでから？」

　姉には答えず、プッとして座を立った。母が悪いという事と、母が死ぬかもしれぬという事は、僕の心で一つにはならなかった。

　生まれて初めて、級友と一泊旅行に出るということが、少年にとってどんなに魅力を持っているか！　級の誰《だれ》彼との約束や計画が、あざやかに浮かんでくる。両の眼《め》に、涙がいっぱい溢《あふ》れて来た。

　父の書斎の扉《とびら》がなかば開いたまま、廊下へ灯《ひ》がもれている。そこを通って、突き当たりの階段を上ると、僕の勉強部屋があるのだが、ちょうどその階段を、物干しへ行った誰かが下りて来る様子なので、泣き顔を見られるのが厭《いや》さに、人気のない父の書斎へ、僕は入ってしまった。

　いつも父の座る大ぶりな椅子《いす》。そして、ヒョイッと見ると、卓の上には、胡桃《くるみ》を盛った皿が置いてある。胡桃の味なぞは、子供に縁のないものだ。イライラした気持ちであった。

　どすんと、その椅子へ身を投げ込むと、僕は胡桃を一つ取った。そして、冷たいナット・クラッカー[2]へ挟んで、片手でハンドルを圧《お》した。④小さな掌《てのひら》へ、かろうじて納まったハンドルは、胡桃の固い殻の上をグリグリとこするだけで、手応《てごた》えはない。「どうしても割ってやる」そんな気持ちで、僕はさらに右手の上を、左手で包み、膝《ひざ》の上で全身の力を籠《こ》めた。しかし、級の中でも小柄で、きゃしゃな自

分の力では、ビクともしない。

左手の下で握りしめた右の掌の皮が、少しむけて、ヒリヒリする。僕はかんしゃくを起こして、ナット・クラッカーを卓の上へ放り出した。クラッカーは胡桃の皿に激しく当たって、皿は割れた。胡桃が三つ四つ、卓から床へ落ちた。

そうするつもりは、さらになかったのだ。ハッとして、椅子を立った。

（永井龍男《ながいたつお》『胡桃割り』より）

(注) **1日光**＝栃木県にある観光地。
2ナット・クラッカー＝胡桃割り。固い木の実を割る器具。

(1) ——線部①「『チェッ』僕は乱暴にそういうと、茶碗を姉に突き出した。」、——線部③「姉には答えず、プッとして座を立った。」とあるが、「僕」がこのような態度をとったのはなぜか。五十五字以上、六十五字以内で説明しなさい。

(2) ——線部②に「姉は涙ぐんでいる様子であった。」とあるが、このときの姉の気持ちの説明として当てはまらないものを、次から一つ選び、記号で答えなさい。

ア 弟の気持ちに配慮しない父親のことが腹立たしいという気持ち。

イ 聞き分けのない弟にどう対応したらよいかわからないという気持ち。

ウ 弟の今の気持ちが痛いほどわかり、自分もつらいという気持ち。

エ 昨夜からの母の容体を思うと、心配でたまらないという気持ち。

［　　］

(3) ——線部④に「小さな掌へ、かろうじて納まったハンドルは、胡桃の固い殻の上をグリグリとこするだけで、手応えはない。」とあるが、ここでの「胡桃」の説明として適切なものを次から一つ選び、記号で答えなさい。

ア 少年が幼いながらも、既に簡単には物事をあきらめない強い精神力を持っていることを象徴している。

イ 大人になる前の少年が直面している、今の自分の力ではどうにもできないものを象徴している。

ウ 様々な困難や気持ちのすれ違いがあっても、簡単には揺らがない家族の強いきずなを象徴している。

エ 母親の病状は悪化しており、どんな治療を施しても効果がない状態になっていることを象徴している。

［　　］

実戦トレーニング

1

次の文章を読んで、あとの問いに答えなさい。 熊本県・改

解答・解説は別冊26ページ

1 ホモ・サピエンスが木からおりて草原にでたとき、それまでの森林の中での生活とはじつにさまざまな条件が変化した。

空との関係もその一つである。森林の中では、空は見えても木の間《こま》もれに切れ切れになって見えるだけである。したがって、青い空とか〈夕焼け〉とかいうものに、それほど重要な意味はもっていなかったか、あるいはサルにとってはほとんど存在しないに等しかったであろう。しかし、平原にでると事情が一変する。頭上には広大な青空がある。現在でも、われわれが眼《め》にする単一の色彩のものでこれだけ大きいものは他《ほか》にない。この青一色の存在に対して、ホモ・サピエンスは無関心ではありえず、これに対して何らかの心理的態度をとらざるをえなかったろう。

ホモ・サピエンスは他の類人猿と同じく、ある点で哺乳《ほにゅう》類《るい》一般の基準からはずれている。それは、嗅覚《きゅうかく》にたよらず、視覚で行動するということである。よく知られているとおり、鳥はどちらかというと視覚的な動物であって、形態視覚、色彩視覚もよく発達し、生活はもっぱら視覚を手がかりとしていると考えられている。そのため鳥は昼行性であり、夜は休む。フクロウのように夜活動するものも、鳥に属する以上、やはり視覚を洗練することで夜行性の生活を可能にしている。

これに対し、哺乳類は大部分が夜行性であり、生活の手がかりは嗅覚である。しかし、樹上生活の結果生じたグループであるサルと類人猿は、視覚を手がかりにせざるをえなかった。そこで彼らは嗅覚をかなり犠牲にして、視覚を発達させた。その結果、視覚のメディアである光のあるうちに光の中を歩むほかなくなったのである。サルも類人猿も、ほとんどが昼行性である。

そうなれば、そこから生じたホモ・サピエンスも、同じラインに従わざるをえない。昼間、青い空のもとで活動し、夜は休むことになる。昼の活動期はたのしくないものではなかったはずである。したがって、青い空は好ましいもの、活動性を高めるものとしてうけとられるよう、遺伝的な組みこみがなされたはずである。もしそうでなく、青い空に恐怖や不安を感じるようであったら、この動物は存在不能であっただろう。

逆に夕焼けは、初期ホモ・サピエンスにとって不安とうけとられるように組みこまれたはずである。赤黒くなった空に何の恐怖も感じなかったとしたら、そのような動物はまもなく訪れる夜の闇《やみ》の中で、情報収集の手がかりをほとんど失って、肉食獣のえじきになり果てただろう。したが

って夕焼けは、強烈な刺激となった。

　現代のわれわれにとって、青空と夕焼けはやはり同じ意味をもっているのではあるまいか？　それは学習によるものではなく、暗黒に対するわれわれの本能的な恐怖と同じくらい深い、①遺伝的な根をもっているのではないだろうか？　その根はすくなくとも数百万年の過去に達しているだろう。なぜなら、人類が地上におりたのは、ホモ・サピエンスに始まることではないからである。もしそうなら、それを今ここで消し去ろうとしても無理である。窓なしの建物ばかりでなく、建築物にはたいてい屋根がある。それは雨を防ぐためには不可欠なものでもあるが、青い空の見える時間、つまり昼の間を完全にこの中ですごし、青空が消えてから外にでて暗い空を見る、というのはいささか変である。しかもその屋根はきわめて強固で、2インシュレーションは完全である。この上に青い空のあることなど、まったく感じさせない。②ホモ・サピエンスはよくぞ耐えているものである。

（日高敏隆《ひだかとしたか》「人間についての寓話《ぐうわ》」より。一部省略や改変がある。）

(注) 1ホモ・サピエンス＝現在の人類の学名。
2インシュレーション＝さえぎること。

(1) 次の表は、ある生徒がこの文章を理解するためにまとめたものの一部である。表中の **A** と **B** の部分に入れるのに適切な言葉を、文章中からそれぞれ漢字二字で書き抜《ぬ》きなさい。ただし、表中に二箇所《かしょ》ある **B** には同じ言葉が入る。

動物	活動時間に関する性質	生活の手がかりとする感覚
鳥	昼行性	B
哺乳類一般	夜行性	嗅覚
サル、類人猿	A性	B

A［　　］　B［　　］

(2) ――線部①とあるが、どんなことが、「遺伝的な根をもっている」と筆者は推測しているのか。「現代のわれわれ」という言葉を使って、三十字以上、四十字以内で具体的に書きなさい。

(3) ――線部②の部分「ホモ・サピエンスはよくぞ耐えているものである」で、筆者が言いたいことはどんなことか。適切なものを次から一つ選び、記号で答えなさい。

ア 建築物を作ることで雨を防ぐという文明のあり方には、根本的に無理があるということ。
イ 人間は青空と夕焼けという相反するものを求める、不思議な生きものであるということ。
ウ 夕焼けに本能的に不安を感じてしまうのは、現代人にとっては不幸なことだということ。
エ 現代の生活のあり方には、人間の本来的な性質に反する不自然な部分があるということ。
オ 人間は動物的な遺伝の影響を乗り越えて、さらに進化していかねばならないということ。

［　　］

2 次の文章を読んで、あとの問いに答えなさい。（宮城県・改）

筆者の考えでは、わかるとは運動化出来ることです。わかっていることは運動に変換出来ますが、わかっていないことは変換出来ません。

運動といわれるとピンと来ないかも知れませんが、話すのも、文を書くのも、絵を描くのも表現活動はすべて運動です。行為（発話行為、書字行為、構成行為など）という別の言葉を使いますが、要するに運動です。

①二歳か三歳の子供の描いたお父さんやお母さんや友達の絵は、たいていの場合、その形やプロポーションは稚拙で、実際とくらべれば大きく変形していますが、顔というものの構造がちゃんと理解されていることがよくわかります。目や鼻や口や耳など、顔に本質的な属性は全部描き込まれています。手足にくらべて顔が大きくなる傾向がありますが、それは顔の中の必要な部品を描き込むためのやむを得ない変形です。

誰だったか忘れてしまって引用出来ませんが、ある高名な日本画家が絵の極意は対象をひたすら見ることだ、と述べていました。とにかくひたすら見よ、というのです。②ひたすら見ることで、対象がだんだん「見えてくる」というのです。よく見えれば、よく描ける、と言っています。これを少し言い換えますと、しっかりした心像[1]が形成出来れば[2]（表象出来れば）、それはそのまま運動に変換出来るということです。人間の心はそういう仕掛けになっているのです。

絵に限りません。すべての心理活動は同じ原理で動いています。

きちんとわかったのか、わかったと思っただけなのかは、一度その内容を自分の言葉で説明（表象）してみると、たちまちはっきりします。③表現するためには正確にわかっている必要があるのです。ぼんやりとしかわかっていないことは、自分の言葉には出来ません。説明しているうちになんだかあやふやになってしまいます。あるいはごまかしてしまいます。わかったように思っただけで、実はたいしてわかっていなかったことがわかります。それに対して、ちゃんとわかっていることがらは自分の言葉で説明することが出来ます。自分の言葉で説明出来るのと、自分で[3]箱の絵が描けるのとは、同じことです。話す、というのは行為であって、ちゃんと話すには内容の正確な把握が必要なのです。

頭の中にぼんやりしたものがあるだけではそれを形にすることは出来ません。表現のもとになるもの、表現しようとするもののイメージをはっきりさせておかないと、心の外へは持ち出せないのです。設計図がないと、ちゃんとした家が建たないのと似ています。表現は心にあるイメージをなぞることです。イメージがなければなぞりようがありません。

④動物は刺激と行動が直結しています。鷲《わし》は大空高くから、走るウサギをめがけて一直線に降下してきます。蛇はあのまがりくねった体を一瞬に伸展させて蛙《かえる》にとびかかります。観光船にむらがるウミネコは、客の投げた餌《えさ》を見事に嘴《くちばし》でキャッチします。どう動けばこの獲物を摑《つか》まえられ

るかということがちゃんとわかっているのです。

（山鳥重《やまどりあつし》「『わかる』とはどういうことか」〈筑摩書房〉より）

(注) **1心像**＝この文章の中では、心に思い浮かべることのできるすべての現象。

2表象＝心の中で外界の対象を思い浮かべること。また思い浮かべたもの。

3箱の絵＝この文章の前々章で、筆者は、箱の絵の描写を例に、「空間関係が『わかる』」仕組みを説明している。

(1) ――線部①「二歳か三歳の子供の描いたお父さんやお母さんや友達の絵」とあるが、筆者はこの「絵」から、どんなことがわかると述べているか。その説明として適切なものを次から一つ選び、記号で答えなさい。

ア 子供は手足以外の部分を、軽いものとしてとらえているということ。

イ 子供は周囲の人の多様な表情を、的確に読みとっているということ。

ウ 子供は周囲と自分との関係に、意識を集中させているということ。

エ 子供は顔の構成要素を中心に、描く対象を把握しているということ。 ［　　］

(2) ――線部②「ひたすら見ることで、対象がだんだん『見えてくる』」とあるが、このことを説明したものとして適切なものを次から一つ選び、記号で答えなさい。

ア 対象を常に意識することで、少しずつ好感が持てるということ。

イ 対象をよく観察することで、イメージが明確になるということ。

ウ 対象をじっと見守ることで、その変容が実感されるということ。

エ 対象を見続けることで、脳内の回路が単純化されるということ。 ［　　］

(3) ――線部③「表現するためには正確にわかっている必要がある」とあるが、これとほぼ同じ内容を、具体例を用いて比喩的《ひゆてき》に述べている一文を探し、初めの三字を書き抜《ぬ》きなさい。

［　　　］

(4) ――線部④「動物は刺激と行動が直結しています。」で始まる形式段落は、論の展開上、どのような役割を果たしているか。適切なものを次から一つ選び、記号で答えなさい。

ア 先に述べた内容を具体例でおさえ、論を深める視点を示す。

イ これまでの内容に加え、別の視点から疑問を投げかける。

ウ 先に述べた内容に反論した上で、次の新しい話題につなぐ。

エ これまでの内容を要約した上で、論点の整理を進める。 ［　　］

実戦トレーニング

1 解答・解説は別冊27ページ

次の文章を読んで、あとの問いに答えなさい。（三重県・改）

ほんとうの友だちだった。

大好きな友だちだった。

引越し、そして転校が決まったとき、恵美菜《えみな》と別れなければならないことが何より悲しかった。耐えられないぐらいつらかった。

悲しくて、つらくて、さびしくて、心細くて、布団《ふとん》をかぶってわんわん泣いた。それなのに恵美菜は笑いながら、

「もう中学生だもんね。それぞれ、新しい学校でガンバレってことなのかもね。うん、そうだよ、美月《みつき》。おたがいガンバローだ」

なんて、言ったのだ。いっしょに悲しんでくれる、「行かないで」と泣いてくれると信じていたのに。

恵美菜はあたしとちがって、明るいし、誰《だれ》とでもすぐ打ち解けられるし、はきはきしている。友だちだって他《ほか》にもたくさんいる。あたしがいなくなっても、さびしくないんだ。

そう思うと胸の中に冷たい風が吹き通っていくような気がした。①<u>恵美菜が急に遠ざかった気がした。</u>

それから、あまり口もきかないまま別れてしまった。

S市に来て二ヶ月以上が過ぎたけれど、恵美菜には手紙も出していないし、電話もしていない。住所も電話番号も知らせていないから、恵美菜から連絡がくることもない。

「恵美菜ちゃんに電話ぐらいしたら。手紙も出してないんでしょ。あんなに仲が良かったんだもの。何の連絡もしないなんておかしいわよ」

お母さんは*咎《とが》めるような口調で言うけれど、もし、電話して「ああ美月。こっちは楽しくやってるよ。友だちもたくさんできたし。うん、毎日、すごく楽しいの。じゃあね」なんて冷たくされたら……、手紙に返事がこなかったら……、そう考えると何もできなかった。

美月は四度目のため息をついていた。

通学カバンの中から白くまのヌイグルミをとりだす。手のひらにすっぽりおさまるほどの大きさだ。十センチもないだろうか。卒業式の日、恵美菜が渡してくれた。

「美月、これ、おまもりだから」

「おまもり？　何の？」

「向こうの学校で新しい友だちができるためのおまもり」

それだけ言うと、恵美菜はバイバイと手を振って走り去ってしまった。

白い小さなくまは恵美菜の手作りらしい。ふわふわした布の体と黒いボタンの目をしている。

②<u>恵美菜、恵美菜みたいな友だちなんて、もう二度とできないよ。</u>

くまにそっと語りかける。

「五時間目は音楽です。音楽室に移動してください。リコーダーを忘れないで」

日直当番が声を張り上げている。すらりと背の高い、声の美しい少女だ。たしか高梨陽子《たかなしようこ》という名前だった。

美月は立ち上がった。ロッカーからリコーダーを持ってこようと思ったのだ。とたん、後ろから誰かがぶつかってきた。手から白いくまが転げ落ちる。ぶつかってきたのは、さっき言い争いをしていた少年だった。まだいらいらしていたのか、乱暴な動作で美月の横を通り抜ける。足が白くまを踏みつけた。

「あっ」

思わず叫んでいた。慌てて拾い上げる。踏みつけられた白くまは無残に胴体が破れ、片方の目がとれかかっていた。そのうえ、足型が黒くついている。白いだけに汚れが目立った。

「……ひどい」

一瞬でこんな姿になるなんて。

「どうしたの？」

美しい声がした。陽子が手元をのぞきこんでいる。

「あっ、破れちゃってる。かわいそうに」

陽子の指が白くまのお腹《なか》をなでた。

「あれ？　藤野《ふじの》さん、中に何かあるよ」

「え？」

破れ目から小さく折りたたまれた紙がのぞいている。美月はそっと引っ張り出してみた。紙を開く。

③『おまもり　美月、いつまでも大好きだよ。忘れないで。また必ず会おうね。』

恵美菜からの伝言だった。口にしなかった思いが書かれていた。（あさのあつこ「おまもり」〈『飛ぶ教室』〈光村図書出版〉〉より）

(注) **＊咎める**＝取り立てて問いただす。責める。非難する。

(1) ——線部①「恵美菜が急に遠ざかった気がした。」とあるが、なぜ美月は恵美菜が急に遠ざかった気がしたのか。転校が決まったときの美月の心情にふれて、文章中の言葉を使って五十五字以上六十五字以内で書きなさい。（句読点も一字に数える。）

(2) ——線部②「恵美菜、恵美菜みたいな友だちなんて、もう二度とできないよ。」とあるが、この一文を朗読するとき、どのように工夫して朗読すればよいか。適切なものを次の中から一つ選び、記号で答えなさい。

ア 少しずつ声を大きくしながら、堂々と読む。
イ ささやくようにして、静かな調子で読む。
ウ リズムをつけて、はずんだ調子で読む。
エ 落ち着いた声で、力強い調子で読む。［　　］

(3) ——線部③「『おまもり　美月、いつまでも大好きだよ。忘れないで。また必ず会おうね。』」とあるが、この言葉は恵美菜のどんなものだと書かれているか。文章中から九字で書き抜きなさい。

2

次の文章を読んで、あとの問いに答えなさい。

青森県・改

高校二年生の侃《かん》と貴之《たかゆき》は、同じ高校のテニス部のライバル同士だった。ある日、貴之は侃をかばって足にけがをし、二度とテニスができなくなってしまった。侃はそのことに負い目を感じ、一時はテニスをやめようとしたものの、貴之からのはがきがきっかけで、テニスを続けることにした。侃の選抜大会の日、試合を応援しに来た貴之と侃は、試合終了後、二人で話をしている。

貴之は首を傾けて、俺《おれ》のほうを見た。

「おまえが思うほど、俺は人間ができてないって。おまえには負けたくないって、いつも思ってたし」

俺だって、そうだ。いつだっておまえが目標だったんだ。

また空を見上げた。

少しだけさみしげな、胸の一番深いところに染《し》みてくる空の色。

①その空の色を映す貴之の瞳《ひとみ》。

俺は前と少しも変わらない憧《あこが》れを抱いて、貴之を見つめた。

正々堂々として、潔《いさぎよ》くて、[1]ウルトラフェアなやつ。

だが、そのとき、貴之はとんでもないことを言いだしたのだ。

「おまえが、俺の憧れだったんだ、侃」

俺は[2]唖然《あぜん》とした。

「……さっきの試合みたいな勝ち方って、おまえにしかできない」

言葉は全然出てこないで、代わりに涙が出てきた。鼻水までも。

かっこわるいよな。俺は②歯を食いしばった。

貴之は俺が泣いているのには気がつかないふりをした。

そして、手を伸ばして杖《つえ》を引き寄せた。

「じゃ、俺、行くわ。おまえも身体、ほぐしとけよ。でないと、明日がきついぜ」

貴之は杖を支えに器用に立ち上がった。

「大学、第一志望クリアーしたら、またテニスやるからな。で、世界でいちばんかっこいい車椅子《いす》テニス選手目指すんだ。楽しみに待ってろよ」

涙が止まらなかったので返事ができなかった。俺は鼻をすすり上げた。

「泣くな、侃！　そうとう、かっこわるいぜ」

「……うるせーよ」

「おまえが隠れ活字中毒だって知ってるの、俺くらいだろ。内緒にしといてやるから、当分[3]オールマッスルズで行け」

貴之はいつもの斜めの視線で俺を見てから、もう一度にやっとした。

「そのほうがかっこいいだろ。文学オタクになるのは、大学に入ってからでも遅くないさ」

俺がなんとかうなずくと、貴之はちょっと笑った。

③「第一《ファースト》セットが、やっと終わったばかりだからな」

④杖をついて遠ざかっていく後ろ姿はせつなかったが、貴之の背筋はすっきり伸びていた。

——いつだって、どんなことがあったって、かっこいいやつ。

俺の視線を感じたのだろう、貴之は左手を上げて大きく振った。

振り返らないまま。

かつてはサービスボールを高々と掲げた手。

その手に今は希望を、もう一方にはラケットの代わりに杖を携えて、それでも貴之はまっすぐ前を向いて歩いているのだった。

シャツの袖口《そでぐち》で鼻をぬぐった。我ながら小学生みたいだと思った。貴之の言うとおりだ。俺って、かなり、かっこわるい。

貴之の姿が見えなくなるまで見送ってから、きびすを返した。[4]

（朽木《くつき》祥《しょう》「オン・ザ・ライン」〈小学館〉より）

※一部省略されている箇所《かしょ》があります。

（注）
1ウルトラフェア＝とても公平・公正なこと。
2さっきの試合＝この日、侃が出場した選抜大会で、粘った末に勝利した試合。
3オールマッスルズ＝ここでは、運動部の活動に熱心に取り組むこと。
4きびすを返した＝後戻りをした。

(1) ――線部①「その空の色を映す貴之の瞳。」とあるが、ここに用いられている表現技法を、次から一つ選び、記号で答えなさい。

ア 対句（法）　**イ** 体言止め
ウ 擬人法　**エ** 倒置（法）

［　　　］

(2) ――線部②「歯を食いしばった」とあるが、これは「侃」のどのような様子を表しているか。十五字以内で書きなさい。

(3) ――線部③「第一セットが、やっと終わったばかりだからな」とあるが、「貴之」の気持ちをふまえてこれを朗読するとき、どのように読むのがよいか。適切なものを次から一つ選び、記号で答えなさい。

ア すべて終わったわけではないので、同じ失敗をするなと戒めるように、厳しい調子で読む。
イ 長い時間がたっても、気持ちのくぎりをつけられない自分に言い聞かせるように、重々しい調子で読む。
ウ 現実と向き合いながらも、お互いの道をしっかり進もうと語りかけるように、穏やかな調子で読む。
エ 周りの人に反対されても、自分の思いどおりにすればいいのだと諭すように、明るい調子で読む。

［　　　］

(4) ――線部④「杖をついて遠ざかっていく後ろ姿はせつなかったが、貴之の背筋はすっきり伸びていた」とあるが、「侃」から見た「貴之」のこの様子と同じような描写の一文を文章中から探し、初めの五字を書き抜《ぬ》きなさい。

実戦トレーニング

解答・解説は別冊28ページ

1 次の文章を読んで、あとの問いに答えなさい。 静岡県・改

サクラの葉っぱがまだ緑色をしている初秋に、ある質問を受けました。「数日間、雨が降り続いたあとの雨あがりの日、サクラ並木を自転車で走っていました。すると、桜餅《もち》の香りがほのかに漂ってきたように思います。すると、雨に濡《ぬ》れたサクラの葉っぱからは、桜餅の香りが漂うのでしょうか」というものでした。

桜餅の葉っぱからは、おいしそうな甘い香りが漂い、食欲をそそります。これは「クマリン」という物質の香りです。でも、サクラの木に茂っている緑の葉っぱをもぎ取って香りを嗅《か》いでも、桜餅の葉っぱの香りはしません。

サクラは、葉っぱが虫にかじられて傷つけられたときに、あの香りを発散させて、自分の葉っぱを守るのです。あの香りは、私たちにはおいしそうな気持ちのいい香りなのですが、虫には嫌がらせの香りなのです。そのため、葉っぱをもみくちゃに丸めて傷だらけの状態にすると、虫にかじられたのと同じ状態になり、数分後にあの香りがほのかに漂ってきます。

傷がついていない緑の葉っぱには、クマリンができる前の物質が含まれています。この物質には、まだ香りはありません。葉っぱには、もう一つの物質が含まれています。それは、クマリンができる前の物質をクマリンに変えるはたらきがある物質です。

しかし、傷がつかずに生きている緑の葉っぱの中では、二つの物質は接触しないようになっています。□、クマリンができることはなく、香りは発生しないのです。ところが、葉っぱが傷ついたり、葉っぱが死んだりすると、これらの二つの物質が出会って反応します。その結果、クマリンができて、香りが漂ってくるのです。

ですから、サクラの緑の葉っぱに数日間雨が当たっても、桜餅の香り、すなわち、クマリンの香りが漂うことはありません。では、質問のように、なぜ雨あがりのサクラ並木で、桜餅の香りがしたのでしょうか。

原因は、桜並木のサクラの木の根もと付近にたまっている、サクラの古い落ち葉です。古い落ち葉は死んでしまっているので、桜餅の香りがほのかにします。お天気が続いていると、落ち葉はカラカラに乾いて水気を含んでいません。そのため、香りはほとんどしません。数日間雨が降ると、たっぷりと水を吸った落ち葉から、桜餅の香りがかすかに漂ってきます。

これは、容易に確かめることができます。雨あがりの日、サクラの木の根もと付近にある、水気をたっぷりと含

んだサクラの古い落ち葉を一枚、そっと拾い上げて、香りを嗅いでください。桜餅の香りがほのかに漂ってきます。

多くの植物の葉っぱは、秋に枯れ落ちます。そんな光景を見ると、さびしい気持ちになり、葉っぱの命のはかなさを感じます。しかし、葉っぱはもの悲しくさびしい気持ちで生涯を終えるのではありません。

親株のまわりに落ち、枯れ葉や落ち葉になっても、虫に食べられて糞《ふん》になって土を肥やしたり、微生物に分類されて土に帰り、「腐葉土」の素材となります。腐葉土とは、文字通り、落ち葉が腐って肥やしとなる土です。落ち葉は、土に帰り、若葉が育つ糧《かて》になるのです。

サクラの枯れ葉や落ち葉は、それだけではないのです。親株の根もと付近に落ち、虫の嫌がる香りを放ち、親を守っているようです。腐葉土になるギリギリまで、香りを放っているのです。葉っぱの生き方の〝すごさ〟を感じずにはいられません。

（田中修《たなかおさむ》「植物はすごい」〈中央公論社〉より）

(1) □に入る言葉として適切なものを次から一つ選び、記号で答えなさい。

ア だから　イ なぜなら
ウ そのうえ　エ または

［　　］

(2) 本文の表現の特徴を説明したものとして、適切なものを次から一つ選び、記号で答えなさい。

ア 述べたいこととは反対の事柄を、疑問の形で述べたところがある。
イ 人間以外のものを、人間のように見立てて表現したところがある。
ウ 全文を通じて、主語と述語、修飾語と被修飾語の倒置が多くみられる。
エ 一貫して主観的な表現を交えることなく、事実を客観的に述べている。

［　　］

(3) 筆者がこの文章全体で述べている、サクラの葉の特徴とは、どのようなことか。六十字程度で書きなさい。

60

2

次の文章を読んで、あとの問いに答えなさい。（京都府・改）

1　一般に、樹木は年齢を加えるにつれてその固有の美を発揮し、風致[1]的に優れてくる。しかし、ある年齢を越えると樹木も、その集団としての森林も衰退を見せる。［Ａ］、森林アカマツは五、六〇年以上で固有の美を示しはじめ、森林状で一五〇年、孤立木で三〇〇年ぐらいまでは美しい。

［Ｂ］、風致の維持のためには、普通の森林ならばその美的頂点をみきわめて更新[2]をはかる必要がある。また、風致的にもっとも優れた状態を維持するためにも、森林に人為[3]を加えることが必要なことも多い。とくに、二次林[4]のような遷移[5]途中の森林状態を維持するためには、人為は不可欠である。

2　①自然に手を加えることに抵抗を感じ、人手を一切排した自然こそ最善と説く向きもあるが、風致を対象とする場合には、これは必ずしも全体をいいえていない。たとえば、南西日本の原植生[6]である照葉樹林[7]を、その地域でもっとも優れた風致とは、誰もが認めるわけではない。むしろ、照葉樹林が壊された跡のアカマツ林に美を感じる人が多いのである。

3　風致をどう評価するかは各人の感覚によるが、一般的には、その風景にある程度の人間臭さを感じるものがもっとも好まれるようである。風致的景観とは、自然と人が織りなす風土であり、自然と人間の協同作業によって産み出されたもの、といってよいからである。

4　したがって、自然に人手を適度に加えることによって最高の風致を生む可能性があり、最高の風致を維持するためにはまた、適度に人為が加えられるべきなのである。

5　都市を中心とした身のまわりの森林に目を移してみよう。日本の都市には森林とよべるほどのものは稀《まれ》であるが、たとえそれに類するものがあったとしても、それが本来の自然の森林とは量的質的に劣ることは致し方あるまい。しかし市民は、その自然の片鱗[8]《へんりん》にすぎないものの中に大自然を見、大自然を偲《しの》ぶのである。たとえちっぽけな森林であっても、ストレスの多い都市住民にとっては、②大自然に向《むか》って開かれた窓なのである。

6　こうした精神的な意味も加わるため、市街の風致として森林や樹木は重要である。それに歴史的事実や伝説が結びつくとき、森林はたんなる風致に風格を加え、街に重厚さを与える。街の風格は、その都市住民の情操を豊かに発達させる。歴史上の人物ゆかりの樹木、氏神の御神木の巨木、仏閣の森、城跡の森などがこれである。

（只木良也《ただきよしや》「ヒトと森林」〈共立出版〉より）

（注）
1 **風致**＝自然の景色のおもむきやあじわい。
2 **更新**＝森林で世代が変わること。
3 **人為**＝人の力で行うこと。
4 **二次林**＝それまでの森林が壊れたあとにできた森林。
5 **遷移**＝植物群落の構成が時間の経過に伴って変わっていくこと。
6 **原植生**＝人の手が加わる以前の自然植生。
7 **照葉樹林**＝亜熱帯から温帯に見られる常緑広葉樹林。
8 **片鱗**＝一部分。

(1) A・B に入る語の組み合わせとして適切なものを、次から一つ選び、記号で答えなさい。

ア Aそして　Bなぜなら
イ Aところが　Bあるいは
ウ Aしかも　Bつまり
エ Aたとえば　Bしたがって

［　　］

(2) 次の文は、――線部①「自然に手を加えることに抵抗を感じ、人手を一切排した自然こそ最善と説く向きもあるが、風致を対象とする場合には、これは必ずしも全体をいえていない。」について説明したものである。□に入る適切な表現を、文章中の1～4段落から十四字で探し、初めと終わりの二字を書き抜《ぬ》きなさい。

「人手を一切排した自然」こそ最善だとする考え方もあるが、「風致」を考える場合については、□によって最高の風致が産み出されることもあるので、必ずしも「人手を一切排した自然」が最善だとは言えないということ。

□□～□□

(3) ――線部②「大自然に向って開かれた窓」という比喩《ひゆ》表現について説明したものとして適切なものを、次から一つ選び、記号で答えなさい。

ア 都市の森林を「大自然に向って開かれた窓」にたとえることで、都市の森林によって、都市住民が大自然の脅威から守られているということを表現している。

イ 都市の森林を「大自然に向って開かれた窓」にたとえることで、都市の森林を通して、都市住民が本来の自然とつながっているということを表現している。

ウ 都市の森林を「大自然に向って開かれた窓」にたとえることで、都市の森林があるからこそ、大自然と都市との境界が明確になっているということを表現している。

エ 都市の森林を「大自然に向って開かれた窓」にたとえることで、都市の森林によって、大自然と都市との適度な距離が保たれているということを表現している。

［　　］

COLUMN 3

知っておこう! 入試によく出る著者

近年の入試の読解問題によく出題される著者の一覧である。その著者に、どのようなテーマの作品が多いかをおさえておけば、文章の要旨《ようし》や主題をつかむのに役立つはずだ。

◎重松清《しげまつきよし》（作家）

いじめや不登校、家族崩壊《ほうかい》など、現代の社会問題を鋭《するど》く、かつ温かく描《えが》く。

◎外山滋比古《とやましげひこ》（言語学者・評論家）

大学教授を歴任。**日本語・教育**に関する著書が多い。

◎森本哲郎《もりもとてつろう》（評論家）

元新聞記者。**言葉や文化、紀行文**などを通して人間の本質に迫《せま》る。

◎養老孟司《ようろうたけし》（解剖《かいぼう》学者）

心の問題や社会現象などを、幅《はば》広い知識を交えながら解説する。『バカの壁《かべ》』がベストセラーとなる。

◎あさのあつこ（作家）

少年少女たちの**青春の思いを繊細《せんさい》に**描いている。『バッテリー』がベストセラーになる。

◎鷲田清一《わしだきよかず》（哲学者《てつがくしゃ》）

哲学をベースに、**身体・ファッション**などの評論活動を行う。

◎伊集院静《いじゅういんしずか》（作家）

直木賞《なおきしょう》作家。**親しみやすい小説やエッセイ**で、幅広い読者の支持を得ている。

◎瀬尾《せお》まいこ（作家）

優しく暖かみのある作風で、**登場人物の内面**を描き出す。

表現

入試の作文の書き方

最重要点の確認

1 入試の作文の注意点と特徴《とくちょう》

入試の作文では、問題文の指示をよく読み、何についてどのように書くことを求められているかをつかむことが大切である。

①テーマが決められている…「○○についてあなたの考え（意見）を書きなさい」と書くテーマが指定されている。

②字数制限がある…「百六十字以上二百字以内で」など字数が指定されている。（二百字前後が多い）

⬇これらは「条件作文」にも「課題作文」にも共通している。

2 条件作文の特徴と書き方

条件作文とは、与《あた》えられた条件にしたがって書く作文。文章の要約や資料の分析《ぶんせき》などを行う。条件作文には次のようなものがある。

例

・ある文章を読み、その内容を要約したり、意見を述べたりするもの。

・グラフや統計などの資料から読み取った事柄《ことがら》を説明したり、意見を述べたりするもの。

・短歌や詩などを読み、その鑑賞文《かんしょうぶん》や感想を書くもの。

・複数の異なる考え（意見）を読み、いずれかの立場に立って意見を述べるもの。

3 課題作文の特徴と書き方

課題作文とは、与えられた課題に沿って書く作文。多くの場合は、書き方の注意が示されている。

①ポイントを絞《しぼ》って書く…全てを網羅《もうら》しようとせず、主な事柄を一つ選び、それについての分析と意見をまとめるようにする。字数が限られているので、的を絞って書くことが大切である。

②基本は二段構成で書く…前段では与えられた条件についての分析、後段ではそれについての考え（意見）を述べる。

①手順に沿って作文の構成を立てる…次のような手順で構成する。

1課題に基づいて題材*を決める。
2考え（意見）の中心を決める。
3主張したい考え（意見）に合った題材かどうか確認する。

＊題材＝具体例（経験・事実）

★具体例（経験・事実）の選び方…鮮明《せんめい》に印象に残っているようなことを選ぶとよい。次のようなポイントをおさえて選ぶ。

1与えられた課題に沿ったもの
2強く印象に残っている事柄
3自分の身近な出来事
4独自性の強い経験

入試データ 近年は、どちらかというと条件作文が出題されることが多い。

②二段構成で書く指示がある場合、前段に具体例（経験・事実）、後段に考え（意見）を書く※「三段構成で」と指示がある場合は、①具体例、②具体例に含《ふく》まれた問題点など、③考え（意見）などのように、内容に応じて段落ごとに分けて書く。

③具体例（経験・事実）は簡潔に書く…前段の具体例は、作文全体の半分程度の量（多くても六割）にする。また、後段の考え（意見）に結びつくかどうか確認する。

④考え（意見）のまとめ方…次のような点に注意する。

1考え（意見）は二つに分けて書く…まず具体例（経験・事実）に含まれた問題点や気になった点などを挙げ、そのあとにそれについての考え（意見）を述べるようにする。

2考え（意見）の中心を明確にする…主張したい考え（意見）は一つに絞り、「なぜ」そのように考えたのかを明らかにする。

3考え（意見）は自分の言葉で書く…新聞やテレビで見聞きしたことの受け売りではなく、自分が感じ、考えたことを自分の言葉で書くようにする。

4 原稿《げんこう》用紙の使い方

①書き出しや段落の初めは、一ます空ける

②文字は原則、一ますに一字書く（句読点やかぎ、符号《ふごう》なども同様）

例外

1句読点が行末からはみ出す場合は、最後の字と同じますの中か、欄外《らんがい》に書く。

2疑問符（？）や感嘆符《かんたんふ》（！）のあとは、一ます空ける。

③会話文は原則として改行して「　」で囲み、末尾《まつび》は句点とかぎを同じますに書く

　小学校六年生の三学期のことだった。
「引っ越すことになったよ。イギリス支社に
異動命令が出たんだ。」
と、父に言われた。

5 推敲《すいこう》のしかた

書き終えたら、必ず推敲を行う。次のようなポイントをおさえる。

内容

①題材は課題にふさわしいか
②伝えたいことが明確に表れているか
③構成は適切か
④指示された注意事項《じこう》を守っているか

表記

①漢字・仮名遣《かなづか》いの誤りはないか
②読点や符号の使い方は適切か
③一文が長過ぎないか⇩五十字程度までを目安に
④文末表現は統一されているか⇩敬体（「です・ます」）か常体（「だ・である」）のどちらかで統一
⑤主語・述語の関係が明確か、文がねじれていないか
⑥無駄《むだ》な言葉の繰《く》り返しはないか

実戦トレーニング

解答・解説は別冊29ページ

1

大谷さんの中学校では、歯の健康に対する意識を高めるために、標語を使って全校生徒に呼びかけることにした。現在、候補として挙がっている標語は、次のA～Dの四つである。あなたは、A～Dのうち、どの標語を使って呼びかけたら効果的だと考えるか。あとの1～3の指示に従って、標語を推薦する文章を書きなさい。

島根県

A　自分の歯　未来へ続く　たからもの
B　かみしめる　生きる喜び　歯とともに
C　は・は・は　えがおがすてきな　きれいなは
D　歯みがきを　さぼると「ニヤリ」　むしば菌

1　四つの標語の中から一つを選び、どれを選んだかわかるように書くこと。その際、選んだ標語はA～Dの記号で表すこと。
2　選んだ標語の表現や内容を取りあげ、全校生徒に呼びかける際に、どのように効果的なのかを書くこと。
3　百二十字以上、百五十字以内でまとめること。ただし、句読点や記号も一字として数える。
※なお、一マス目から書き始め、段落は設けないこと。
※読み返して文章の一部を直したいときは、二本線で消したり、余白に書き加えたりしてもよい。

120

150

2

日本では、古くから、季節の微妙な変化がとらえられ、和歌や随筆などに表現されてきた。特定の季節を表すために俳句に詠《よ》み込まれた季語は、そうした長い歴史の中で磨かれてきた季節感の結晶である。さらに、春の季語として古くから使われ続ける「桜」のようなものだけでなく、近年「花粉症」が季語として使われ始めているように、現在でも、様々な言葉を通して「時代を超えた季節感」や「時代特有の季節感」が表現される。

では、あなたにとって、一つの言葉にその季節のもつイメージが凝縮される季語のように、春の季節感を表現するのに最もふさわしい言葉は何か。その言葉がふさわしいといえる理由の説明を含めて、あとの条件に従って百五十字以内で書きなさい。

岡山県

〈条件〉

1 旧暦ではなく現在の季節感に基づいて、「桜」「花粉症」以外で、行事・風物・自然現象などを表す具体的な言葉を取り上げて書くこと。

2 その言葉が春の季節感を表現するのにふさわしいといえる理由については、その言葉のもつ一般的なイメージを明らかにしたり、これまでの体験と結びつけたりして、その言葉を通じて表現される季節感が読み手に伝わりやすくなるよう工夫して書くこと。

3

次の**資料**は、最近世界的に活躍した日本人の著書の一部である。これを読み、あなたが感じたことで、人に伝えたいと思うことを、あとの**〈条件〉**に従って書きなさい。

鳥取県・改

資料（ノーベル賞受賞者　山中伸弥教授の著書より）

薬理学から分子生物学へ、さらにがんの研究、ＥＳ細胞の研究という具合に、研究テーマを変えていました。自分では変えるつもりはなかったのですが、予想外の実験結果に引きずられる形で、どんどん変わっていったのです。一つのテーマをコツコツと追究していくべきだといわれているのに、自分はコロコロと変えている。奈良に移り、成果を出せない状況の中で、「こんなんでええんかな」と自分の研究スタイルに自信が持てなくなっていました。

（山中伸弥《やまなかしんや》・緑慎也《みどりしんや》「山中伸弥先生に、人生とｉＰＳ細胞について聞いてみた」より）

〈条件〉

1 **資料**の内容にふれ、資料から少なくとも一箇所以上引用すること。なお、引用した部分は「　　」で示すこと。

2 題名は書かないこと。また、段落分けはしないこと。

3 解答欄の七行以上、八行以内でまとめること。

4 原稿用紙の正しい使い方にしたがうこと。

4

あなたのクラスでは、言葉づかいやコミュニケーションをより望ましくするために、下に示す「ことばの生活チェックシート」を用いて、改善に取り組むことになった。この取り組みに対するあなたの考えを、次の〈条件〉に従って、書きなさい。（富山県）

〈条件〉

1 二段落構成とし、各段落の内容は、次の**2**・**3**のとおりとする。

2 第一段落は、「ことばの生活チェックシート」の項目の中で、あなたが大切だと考える項目を一つ選び、そのように考えた理由を書く。

3 第二段落は、自分自身の言葉づかいの改善に向けて、「ことばの生活チェックシート」に自分で考えた項目を一つ加え、加えた項目とその理由を書く。

4 原稿用紙の使い方に従い、百八十字以上、二百二十字以内で書く。

ことばの生活チェックシート

今日一日の自分のことばの生活を振り返ろう

平成〇〇年〇月〇日

できた項目の□に✓（チェック）を入れよう

	項　目
□	・丁寧な言葉づかいをする
□	・早口で話さない
□	・略語や流行語を乱用しない
□	・人の話は最後まで聞く
□	※・

※欄には自分で考えた項目を入れよう

5

次の三つの写真は、同じ能面を、角度を変えて撮影したものである。写真と次の説明をふまえて、下の問いに答えなさい。
（千葉県・後期選抜）

能面は、能という歌舞劇《かぶげき》の中で主役（シテ）が付ける仮面です。
「能面のよう」という慣用句は、「表情に変化がないさま」を表しますが、能では、シテが場面に合わせて能面の角度や向きを変え、観客はそのことからシテの感情の変化を感じ取ります。

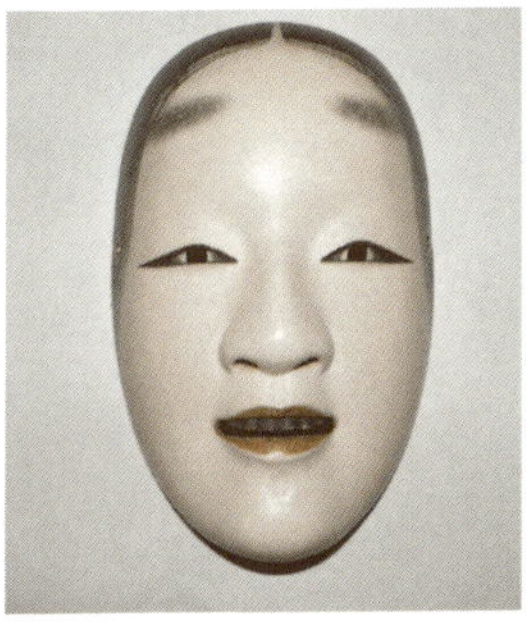
写真1（正面）

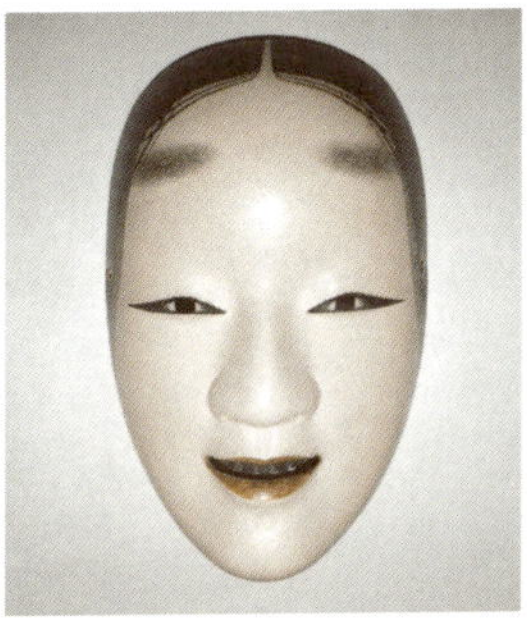
写真3（やや下向き）

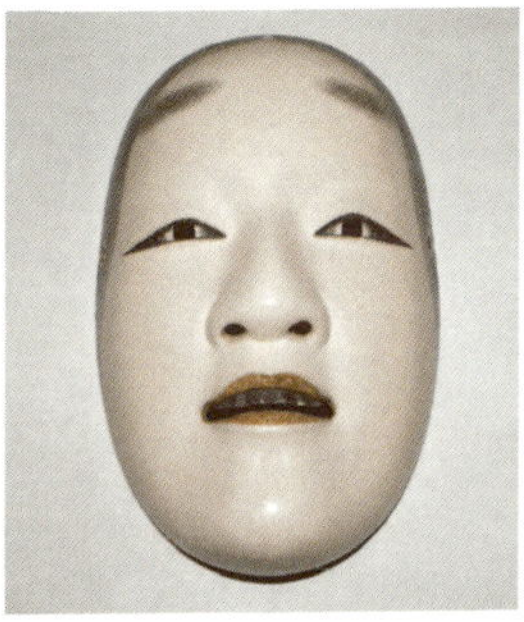
写真2（やや上向き）

問い 学級に来たアメリカからの留学生に対し、この能面を使って、日本人の感情表現について説明をすることになりました。その説明のための原稿を、次の条件にしたがって、注意事項を守って書きなさい。

〈条件〉
1 一段落構成とし、七行以内で書くこと。
2 はじめに写真をもとに能面の表情の変化について説明をし、次にその説明内容に関連する日本人の感情表現について説明をすること。
3 適切に文を区切って、わかりやすく説明をすること。文末は敬体（です・ます調）とすること。

〈注意事項〉
1 氏名や題名は書かないこと。
2 原稿用紙の適切な使い方に従って書くこと。ただし、〔や═などの記号を用いた訂正はしないこと。

2

課題作文の書き方

実戦トレーニング

解答・解説は別冊29ページ

1

次は、こうへいさんと、さおりさんの会話の一部である。この会話を参考にして、「公園にゴミ箱を置かないこと」に対するあなたの考えや意見を、あとの〈**注意**〉に従って書きなさい。 三重県

こうへいさん　最近、家の近くの公園のゴミ箱が撤去されたんだよ。
さおりさん　それは不便だね。どうして、公園のゴミ箱は撤去されたのかな。
こうへいさん　公園のゴミ箱については、「置くほうがよい」、「置かないほうがよい」、それぞれに考え方があるようだよ。

〈**注意**〉
1　題名は書かずに本文から書き出しなさい。
2　あなたの考えや意見と、その根拠を明確にして書きなさい。
3　あなたの考えや意見が的確に伝わるように書きなさい。
4　原稿用紙の使い方にしたがい、全体を百六十字以上二百字以内にまとめなさい。

200　160

2

「他者からの学び」について、体験をとおして、あなたが感じたことや考えたことを、百六十字～二百字で書きなさい。 宮城県

200　160

3

「かけがえのないもの」とは、他に代わるもののない大切なものという意味の言葉である。あなたにとって「かけがえのないもの」とはどのようなものか。あとの条件に従って、三百字以内の文章を書きなさい。題名や氏名は書かないで、本文から書き始めること。（大阪府）

〈条件〉 あなたが「かけがえのないもの」と思うものを一つ考え、それを選んだ理由をあわせて書くこと。

300

4

あなたの学校が、中学生と地域の人たちとを結ぶ交流の場として開放されることになり、交流の方法や内容について、中学生からも要望や意見を聞くことになった。寄せられた要望や意見の中で、実現が可能なものは取り入れられることになる。あなたならどのような要望や意見を提案するか。あなたの要望や意見を、そう考える理由がよくわかるように、次の**〈注意〉**に従って、二百五十字程度で書きなさい。（香川県・改）

〈注意〉

1 段落や構成に注意して百五十字以上書くこと。
2 原稿用紙の正しい使い方にしたがって書くこと。ただし、部分的な書き直しや書き加えなどをするときは、必ずしも「ますめ」にとらわれなくてよい。
3 題名や氏名は書かないで、本文から書き始めること。また、本文の中にも氏名や在学（出身）校名は書かないこと。

250

5 あなたの中学校では、「ボランティア活動」として、次の[1]～[3]の三つの活動を行うことになっている。

これらの活動に参加するにあたり、国語の授業で「ボランティア活動」について、意見交換《こうかん》をすることになり、一人一人が自分の考えを文章にまとめることにした。次の[1]～[3]の中からあなたが参加しようと考える活動を一つ選び、あとの**〈注意〉**に従って、あなたの考えを書きなさい。（埼玉県・改）

[1] 小さい子どもの遊び相手になる保育活動（保育活動）
[2] 美しいまちをつくるための美化活動（美化活動）
[3] お年寄りや困っている人を助ける福祉《ふくし》活動（福祉活動）

〈注意〉

1 一段落目にはあなたが参加しようと考える活動を、二段落目にはその理由を書くこと。

2 作文の中で[1]、[2]、[3]の活動を示すときは、それぞれ、保育活動、美化活動、福祉活動と表現してよいものとする。

3 段落や構成に注意して、自分の体験（見たこと聞いたことなども含《ふく》む）をふまえて書くこと。

4 文章は、百九十五字以上、二百二十五字以内で書くこと。

5 原稿用紙の正しい使い方に従って、文字、仮名遣《かなづか》いも正確に書くこと。

6 題名・氏名は書かないで、一行目から本文を書くこと。

225

模擬試験

実際の試験を受けているつもりで
取り組んでください。

制限時間は第1回，第2回とも45分です。
制限時間がきたら，すぐにやめ，
筆記用具を置いてください。

模擬試験【第1回】

時間45分

100点満点

点

解答・解説は別冊31ページ

1 次の文章を読んで、あとの問いに答えなさい。

【(1)各1点 (2)5点 (3)4点 他各6点 計38点】

少年は、小学五年生。秋の終わりに五校目の学校に転入してきた。一週間が過ぎた今、クラスのみんなとしっくりいっていない。

転校にはすっかりなれっこになったつもりだったのに、今度の学校では①クラスに馴染《なじ》むのにしくじった。

最初の自己紹介《しょうかい》で言葉がつっかえた。いつものことだ。もうⓐナれて、あきらめてもいる。でも、あんなに大きな声で、机まで叩《たた》いて笑われたのは初めてだった。

みんな田舎者《いなかもの》だから、田舎者は礼儀《れいぎ》知らずな奴《やつ》が多いから、田舎者は都会の子どもをやっかんでいるから、しょうがないんだ……恥《は》ずかしさやくやしさを無理にⓑ抑えつけたところに、「この町、どげん思う?」と訊《き》かれ、「校舎が新しいし、ええ学校じゃろ。トイレも水洗なんじゃ」とつまらないことを自慢《じまん》されて、つい冷ややかに、見くだすように、「田舎っぽい」と言ってしまった。

すぐに謝るか、冗談《じょうだん》にしてごまかせば、なんとかなったかもしれない。でも、むっとした視線を四方からⓒアびせられると、かえって依怙地《いこじ》になった。田舎は田舎じゃないか、ほんとうのことを言ってどこが悪いんだ、と開き直って、みんなをにらみ返した。

「もうええわ、放《ほう》っとこうで」と誰《だれ》かが言った。少年を取り囲んでいたⓓ人垣があっさりとばらけた。喧嘩《けんか》にならない①——②取っ組み合ったあとに仲直りするチャンスが消えた。

少年はそのままクラスでⓔ孤立してしまった。みんなとの間に目に見えない②壁《かべ》ができた。暴力をふるわれたり意地悪をされたりということはなくても、あいつは俺《おれ》たちの仲間に入りたくない③んだ、と決めつけられた。

両親には話せなかった。父親も母親も、転校のベテランの少年より、二年生で初めての転校を体験したなつみ[1]のほうを心配していた。でも、なつみはすぐに新しいクラスに溶《と》け込《こ》んで、毎日のように友だちを家に招《よ》んで遊んでいる。［　　］顔で友だちにおやつをふるまう母親を見ていると、やっぱり言えない④よなあ、と思う。

クラスの男子は放課後、学校のグラウンドに集まって野球をしているらしい。少年も家に帰るとランドセルを部屋に放り投げる。グローブを自転車のハンドルに提げ、バットを後輪のカバーと荷台の間に差し込んで、おやつもそこそこに「行ってきまーす!」と——近所の神社に向かう。

最初の二日は、ひとり[2]ぼっちで夕方まで時間をつぶした。③前の学校と同じようにショートのレギュラーになれそうだ、と二日目の夕食のときに話すと、母親は喜んでくれた。

（重松清《しげまつきよし》「きよしこ」より）

（注）1なつみ＝少年の妹の名前。
2レギュラー＝運動競技などでの正選手。

(1) ——線部ⓐ〜ⓔの漢字は読み方を平仮名で、片仮名は漢字に直して書きなさい。

ⓐ［　　］　ⓑ［　　］　ⓒ［　　］
ⓓ［　　］　ⓔ［　　］

(2) 〰〰線部①〜④の「ない」のうち、次の文の「ない」と同じ意味・用法のものを一つ選び、番号で答えなさい。

＊彼《かれ》は、きみが思っているほど消極的な人間ではない。

［　　］

(3) ═══線部「依怙地」の意味として適切なものを次から一つ選び、記号で答えなさい。

ア 負けるものかというファイトがわいてくること。
イ 気持ちがなえてしまい弱気になること。
ウ 意地を張り、つまらないことに頑固《がんこ》なこと。
エ 相手に対する信頼感《しんらいかん》が全くなくなること。

［　　］

(4) ——線部①「クラスに馴染むのにしくじった」とあるが、このことのそもそもの原因となったのは、クラスのみんなのどんな行動か。そのことがわかる一文の初めの五字を書き抜《ぬ》きなさい。

(5) ——線部②「取っ組み合ったあとに仲直りするチャンスが消えた。」とあるが、これの説明として適切なものを次から一つ選び、記号で答えなさい。

ア 取っ組み合うことで少年の実力を相手に示すことができ、謝らせることができたのに、それもできない。
イ 取っ組み合いの喧嘩になることで互《たが》いの気持ちがしずまり、仲直りにもっていく可能性もあったのに、それもできない。
ウ 取っ組み合うことで互いの言い分をぶつけ合い、議論することもできたかもしれないのに、それもできない。
エ 取っ組み合いの喧嘩になったら先生が現れ、仲裁してくれたかもしれないのに、それもできない。

［　　］

(6) □に入る言葉として適切なものを次から一つ選び、記号で答えなさい。

ア 気落ちした　イ いらいらした
ウ のんびりした　エ ほっとした

［　　］

(7) ——線部③のときの少年の心情の説明として適切なものを次から一つ選び、記号で答えなさい。

ア 本当はショートのレギュラーになれなかったことなど、恥《は》ずかしくて母親には正直に言えない。
イ クラスの仲間とうまくいっていないことを説明しても、妹のことで頭がいっぱいの母親は理解してくれないだろう。
ウ 少年がクラスの仲間とうまくやっているだろうと思っている母親に、よけいな心配をかけたくない。
エ 自分のことなど気にかけてくれない母親にうそをついても、きっとばれはしないだろう。

［　　］

2 次の文章を読んで、あとの問いに答えなさい。

【(1)各1点　(2)・(3)各4点　他各6点　計43点】

環境《かんきょう》問題とは、別な言い方をすれば①「なにかを手に入れたこと」のツケである。農薬や遺伝子組みⓐ換《か》え作物の問題は、その典型であろう。ここでも、「丸儲《まるもう》けはない」のである。多摩《たま》動物公園の昆虫《こんちゅう》園《えん》に勤めている人の奥《おく》さんに聞いた話がある。ご主人がスーパーマーケットで小松菜を買ってきて、飼っているバッタに食べさせたら、みんな死んでしまったという。奥さんは、「人間は丈夫《じょうぶ》なんですね」と笑った。その後、中国野菜の農薬残留問題がⓑ浮上した。虫をⓒ扱っていれば、そういうことなら、①専門家より先にわかるのである。

小松菜が虫に食われるのは、②税金みたいなものだと思う。税金を払《はら》っているから、安心して食べられる。税金を払うのがいやだと、農薬を使ったために、もっと請求額《せいきゅうがく》の多いツケが回ってきた。二〇〇二年の夏には、野菜に残留している農薬が基準値をⓓ超えていたとか、許可されていない農薬が農協ぐるみで使用されていたという事例がいくつも明らかになった。許可されていない添加物《てんかぶつ》が加工食品に入っていたという話も、連日のように報道された。新聞の社会面のいちばん下の欄《らん》に関係者のお詫《わ》び広告がずらりと並び、問題の作物や食品が回収されたり、処分されるようすがニュース画面に流れた。

人間の欲望はきりがない。虫に食われていない、きれいな野菜が食べたい。すぐに食べられる調理済み食品がほしい。②すこしでも風味のよいものを食べたい。日持ちがいいと助かる。おかげで農薬漬《のうやくづ》けの野菜とか、保存料や人工の調味料がふんだんに添加された加工食品が出回る。なんのことはない。見た目がきれいなうえに、便利な食品を手に入れた代わりに、③税金より高いツケに苦しんでいるのである。

便利な生活に由来する、もう一つの大きなツケは、大量のゴミである。ゴミというと、ファーストフードやカップ麺《めん》の容器を想像するかもしれないが、じつは食品自体が大量のゴミになっている。あるコンビニエンスストアが、売れ残った弁当を堆肥《たいひ》にする工場をつくったという話をテレビで見た。堆肥にするのは結構な話だが、工場が神奈川《かながわ》県にあり、東京都での売れ残りは生ゴミだから他県に運べない。④そのことを問題にしていた。じつはその番組を見て私がいちばん驚《おどろ》いたのは、コンビニの弁当の四割が売れ残るという話だった。

売れ残りは堆肥になり、野菜となってまた弁当に入る。ということは、弁当の四割は、人間を通過せずにⓔ無駄な循環《じゅんかん》をするわけである。まさに花見酒の経済が進行している。弁当―売れ残り―堆肥―作物―弁当という循環が成立し、それが経済活動に組み込《こ》まれているからである。江戸《えど》時代には糞尿《ふんにょう》はすべて田畑の肥料となっていた。もちろん、大量の食品を無駄にできるだけの生産力はなかっただろうから、食品はほとんどが人の口に入ったはずである。つまり、食品は人の体を通って、ほとんど一〇〇パーセント循環していたのである。現代の社会では、人の体の外を通る食品が*GDPを生み出す。食品に限らない。どうしても必要なわけではない品物がたくさん売られ、それを買う人がいて経済がようやく回っている。多くの人が「もうほしいものはない」と感じているのに。

（養老孟司《ようろうたけし》「いちばん大事なこと」より）

（注）＊GDP＝国内総生産。

(1) ——線部ⓐ～ⓔの漢字の読み方を、平仮名で書きなさい。

ⓐ［　　］　ⓑ［　　］　ⓒ［　　］

ⓓ［　　］　ⓔ［　　］

(2) ——線部①「専門家」と同じ組み立ての三字熟語を次から一つ選び、記号で答えなさい。

ア 新社屋　**イ** 真善美

ウ 工芸品　**エ** 再開発　［　　］

(3) ——線部②「すこしでも風味のよいものを食べたい。」とあるが、この文を文節に分けるとどうなるか。適切なものを次から一つ選び、記号で答えなさい。

ア すこしでも／風味のよい／ものを／食べたい。

イ すこしでも／風味の／よい／ものを／食べたい。

ウ すこしでも／風味／の／よいもの／を／食べたい。

エ すこし／でも／風味／の／よい／もの／を／食べたい。

［　　］

(4) ——線部①「なにかを手に入れたこと」とあるが、ここでいう「なにか」に**当てはまらない**ものを次から一つ選び、記号で答えなさい。

ア 見た目のきれいな野菜。

イ すぐに食べられる調理済み食品。

ウ 風味がよりよい食品。

エ 虫に食われた小松菜。　［　　］

(5) ——線部②「税金」とあるが、これはどんなことの比喩《ひゆ》として使われているか。次の□に入る二字の言葉を、文章中から書き抜《ぬ》きなさい。

＊見た目は悪いが、□して食べられるというしるし。

［　　］

(6) ——線部③「税金より高いツケ」とあるが、この「ツケ」の内容が具体的に書いてあるのはどこか。第二段落からひと続きの二文を探し、初めと終わりの五字を書き抜きなさい。（句読点も字数に含《ふく》む。）

□□□□□～□□□□□

(7) ——線部④「そのこと」が指している内容を、文章中の言葉を使って簡潔に書きなさい。

［　　　　　　　　］

(8) この文章で筆者が言おうとしているのは、どんなことか。適切なものを次から一つ選び、記号で答えなさい。

ア 我々の生活にとって「食の安全」は重要な課題だ。一日でも早くその対策を考えるべきである。

イ 我々の経済生活にとって、多少の無駄は、活性化を図るためにはしかたのないことだ。

ウ 我々は便利な生活を手にした代わりに、環境問題を引き起こし、無駄なものを大量に生み出している。これは問題だ。

エ 我々の欲望はきりがないが、今ストップをかけなければ日本の経済は成り立たなくなってしまうだろう。

［　　］

3 次の文章を読んで、あとの問いに答えなさい。

【(1)各2点　他各3点　計19点】

昔、①男ありけり。身はいやしながら（官位は低い身であったが）、母なむ宮なりける（皇族であった）。その母、長岡《ながをか》とⓐいふ所に住み給《たま》ひけり。子は京に宮仕へしければ（京に出て宮仕えしていたので）、詣《まう》づとしけれど（おうかがいしようとしたけれど）しばしばえ詣でず（おうかがいできない）。ひとつ子にⓑさへありければ、いと②かなしうし給ひけり（とてもかわいがっていらっしゃった）。さるに（ところが）、師走《しはす》ばかりに、「とみの事」（急な用です）とて御文《おんふみ》（お手紙）あり。③驚《おどろ》きて見れば、歌あり。

老いぬればさらぬ別れ（避《さ》けられない別れ）のありといへば（いうことですから）
いよいよ見まくほしき（会いたいと思う）君かな（ですよ）

かの子、いたう（ひどく）うち泣きて詠《よ》める（よんだ歌）

世の中にさらぬ別れの無くもがな（なければいいのに）
④千代（千年）もと祈《いの》る人の子のため

（『伊勢《いせ》物語』より）

---

(1) ――線部ⓐ「いふ」、ⓑ「さへ」の読み方を、それぞれ現代仮名《かな》遣《づか》いで書きなさい。

ⓐ［　　　］　ⓑ［　　　］

(2) ――線部①の「男」には、ほかに兄弟や姉妹がいないように読み取れる。そのことがわかる言葉を、文章中から書き抜《ぬ》きなさい。

［　　　］

(3) ――線部②「かなしうし給ひけり」、③「驚きて見れば」の主語はだれか。それぞれ、文章中の言葉で書きなさい。

②（　　　）　③（　　　）

(4) ――線部④「千代も」のあとに省略されているものとして適切なものを次から一つ選び、記号で答えなさい。

ア 親は時を大切にしてほしい
イ 親は愛を保ち続けてほしい
ウ 親は長く生きてほしい
エ 親は夢にも出てきてほしい

［　　　］

(5) 母が、「師走ばかりに、『とみの事』」と「文」を送ったのは、どういう気持ちからだと考えられるか。二十字以内で書きなさい。

模擬試験【第2回】

時間45分

100点満点

点

解答・解説は別冊32ページ

1

次の文章を読んで、あとの問いに答えなさい。

【(1)各1点 (2)・(3)各3点 他各5点 計41点】

草紙や巻物などの薄絹《うすぎぬ》の表紙はすぐにすり切れてしまうので困ると、ある人がこぼしたところ、1頓阿《とんあ》法師が「薄絹の表紙というものは上下のⓐ端のところがすり切れ、2螺鈿《らでん》をちりばめた巻物の軸《じく》というのはその螺鈿の貝が落ちてしまってからがいいのだ」といったという話が『徒然草《つれづれぐさ》』にある。3兼好《けんこう》は頓阿のこの言葉にいたく感心し、4「心まさりて覚えしか」と記している。私もまたそのようなものの見方に大いに共感するのは、私がやはり日本人だからであろう。これこそ日本独特の不完全の美学なのである。

そこで私は新刊書を買うとき、書店の店員が表紙の上に包装紙でさらにカヴァーをつけようとするのを見ると、「あ、そんなことしなくて結構です」とことわり、出来ればセロハン紙も取りⓑ払ってもらう。そして、たいへんいい気分になる。頓阿法師のようなつもりになるのだ。『徒然草』のおなじ段には、「何でもひとそろいにそろっていないと気がⓒスまないというのは、つまらぬ人間の根性だ」という5弘融僧都《こうゆうそうず》の言葉が引かれている。弘融僧都によれば、「不ぞろいのほうがいい」のである。で私は古本屋を歩くときには必ず弘融僧都の言葉を肝《きも》にⓓ銘じ、一巻か二巻か欠けている全集でも平気で買うことにしている。欠けた全集というのは値段がぐんと安い。何とも有難《ありがた》いことである。

といっても、私は本を道具のように考えているわけではない。本は読むためにあるのだから表紙が汚《よご》れていたり、ⓔヤブれていたって中身とは関係ない、と割り切っているのではない。書物というものは内容とともに、①形もまた大切な要素だと思っている。書物の魅力《みりょく》は往々にして、いや、どんな本でも例外なくその装《よそお》いにあるのだ。ただ、どんな装いが美しいのか、という美学が問題なのである。私は頓阿法師のように、②新しくピカピカの書物をけっして美しいとは思わないだけである。

なぜか。まだページを繰《く》ったことのない新しい本には読書の歴史がないからだ。まっさらというのはそれなりの魅力かもしれないが、こと書物に関しては真の美しさとはいえない。書物の真の美しさとは、その本がどれだけ読まれたか、という読書の歴史がつくりあげるものなのだ。ただし、その歴史は、あくまで自分がつくりあげた歴史でなければならないこと、いうまでもない。つまり、一冊の書物を一種の芸術品にまで仕上げること、それが読書なのである。そんな芸術品をいくつ持っているかで、その人の精神生活の価値がきまるのだ。③「読書百遍《ひゃっぺん》、義おのずから見《あら》わる」とは中国の名言であるが、私はむしろ、それをこういいかえたい。「読書百遍、美おのずから見《あら》わる」と。

④書物の美とは、繰《く》りかえし読むことによって書物ににじんでくる美しさである。すなわち、「羅《うすもの》は上下《かみしも》はづれ、螺鈿《らでん》の軸《じく》は貝落《おち》てこそいみじけれ」といった頓阿《とんあ》法師の愛《め》でるあの美しさだ。

（森本哲郎《もりもとてつろう》「読書の旅」より）

（注）　1・5頓阿・弘融《こうゆう》＝どちらも当時の僧《そう》。頓阿は歌人としても有名。
2螺鈿《らでん》＝おうむ貝・夜光貝などの真珠《しんじゅ》色に光っている部分を切り取って漆器《しっき》などの表面にはめ込《こ》んだもの。　3兼好《けんこう》＝「徒然草《つれづれぐさ》」の作者、吉田《よしだ》兼好。　4「心まさりて覚えしか」＝感心させられた。

(1)　――線部ⓐ～ⓔの漢字は読み方を平仮名で、片仮名は漢字に直して書きなさい。

ⓐ［　　］　ⓑ［　　］　ⓒ［　　］
ⓓ［　　］　ⓔ［　　］

(2)　――線部「独」を楷書《かいしょ》で書く場合、太い部分は何画目に書くのが正しいか。漢数字で答えなさい。

独

［　　画目］

(3)　次の――線部の動詞の中から、――線部の動詞と同じ活用の種類の動詞を一つ選び、記号で答えなさい。

ア　図書館で調べることにした。
イ　信じられないことが起こった。
ウ　弟は、張り切って出かけた。
エ　急げば、まだ間に合うかもしれない。

［　　］

(4)　『徒然草』に出てくる二つの言葉に共感している筆者は、その気持ちをどんな行動で表しているか。そのことがわかる文を二つ探し、それぞれ、初めの五字を書きなさい。

□□□□□・□□□□□

(5)　――線部①「形」とあるが、これとほぼ同じ意味で使われている言葉を、同じ段落の中から書き抜《ぬ》きなさい。

［　　］

(6)　――線部②「新しくピカピカの書物をけっして美しいとは思わない」とあるが、筆者がこのように思う理由は何か。次の文の□に合う言葉を、五字で書き抜きなさい。

・ピカピカの書物には□がないから。

□□□□□

(7)　――線部③「読書百遍《ひゃっぺん》、義おのずから見《あら》わる」の意味として適切なものを次から一つ選び、記号で答えなさい。

ア　書物は繰《く》り返し熟読することで意味が自然と明らかになる。
イ　人はいろいろな書物を読むことで知識が自然に豊かになる。
ウ　読書好きな人間は、そのことが自然と顔にあらわれてくる。
エ　本の嫌《きら》いな人間でも、百冊読むころには読書好きになっているものだ。

［　　］

(8)　――線部④「書物の美」に対する筆者の考えに合うものを次から一つ選び、記号で答えなさい。

ア　大切に扱《あつか》うことによって、古書になってもにじみ出てくる装《よそお》いの美しさ。
イ　簡素な装いであればあるほどにじみ出てくる日本的なものがもつ美しさ。

ウ　見た目の装いの美しさではなく、読書の歴史によってつくりあげられにじみ出てきた美しさ。

エ　見事な装いの本が古びることで、さらに味わいを増してにじみ出てきた美しさ。

［　　］

2

次の文章を読んで、あとの問いに答えなさい。【(1)2点　(2)4点　他各5点　計41点】

今の自分の生活にⓐ満足できない、なんか充実感《じゅうじつかん》がない、ⓐもっと生きているといった実感がほしい。そうした思いは多くの人が抱《かか》えているものだ。そう思うのなら、まずは動いてみることだ、などとよく言われる。もちろん、そこで充実に向けて一歩踏《ふ》み出すことができればよいのだが、人間というのはどうも惰性《だせい》に流される。生活を変えるというのは、非常に大きなエネルギーを要することなのだ。

だいいち、どう変えたら自分の日々の生活に張りが出てくるのかわからない。［A］、試しに何かをしてみたからといって、ⓑいきなり充実し始めるなどということは、めったにない。生活の充実というものは、そんなⓑ手軽に手に入れられるものではない。充実にたどり着くまでには、ⓒ地道な努力の積み重ねを必要とするのがふつうだ。そこに［B］が必要とされる。［C］、自分にあったものかどうかわからないのに、地道な努力を積み重ねていく気力はなかなか湧《わ》かない。

ⓒどうもパッとしない。このままでは自分の人生という感じがしない。そうかといって、どう動いたらよいのかわからない。そんなⓓ混乱と不安の中にある人にとって、「どこかにほんとうの自分があるはず」「いつかほんとうの自分にきっと出会えるはず」と思うことは、ⓓある種の救いとなる。

今はとりあえず納得のいかない日々を送ってはいるものの、これはほんとうの自分のあり方ではない、自分はこんなものではない、いつかもっと自分らしい生活に出会えるはず。今の自分にふと物足りなさや疑問を感じるときに、①そのように考えることで、現実逃避《とうひ》的な安らぎが得られる。「ま、とりあえず今は、これでいいか」と安易な姿勢に安住し続けるときの口実に使える。

惰性に流される自分、意欲の乏《とぼ》しい自分、意志の弱い自分、取り立てて誇《ほこ》れる能力のない自分、情けない自分、思い通りにならない自分、持てあまし気味の自分。こういったものは、②どれもほんとうの自分ではないのだ。そう思い込《こ》むことで、気持ちが軽くなる。何かが変わるわけではないけれど、束《つか》の間の［D］が得られる。

このように、どこかに「ほんとうの自分」があるはずといった自分さがしの物語は、充実した生活を組み立てるのが難しい多くの人たちにとって、③ひとつの救済装置として機能しているわけだ。けれども、こういった自分さがしの物語に安住しているかぎり、自分らしい生活や充実した日々を手に入れることはできない。やはり、今ここで動き出さないかぎり、何も変わっていかない。

このままただ流れに身を任せているだけで、いつか突然《とつぜん》「ほんとうの自分」にめぐり会える。そんな妖《あや》しげな魅力《みりょく》を放つ物語から抜《ぬ》け出して、今ここで自分づくりのための動きを起こすことが大切なのだ。

（榎本博明《えのもとひろあき》「〈ほんとうの自分〉のつくり方──自己物語の心理学」より）

(1) 〰〰線部ⓐ〜ⓓのうちで、「物語」と音訓の組み合わせが同じものはどれか。記号で答えなさい。
［　　］

(2) ━━線部ⓐ〜ⓓのうちで、品詞が他と異なるものはどれか。［　］にはその記号を、（　）には品詞名を書きなさい。（完答）
［　　］（　　　　）

(3) A・Cに入る言葉の組み合わせとして適切なものを次から一つ選び、記号で答えなさい。
ア A――だから　C――けれども
イ A――なぜなら　C――あるいは
ウ A――それに　C――だが
エ A――たとえば　C――または
［　　］

(4) Bに入る言葉として適切なものを次から一つ選び、記号で答えなさい。
ア 勇気　イ 根気
ウ 活気　エ 血気
［　　］

(5) ――線部①「そのように考える」とあるが、どのように考えるのか。そのことがわかる一文の初めの五字を書き抜《ぬ》きなさい。

(6) Dに入る言葉として適切なものを、文章中から三字で書き抜きなさい。

(7) ――線部②「どれも」は、どの文節に係っていくか。一文節で書き抜きなさい。
［　　　　］

(8) ――線部③「ひとつの救済装置として機能している」とあるが、これの説明として適切なものを次から一つ選び、記号で答えなさい。
ア 自分さがしの物語を続けることで、それまでの自分とは違《ちが》う人間になれる可能性が出てくるということ。
イ 自分さがしの物語によって、「ほんとうの自分」の姿を具体的にイメージ化することができるということ。
ウ 自分さがしの物語にひたることで、充実《じゅうじつ》した生活を組み立てる糸口がつかめるということ。
エ 自分さがしの物語の中に身を置くことで、充実した生活を組み立てようとしない自分について言い訳できるということ。
［　　］

(9) 筆者の主張の内容として適切なものを次から一つ選び、記号で答えなさい。
ア 人間は惰性《だせい》に流されやすいのだから、生活を変えるなら、まずエネルギーをたくわえるべきだ。
イ 今の生活を充実したものにするためには、早速、自分づくりのための動きを起こしてみることだ。
ウ 「ほんとうの自分」にめぐり会うためには、充実した日々を手に入れなければならない。
エ 成長した自分を実感するためには、自分さがしの物語にどっぷりひたってみることだ。
［　　］

3 次の文章を読んで、あとの問いに答えなさい。

【(3)各4点　(4)各2点　他各3点　計18点】

(A) [1]石《いは》ばしる[2]垂水《たるみ》の上のさわらびの萌《も》え出《い》づる春になりにけるかも　　志貴皇子《しきのみこ》

(B) [3]袖《そで》ひぢて[4]むすびし水のこほれるを春立つけふの風やとくらむ　　紀《きの》　貫之《つらゆき》

(A)の歌は、実景に即《そく》した歌で、滝《たき》のそばに生えているわらびが芽を出す春になったという喜びをのべている。それに対して(B)の歌を見ると、「 a 」の部分には、去年の夏の記憶《きおく》があって、その水がやがて秋を経て冬になると凍《こお》ってしまった、という時間の経過があり、その凍ってしまった水も、今日、立春になったからには、春風にとけていくであろうか、とほとんど一年間のことを一首の歌の中でうたっている。

(A)の歌のように、自然をじかに写すことで自分の感動をうたう、 b な①万葉集に対して、②古今和歌集におさめられているこの(B)の歌は、自然と人間の生活のからみあいの中で、記憶の世界のイメージをいくつも重ねて現在の喜びをうたい、二重にも三重にも層ができている複雑な歌になっている。

(注)　1石ばしる＝岩の上をほとばしり流れる。
　2垂水の上＝滝のほとり。
　3袖ひぢて＝袖をぬらして。
　4むすびし水＝手ですくった水。

(1) a に入る適切な語句を、(B)の歌の中から十字で書き抜きなさい。

(2) b に入る適切な語句を次から一つ選び、記号で答えなさい。

ア 理知的で技巧的《ぎこうてき》　　イ 象徴的《しょうちょうてき》で観念的
ウ 明快で率直　　エ 繊細《せんさい》で優美　　［　　］

(3) (A)・(B)の歌の評として適切なものを次から一つずつ選び、記号で答えなさい。

ア 結びに倒置法《とうちほう》を用い、引きしまった調子がある。
イ 同音の繰《く》り返しによってリズムがひと続きに流れ、明るくさわやかである。
ウ 幻想的《げんそうてき》で、美しい色彩感《しきさいかん》にあふれている。
エ 視覚や聴覚《ちょうかく》を通して、自然の美をうたっている。
オ 想像を働かせ、時間の隔《へだ》たりをうまく結び付けている。
カ 比喩《ひゆ》や反復などの技法を多用している。

(A)［　　］　(B)［　　］

(4) ――線部①「万葉集」、②「古今和歌集」の成立年代を次から選び、記号で答えなさい。

ア 奈良《なら》時代　　イ 平安《へいあん》時代　　ウ 鎌倉《かまくら》時代
エ 室町《むろまち》時代　　オ 江戸《えど》時代

①［　　］　②［　　］

高校入試の最重要問題 国語

編集協力―― 鈴木瑞穂
株式会社 奎文館
遠藤理恵
富安雅子

デザイン―― 高橋コウイチ(WF)

本文DTP―― 株式会社 明昌堂　データ管理コード:20-1772-2532(CS5)

写真提供―― 公益財団法人鎌倉能舞台

◉この本は下記のように環境に配慮して製作しました。
製版フィルムを使用しないCTP方式で印刷しました。
環境に配慮した紙を使用しています。

解答と解説

高校入試の最重要問題

国語

別冊

本体と軽くのり付けされているので，
はずしてお使いください。

漢字・語句

P.10-11 **弱点チェック**

1 一字漢字・熟語の読み
①つらぬ ②さそ ③すみ
④いっかつ ⑤はあく

2 一字漢字・熟語の書き
①姿 ②忘 ③調節
④清潔 ⑤将来

3 誤りやすい読み・特別な読み方
①すこ ②ばんこく ③じゃり
④しんく ⑤こうりょう

4 同音異字・同訓異字・書き誤りやすい漢字
①先祖 ②最適 ③着
④墓地 ⑤改める

5 語句の意味
①かたい ②すがる ③すずなり
④陳腐 ⑤なみなみ

6 熟語の知識
①博愛 ②加減 ③未
④言語道断 ⑤必

7 語句の知識
①足が出る ②油 ③三
④豚（ぶた） ⑤五十歩百歩

8 漢字の知識
①十画 ②建 ③6
④有 ⑤礼

1 漢字の読み①

P.12

1 一字漢字の読み

(1)か (2)いちじる (3)いど
(4)せま (5)おお (6)まぎ
(7)つの (8)あつか (9)いとな
(10)おだ (11)ふ (12)かわ
(13)みき (14)ゆる (15)つらぬ
(16)くわだ (17)つ (18)ひた
(19)はさ (20)せま (21)おどろ
(22)あお (23)こ (24)おろ
(25)いこ (26)つ (27)むか
(28)おごそ (29)さと (30)あやま
(31)ひか (32)かた (33)きざ
(34)と (35)くだ (36)た
(37)す (38)うかが (39)ほどこ
(40)い (41)なな (42)さず
(43)つ (44)おそ (45)やど
(46)とな (47)こ (48)お
(49)つつし (50)なご

解説▼ 一字漢字の読みがわからない場合は、言葉の前後のつながりや、文全体の意味に注意して読もう。間違《まちが》えたところは短文単位で何度も読んで覚えよう。 (2)「著しい」は、きわだってはっきりしている様子。 (5)「覆」は音読みで「覆面《ふくめん》」のように使う漢字。「覆面」は面(顔)を覆《おお》うもの。 (7)「募《つの》る」はここでは「広く集める」という意味だが、「勢いや傾向《けいこう》がいっそう激しくなる」という意味もある。「あの人への思いが募る」などと使う。 (13)「幹」は訓読みする。「物事の大切な部分」という意味。 (18)「浸」はにんべんの「侵」と混同して「おか（す）」と読まないように。 (19)「挟」と(20)「狭」は、つくりの部分が同じなので混同しないように注意。「耳に挟《はさ》む」は、「たまたまちょっと聞く」という意味。 (23)「凝らす」はここでは「一つのところに集中させる様子」を表す。他に「あることに心を集中させて一生懸命《けんめい》行う」という意味で「趣向《しゅこう》を凝らす」という使い方もする。 (28)「厳か」は「重々しい感じでいかめしい様子」を表す。意味と読みをセットで覚えておこう。送り仮名も間違えやすいので、書き取りの際には注意するようにしよう。 (39)「施《ほどこ》す」はここでは「行う」という意味。 (50)「和」には「なご（やか）」の他に「やわ（らぐ）」「やわ（らげる）」「なご（む）」という訓読みもある。「暑さが和らぐ」「マッサージで痛みを和らげる」「赤ちゃんの笑顔で場が和む」のように短文にして読み方を覚えておくとよい。

2 熟語の読み

(1)しょうげき (2)いんえい
(3)きんこう (4)けいさい
(5)かいひ (6)ほんそう
(7)こうふん (8)いしょく
(9)いちいん (10)えいよ
(11)おうとつ (12)かとく
(13)かしょ (14)ひんぱん
(15)がいねん (16)かつあい
(17)かっそう (18)にゅうわ
(19)かんしょう (20)かんとう

(21) かんげい (22) かんそ
(23) かんせい (24) がんゆう
(25) きかく (26) きばん
(27) きふ (28) きせい
(29) けはい (30) きせき
(31) ぎょそん (32) きょうじゅ
(33) きょうこく (34) きょうこう
(35) きんちょう (36) しょさい
(37) きんこう (38) しょうかい
(39) けいしょう (40) けんきょ
(41) じんそく (42) こうぐう
(43) こんしん (44) しげき
(45) しあん (46) しさく
(47) しき (48) さしず
(49) わくせい

解説▼

(6)「奔走《ほんそう》」は、「物事がうまくいくように駆《か》け回って努力すること」。(8)「委嘱《いしょく》」は仕事などを人に頼《たの》んで任せること。「嘱」のつくりは「属」だが「ゾク」とは読まないので注意。ほかに「嘱託《しょくたく》の職員」などと使う。(11)「凹《おう》凸《とつ》」は二字とも音読みする。「凸凹」と、上下入れかわっている場合には、特別な読み方で「でこぼこ」と読む。(14)「頻繁《ひんぱん》」の「繁」の音読みは「ハン」だが、「ヒン」と結び付くことによって「パン」と読む。(16)「割愛」の「割」は「分割」の場合と同じ読み方。「割愛」は惜《お》しいと思いながら省略すること。(29)「気」を「ケ」と読む例は、他に「湿気《しっけ》」(「しっき」とも読む)「火の気」「茶目っ気」など。(31)「漁村」の「漁」は「リョウ」とは読まない。「ギョ」と読む例は他に「漁業」「漁船」など。「リョウ」と読む例は「大漁」「禁漁」「出漁」など。(32)「享受《きょうじゅ》」は受け取って自分のものとすること。(33)「峡谷《きょうこく》」の「谷」は音読みする。「コク」と読む例としては他に「渓谷《けいこく》」などがある。(39)「警鐘《けいしょう》を鳴らす」で「警告として人々に対し注意を呼び起こす」という意味を表す。(42)「厚遇《こうぐう》」は、ここでは「十分な給料や地位などを与《あた》えること」を表す。他に「手厚くもてなす」という意味もある。「厚」を「コウ」と読む例は他に「厚意・温厚・重厚」などがある。

2 漢字の書き①

P.16

1 一字漢字の書き

(1) 預 (2) 勤 (3) 済
(4) 織 (5) 増 (6) 導
(7) 届 (8) 半 (9) 幕
(10) 駅 (11) 遠 (12) 寒
(13) 慣 (14) 寄 (15) 起
(16) 逆 (17) 吸 (18) 険
(19) 厳 (20) 源 (21) 誤
(22) 厚 (23) 構 (24) 耕
(25) 刻 (26) 察 (27) 札
(28) 姿 (29) 支 (30) 飼
(31) 似 (32) 示 (33) 謝
(34) 借 (35) 拾 (36) 集
(37) 重 (38) 祝 (39) 縮
(40) 傷 (41) 唱 (42) 招
(43) 焼 (44) 照 (45) 信
(46) 垂 (47) 盛 (48) 折
(49) 臨

解説▼

公立高校の入試問題では、小学校で習った漢字を書かせることが圧倒的《あっとうてき》に多い。うっかり間違《まちが》った形で覚えているものがあるかもしれないので、答え合わせでは一字一字細かい点画まで答えと見比べて、正しい書き方を頭に入れておこう。(1)「預」は「予」の部分を「矛」としない。(4)「織」には形の似ている「識」があるので注意。「織るのは糸、知識は言葉」と覚えておこう。(8)「半(ば)」は、「なか(ば)」という読みと「半分くらい」という意味とを覚えておこう。(12)「寒」の最後の二つの点の向きに注意。(13)「慣」の「毌」の部分を「母」としないように。(33)「謝(る)」は同訓異字の「誤(る)」と区別するため、それぞれ「謝罪」「誤解」という熟語をあわせて覚えておくとよい。(40)「傷(む)」は「痛」と書かないように。「食品が腐《くさ》ったり果物に傷がついたりする」という意味では「傷」と書く。(49)「のぞ(む)」は、ここでは「向かい合う・面する」という意味なので「臨(む)」と書く。「丘《おか》から湖をのぞむ」のように「遠くから見る」という意味の場合は「望(む)」。

2 熟語の書き

(1) 演奏 (2) 貿易 (3) 保護
(4) 忠告 (5) 条件 (6) 根幹
(7) 功績 (8) 快挙 (9) 朗報
(10) 編曲 (11) 製品 (12) 臨時
(13) 留守 (14) 利害 (15) 容易
(16) 幼虫 (17) 予備 (18) 郵便
(19) 輸送 (20) 油断 (21) 約束

(22) 綿密
(23) 歴史
(24) 未定
(25) 放牧
(26) 保障
(27) 編集
(28) 明朗
(29) 閉館
(30) 風潮
(31) 標識
(32) 美辞
(33) 秘策
(34) 反省
(35) 判断
(36) 発達
(37) 銅像
(38) 登録
(39) 伝達
(40) 転結
(41) 通勤
(42) 忠誠
(43) 地域
(44) 短縮
(45) 精密
(46) 体裁
(47) 素材
(48) 洗練
(49) 戦略
(50) 専門
(51) 宣伝
(52) 責任

解説▼ (1)「**奏**」は「天」の部分を「夫」「夭」にしない。(7)「**績**」を「**積**」にしない。「績」は「仕上げた結果」といった意味をもち、他に「成績」などの熟語がある。(9)「**朗報**」は「よい知らせ」のこと。(15)同音異義語のあるものは文全体の意味をよく考えて書こう。ここでは「簡単」という意味の「**容易**」である。(22)「**密**」の形に注意。「宀＋必＋山」と分解して形を確認しよう。(26)「**保障**」は「保護して損害をこうむらないようにすること」。他に「憲法が保障する権利」などのように使う。「**保証**」は間違《まちが》いがないと請《う》け合うこと（例「身元保証人」）、「**補償**」は与《あた》えた損害を償《つぐな》うこと（例「損害を補償する」）。(32)「**美辞麗句**《びじれいく》」で「語句を巧《たく》みに並べてうわべを飾《かざ》りたてた、耳に心地よい言葉」という意味。(40)「**起承転結**」は漢詩の組み立て方のことをいう。第一句で言い起こし（起）、第二句でそれを受け（承）、第三句で内容を転じ（転）、第四句で全体を結ぶ（結）というもの。文章の構成にも使われる。(50)「**専門**」の「**門**」を「**問**」とする間違いが多いので注意。「専門家は無口だ（「口」が無い）」と覚えておこう。

3 漢字の読み②

P.20

1 誤りやすい読み①

(1) もっぱ
(2) せいれん
(3) おど
(4) たくえつ
(5) ゆ
(6) とくちょう
(7) いまし
(8) お
(9) すた
(10) そうご
(11) ふる
(12) たんれん
(13) とうしゅう
(14) むじゅん
(15) はけん
(16) りんかく
(17) もさく
(18) へいおん
(19) ひんど
(20) うば
(21) あわ
(22) えり
(23) ただよ
(24) しんこう
(25) か
(26) せいか
(27) せいぶつが
(28) たなだ
(29) だんりょく
(30) といき
(31) ねんれい
(32) はんも
(33) う
(34) なら
(35) かんちが
(36) か
(37) きじ
(38) ふきゅう
(39) さと
(40) あた
(41) すいみん
(42) とまど

解説▼ (4)「卓越《たくえつ》」は「他のものよりはるかに優れている様子」を表す。(9)「廃《すた》れる」はここでは「使われなくなる」という意味。(12)「鍛」のつくりは「段」だが、「ダン」ではなく「タン」と読む。(17)「模」には「モ」の他に「ボ」という音読みもある。（例「規模」）。(18)「平穏《へいおん》」の「穏」は同じ部分をもつ「隠」と混同して「イン」と読まないように。「穏」の用例としては他に「穏和《おんわ》」「穏健」「穏便」などがある。(22)「襟《えり》を正す」はここでは「気持ちを引きしめる」という意味。他に「服装を整える」という意味もある。「襟」の音読みの「キン」も覚えておこう。つくりの「禁」が音を表している。(24)「振興《しんこう》」の「興」のように、「興」を「コウ」と読むのは「おこる・さかんになる」といった意味で使われる場合。この他「興奮・興行・復興」などがある。(28)「棚田《たなだ》」は二字とも訓読み。「傾斜《けいしゃ》した土地に階段状に作った水田」のこと。(37)「生地《きじ》」のように「生」を「き」と読む例は他に「生糸」「生真面目」などがある。(39)「諭《さと》す」はわかるように言い聞かせること。(41)「睡眠《すいみん》」は、「垂」「民」の部分がそれぞれ音を表す。

2 誤りやすい読み②

(1) もよう
(2) ぼんよう
(3) ひょうし
(4) ひめん
(5) は
(6) つと
(7) つ
(8) あざ
(9) かか
(10) すぐ
(11) ちぎょ
(12) すんか
(13) せんかい
(14) ちんれつ
(15) どくぜつ
(16) ほそう
(17) し
(18) した

(19) おさ (20) ぞうてい
(21) たんねん (22) せたけ
(23) りんか (24) す
(25) つくろ (26) はら
(27) なまはんか (28) ちょうしゅう
(29) とうは (30) ねんしょう
(31) しだい (32) はず
(33) おもむ (34) と
(35) おおぎょう (36) みゃくらく
(37) しへい

解説▼ (4)「罷免《ひめん》」は「職務をやめさせること」という意味。 (9)「抱」には「かか(える)」の他に「だ(く)」「いだ(く)」という訓読みもある。 (13)「旋回《せんかい》」の「旋」は、形の似ている「施」と混同しないように。「旋」は「ぐるぐる回る様子」を表す。 (16)「舗装《ほそう》」の「舗」は、「甫」の部分が音を表す。同じ部分をもつ「補(補助・補欠)」と同音。 (25)「うわべを繕《つくろ》う」は、「見せかけをよくよそおう様子」を表す。「繕う」は「こわれたものなどを使えるように直す」という意味。 (27)「生半可」は、中途半端《ちゅうとはんぱ》で十分でないこと。未熟なこと。 (32)「弾」には「はず(む)」の他に「たま(例「ピストルの弾。」)」「ひ(く)(例「ピアノを弾く。」)」という訓がある。 (33)「赴《おもむ》く」は「目的の場所に向かう」ことを表す。 (35)「大《おお》仰《ぎょう》」は「おうぎょう」と書かないように。

3 特別な読み方・限定的な読み方

(1) おおうなばら (2) なごり
(3) みやげ (4) しばふ
(5) ひより (6) けしき

(7) ここち (8) かわせ
(9) ひろう (10) なだれ
(11) したく (12) こわいろ

解説▼ (1)～(8)・(10)は特別な読み方をする言葉で、「常用漢字表」の「付表」の語(熟字訓・当て字)。言葉単位で読みを覚えるしかない。教科書の巻末に一覧になっているので、折にふれて覚えるようにしよう。 (9)「露」を「ロウ」と読む例は「披露《ひろう》」くらいである。 (12)「声」を「こわ」と読む例は多くはない。他に「声高・声音」などがある。

4 漢字の書き②

P.24

1 同音異字

(1) 一堂 (2) 一糸 (3) 心機
(4) 還元 (5) 歓声 (6) 容易
(7) 照会 (8) 幼児 (9) 後世
(10) 試行 (11) 強調 (12) 希少
(13) 閉口 (14) 降臨 (15) 振興
(16) 景勝 (17) 構成 (18) 好機
(19) 紛失 (20) 同様 (21) 染色
(22) 宣誓 (23) 修正 (24) 急速
(25) 親善 (26) 過大 (27) 講義
(28) 縦隊 (29) 収拾 (30) 事態
(31) 郵送 (32) 鑑賞 (33) 一環
(34) 制約 (35) 創刊 (36) 改修
(37) 食堂 (38) 喚起 (39) 深長
(40) 保証 (41) 干渉 (42) 陽気
(43) 警告 (44) 大局 (45) 気象
(46) 名言 (47) 優先 (48) 就航
(49) 新刊 (50) 感傷

解説▼ 文の中での意味をよく考えて書くようにする。 (1)「**一堂**」は「**一同**」と書かないように。「一堂に会する」で「一つの場所に集まる」ことを表す。場所を示すので「一堂(＝同じ建物・場所の意)」と書く。「一同」は「同じ場所に居合わせた全ての人や、ある組織の中の全ての人」のこと。 (3)「心機一転」は「あることをきっかけにして、気持ちがすっかり変わること」を表す四字熟語。「**新規**」「**心気**」と書かないように。 (7)「**紹介**《しょうかい》」と書かないように。「**照会**」は問い合わせること。 (12)「**希少**」はごくまれで少ないことを表すので、「**少**」を「**小**」と書くのは間違《まちが》い。 (16)「**景勝**」は、「景色が勝っている地」と覚えておこう。 (18)「**好機**」は「好《よ》い機会(チャンス)」ということ。「**後期・高貴・好奇《こうき》・工期・後記**」など同音異義語の多い言葉なので意味で区別できるようにしておく。 (19)「**紛失**《ふんしつ》」の「**紛**」は、形の似ている「**粉**」と間違えないように。「紛《まぎ》らして失う」と覚えておく。 (28)「**縦隊**」は「縦に並ぶ隊形」のこと。 (29)「**収拾**」は「混乱した状態を収めてまとめること」。「難局を」とある点に注意。集めることを表す「**収集**」と区別しておく。 (32)「**鑑**《かん》**賞**《しょう》」は「芸術作品を味わうこと」。同音異義語で意味の似ている「**観賞**」は「美しいものや珍《めずら》しいものを眺《なが》めて楽しむこと」。同音異義語としては他に、 (41)「**干渉**《かんしょう》」、 (50)「**感傷**」もある。 (33)「**一環**《いっかん》」は「全体の中で互《たが》いに関係をもつものの一つのこと」を表す。 (38)「**喚**《かん》**起**《き》」は「注意などを呼び起こすこと」。

(44)「**大局**」はある物事の全体的な成り行きや情勢のこと。同音異義語に「**対局**（盤《ばん》に向かい合って囲碁《いご》や将棋《しょうぎ》をすること）」「**対極**（相反する極）」がある。

2 同訓異字

(1) 治 (2) 執 (3) 欠
(4) 裁 (5) 望 (6) 移
(7) 射 (8) 着 (9) 映
(10) 厚 (11) 冷 (12) 勤
(13) 練 (14) 肥 (15) 片
(16) 負 (17) 易 (18) 誤
(19) 減 (20) 飼 (21) 逆
(22) 備 (23) 臨 (24) 訪

解説 似た意味の熟語を思い出すとよい。(1)「オサめる」は、「よい政治を行って平和な状態にする」という意味の場合「**治**」と書く。(2)「**執**（る）」は、「執務《しつむ》」という音読みの熟語とともに「事務を執る。」という短文ごと覚えておこう。(4)「**裁つ**」は、「裁断」と結びつけて判断する。同訓で紛《まぎ》らわしい語は「断つ（切断する・やめる）」と「絶つ（つながりをなくす・終わらせる）」。(5)「**望む**」は「希望」、(8)「**着く**」は「着席」などの熟語から判断しよう。(12)「ツトめる」は、ここでは「職場で仕事をする」意味を表しているので「**勤める**」。「努める」は「努力する」、「務める」は「役目を受け持つ」の意味。(17)「ヤサしい」は「簡単である」ことを表す場合、「**易**」と書く。「容易」という熟語からも判断できる。(24)「タズねる」は、ここでは「訪問する」と言い換《か》えられるので、「**訪**」と書く。「知らないことを明らかにするために他の人に聞いたり探し求めたりする」ことを表すときは「尋」と書く。

3 書き誤りやすい漢字

(1) 制約 (2) 推測 (3) 勝因
(4) 順序 (5) 熟練 (6) 祝辞
(7) 縦断 (8) 酸素 (9) 散策
(10) 祭礼 (11) 採寸 (12) 座右
(13) 縦横

解説 (2)「**推測**」の「測」は同音異字の「側」「則」と間違《まちが》えないように。(3)「**勝因**」は「勝った原因」ということ。(5)「**熟練**」の「熟」は同音異字の「塾《じゅく》」や、形の似た「熱」と混同しないように。(6)「**祝辞**」の「祝」のしめすへん（ネ）をころもへん（衤）にしないように。また、「辞」のつくりとへんの部分を入れ換えて書かないように注意。(11)「**採寸**」の「採」の「采」の部分は「ノ＋ツ＋木」と分解して覚えよう。(12)「座右の銘《めい》」は、「いつも覚えていて、日常生活の戒《いまし》めとする言葉」のこと。(13)「縦横無尽《じゅうおうむじん》」は、縦も横も尽《つ》きることないということ、すなわち「自由自在に行う様子」を表す語。

4 送り仮名を誤りやすい漢字

(1) 染まる (2) 断る (3) 築く
(4) 燃やす (5) 破る (6) 拝む
(7) 補う (8) 放る (9) 務める
(10) 幼い (11) 養う (12) 率いる
(13) 浴びる

解説 送り仮名のあるものは、書き取りの練習のとき、必ず漢字と送り仮名を一緒《いっしょ》に覚えるようにしよう。(1)「**染まる**」は、「染る」としないように。「染」には「そ（まる）・そ（める）」という「る」で終わる訓が二つあるので、「染る」ではどちらの読みかわかりにくいため、「まる」「める」という送り仮名で区別できるようにしている。(2)「**断る**」は、「断わる」としないように。活用語尾《ごび》を送り仮名として付けるのが原則（(1)のような例外も多くある）。「ことわラナイ」「ことわリマス」「ことわる」「ことわれバ」のように「ことわ」までは常に形が変わらない（語幹）ので、形の変わる部分から送る。したがって、ここでの送り仮名は終止形の場合では、形の変わる「る」になる。(7)「**補う**」、(11)「**養う**」も原則通りに形の変わるところから送る。

5 語句の意味

P.29

1

(1) ア (2) ア (3) イ (4) ア
(5) ア (6) ア (7) エ (8) ア
(9) イ (10) イ

解説 ——線部に選択肢《せんたくし》の意味を当てはめてみて文の意味が通るかどうかを確かめてみるとよい。

(2) この「堪能《たんのう》」は、「足んぬ（満ち足りている）」から転じたという説もあり、**ア**の意味を表す。

(4)「後押《あとお》し」は文字通り、「荷車などを後ろから押すこと」が最初の意味。そこから転じて「前に進むことを後から押して助けること」、すなわち「援助《えんじょ》すること」も表すようになった。

(6)「居丈高《いたけだか》」は「相手を威圧《いあつ》するような態度」のことで「威丈高」とも書く。

(7)「やみくも」は漢字では「闇雲」と書き、「よく考えもせずに、やたらと何かをする様子」を表す。

(8)「もどかしい」は「思い通りに物事が進まず、じれったい感じ」を表す。

2

(1)エ　(2)ウ　(3)ア　(4)ウ

解説▼

(1)「枚挙」は一つ一つ数え上げること。「いとま(暇)」は時間の余裕《よゆう》。「一つ一つ数え上げる時間の余裕がないほどたくさんある様子」を表す。

(2)「岐」は「分かれ道」のこと。「多岐《たき》」は「道が数多く分かれている様子」を表す。「多岐にわたって」という言い方で覚えておこう。

(3)「こともなげに」は「たいしたことでもなさそうに」といった意味。

3

(1)エ　(2)エ

解説▼

(1)「飲み込《こ》む」は、ここでは「理解する」という意味。**ア**は「言おうとしたことを口に出さないままにする様子」を表す。**イ**は文字通り「口の中のものを腹の中に一気に流し込む」、**ウ**は「収容する」という意味を表す。

(2)「道」は、ここでは「その人がたずさわってきている専門の分野・方面」のこと。**ア**は「道徳」、**ウ**は「手だて・方法」の意味。

4

(1)ア　(2)イ　(3)エ　(4)ア

(5)ア

解説▼

多義語の意味を区別してとらえる問題である。

(1)「およそ」は下に「〜でない」という打ち消しの表現を伴《ともな》うときは「全く・全然」という意味を表す。

(2)「なかなか」は下に「〜ない」を伴って、「簡単には」「すぐには」という意味を表す。

(4)「かなう」は「合っている」ということ。「理にかなう」で、道理や理屈《りくつ》にぴったり合うという意味を表す。

5

(1)例いやいやながら

(2)例難しい

(3)a例不要な　b例大切な

解説▼

(1)「しぶしぶ」は漢字では「渋渋《しぶしぶ》」と表記する。「渋《しぶ》い」は「舌がしびれるような嫌《いや》な味」のほか、「不愉快《ふゆかい》な様子・目立たない中に落ち着いた深みのある美しさ」などを表す。

(3)「あえて」はここでは、「普通《ふつう》だったらしないようなことをわざわざ行う様子」を表している。

6

(1)ウ　(2)エ

解説▼

(1)「口に出すのをやめる」というような意味が当てはまるので、**ウ**「飲み込《こ》む」が当てはまる。

(2)直前の「ほっと」に着目。安心感が表れているので、「ほっとする」ときに軽く息を吐《は》き出す様子を表す**エ**「もらした」が適切。

6 熟語の知識

P.33

1

Ⅰ群―ウ　Ⅱ群―キ

解説▼

「衰退《すいたい》」は「衰《おとろ》えて勢いがなくなること」。この場合の「退」は「おとろえる」の意味。したがって、「衰退」は、似た意味の漢字を組み合わせた熟語。熟語の構成を調べるには、**カ**「顔を洗う」、**キ**「探ると求める」、**ク**「多い(多くの)数」、**ケ**「雷《かみなり》が鳴る」といった具合に、意味がわかるように文の形にしてみるとよい。(訓読みできるものは訓読みしてみる。)**キ**が「衰退」と同じ、似た意味の漢字の組み合わせ。**カ**「洗顔」は**エ**「下が上の目的や対象」、**ク**「多数」は**ア**「上が下を修飾《しゅうしょく》」、**ケ**「雷鳴《らいめい》」は**イ**「上下が主語・述語」の構成。

2

(1)エ　(2)エ　(3)ア　(4)エ

(5)イ　(6)ウ　(7)ア

解説▼

(1)「救助」は似た意味の漢字の組み合わせ。**エ**「運送」が「運ぶと送る」で同様の組み合わせになる。**ア**「抑揚《よくよう》」は「抑《おさ》えると揚《あ》げる」で反対や対になる漢字の組み合わせ。**イ**「植樹」は「樹木を植える」で下の漢字が上の漢字の目的や対象を示す組み合わせ。**ウ**「会議」は「会を開いて(集まって)議論すること」で上の漢字が下の漢字を修飾《しゅうしょく》する組み合わせ。

(2)「存在」は似た意味の漢字の組み合わせ。**エ**「温暖」が「温かいと暖かい」で同様の組み合わせになる。**ア**「喜劇」は「こっけいな(=喜)劇」で上の漢字が下の漢字を修飾する組み合わせ。**イ**「未定」は「まだ（未）定まらない」で上の漢字が下の漢字の意味を打ち消す組み合わせ。**ウ**「映像」は「像を映す」で下の漢字が上の漢字の目的や対象を示す組み合わせ。

(3)「遠近」は反対や対になる漢字の組み合わせ。**ア**「雅俗《がぞく》」が「みやび（雅）＝上品で優美」と「俗っぽいこと」で同様の組み合わせになる。**イ**「人造」は「人が造る」で上下が主語・述語の関係になる組み合わせ。**ウ**「遷都《せんと》」は「都をうつ（遷）す」で、下の漢字が上の漢字の目的・対象を表す組み合わせ。**エ**「歓喜《かんき》」は似た意味の漢字の組み合わせ。

(4)「注意」は「意を注ぐ」で、下の漢字が上の漢字の目的・対象になる組み合わせ。**エ**「兼職《けんしょく》」が「職を兼《か》ねる」で同様の組み合わせになる。**ア**「急行」は上の漢字が下の漢字を修飾《しゅうしょく》する組み合わせ。**イ**「膨張《ぼうちょう》」は似た意味の漢字の組み合わせ。**ウ**「縦横」は「縦と横」で反対や対になる漢字の組み合わせ。

(5)「迷路」は「迷う路（みち）」、すなわち上の漢字が下の漢字を修飾する組み合わせ。**イ**「秀才《しゅうさい》」が「秀《ひい》でた才能」で同様の組み合わせになる。**ア**「温暖」は似た意味の漢字の組み合わせ。**ウ**「非常」は上の漢字が下の漢字の意味を打ち消す組み合わせ。**エ**「船出」は「船が出る」で、上下の漢字が主語・述語の関係になる組み合わせ。

(6)「身体」と**ウ**「永久」は似た意味の漢字の組み合わせ。**ア**「風雲」、**イ**「起伏《きふく》」は反対や対になる漢字の組み合わせ。**エ**「助長」は「長くするのを助ける」、**オ**「握手《あくしゅ》」は「手を握《にぎ》る」でともに下の漢字が上の漢字の目的や対象を表す組み合わせ。

(7)「表現」と**ア**「温暖」は、似た意味の漢字の組み合わせ。**イ**「読書」は「書を読む」で下の漢字が上の漢字の目的や対象を表す組み合わせ。**ウ**「日没《にちぼつ》」は「日が没《ぼっ》する」で、上下の漢字が主語・述語の関係になる組み合わせ。**エ**「公私」は反対の意味になる漢字の組み合わせ。

3 **ウ**

解説▼ 文の形にしてみよう。**ア**は「書を読む」、**イ**は「車を降りる」、**ウ**は「日が没《ぼっ》する」、**エ**は「会を開く」。**ウ**「日没《にちぼつ》」だけが上下の漢字が主語・述語の関係になる組み合わせである。

4 **和**

解説▼ このような熟語作りの問題では、一つ思いついたら、それがほかとも結び付くかを確かめていく、という流れで進めてみよう。ここでは、「平和・和解・日和《ひより》・和歌」という四つの言葉ができる。

5 **(1)ア　(2)ア**

解説▼ (1)・(2)どちらもそれぞれ「長い距離《きょり》」「意義が有る」と言い換《か》えられる、一字＋二字の組み合わせの三字熟語である。**イ**「国際的」「自主的」、**エ**「自由化」「向上心」は二字＋一字、**ウ**「松竹梅」は三字がそれぞれ対等の関係になっている。

6 **ウ**

解説▼ 「二人の反応」がどうだったかを示すには、違《ちが》いがはっきりしている様子を表す**ウ**「対照的」が適切である。

7 **針小棒大**

解説▼ 「針小棒大」は「針のように小さいものを棒のように大きく表すこと」から、「ちょっとしたことを大げさに言うこと」。

8 **イ**

解説▼ 「我田引水」は自分の田に水を引くことから、「自分の都合のよいように言ったり、したりすること」。**ア**「大義名分」は「誰《だれ》もがもっともだと認める道理や理由」のこと。**ウ**「馬耳東風」は「人の意見や批評を聞き流し、気にしないこと」。**エ**「付和雷同《ふわらいどう》」は「自分にしっかりした意見がなく、他人の言動に軽々しく同調すること」。

9 **半信半疑**

解説▼ 「本当かね？」がヒントになる。「半信半疑《はんしんはんぎ》」は、「半分信じて半分疑っている様子」を表す。

10 **万別**

解説▼ 「千差万別《せんさばんべつ》」は、「いろいろな種類があり、違《ちが》いも様々であること」を表す。

11 **言葉―イ**
意味―ア

解説▼ 「特に目新しいものはなかった」から、似たり寄ったりの内容を示す言葉が入るとわかる。「一進一退」が**オ**、「奇想天外《きそうてんがい》」が**ウ**、「異口同音」が**イ**、「首尾一貫《しゅびいっかん》」が**エ**の意味であることもおさえておこう。

12 **ウ**
解説▼「わき目も振《ふ》らず」は「周りを見たりせず、まっすぐそのことだけを見ている」の意味である。つまり、そのことだけを一心に行っている様子を表すので、**ウ**「一心不乱」が適切である。

13 **ウ**
解説▼「創造」は、「今までにないものをつくり出すこと」。対義語は、「まねをする」意味の**ウ**「模倣《もほう》」である。

14 **ア・エ**（順不同）
解説▼「客観」と「主観」は対義の関係にある語。**イ**「容易」―「簡単」、**ウ**「納得」―「了解《りょうかい》」は類義の関係にある組み合わせ。

15 **ア**
解説▼「偶然《ぐうぜん》」（思いがけない様子）―「必然」（必ずそうなる様子）は組で覚えておこう。**イ**「未然」は「まだそうなっていないこと」という意味。**ウ**「判然としない」で「はっきりしない」という意味。**エ**「依然《いぜん》」は「元のまま少しも変わらない様子」という意味。

16 (1) **絶対** (2) **能動**
解説▼(1)「相対」は相互《そうご》に関係し合い、相手がなくては成立しないこと。「絶対」は他とは関係なく、それ自体で価値などを持つこと。
(2)「受動」は受け身、対義語の「能動」は自分から進んで働きかける様子を表す。

7 語句の知識

P.37

1 **ウ**
解説▼**イ**「恩に着る」は「他人から受けた恩をありがたく思う」ということ。それを相手に「強いてそうさせる」ニュアンスで表現したのが**ウ**「恩着せがましい」である。「恩に着せる」より強い表現である。

2 **イ**
解説▼「ひけ目」は「引け目」と書き、「相手より自分が劣《おと》った立場にあるように感じること」を表す。

3 **イ**
解説▼**イ**「生計」は「生活していく方法」。「生計を立てる」で、「暮らしていく」といった意味を表す。

4 **骨の折れる**
解説▼「骨の折れる」は、慣用句としては「苦労する」という意味で用いる。

5 **箱**
解説▼「隅《すみ》」のあるものをヒントにする。「重箱」は食べ物を入れて何段にも重ねられる箱。重箱の隅の細かいところまでつつく（ほじくる）様子から、「どうでもいいような細かいことまで、いちいち問題にする」という口うるさいさまを表す。

6 **身もふたもない**
解説▼「身」は、器の、物を入れる部分。「身もふたもない」は、器にも入っていないし、ふたもされていないという、むき出しの様子を表している。

7 Ⅰ―**ウ** Ⅱ―**首**
解説▼待ち遠しい様子を表す言葉を答える。Ⅰ「一日千秋」は「一日が千年にも感じられるほど長く思えること」を表す。Ⅱ「首を長くする」は、「今か今かと待っている様子」を表す。

8 **イ**
解説▼「人の注意をひきつける」ことを表す**イ**「目を引く」が当てはまる。**ア**「頭を絞《しぼ》る」は「必死になって考える」こと、**ウ**「鼻に付く」は「飽《あ》きて嫌《いや》になる」こと、**エ**「耳に挟《はさ》む」は「たまたまちょっと聞く」ことを表す。

9 例 **辛いことや大変なことは、その都度、一つ一つ必ず解決されていくということ。**
解説▼「夜」を「辛《つら》いこと大変なこと」にたとえている。「ない」という打ち消しの表現を二つ重ねて（二重否定）、「必ず明ける」ということを強調した表現である。

10 イ

解説▼「帯に短したすきに長し」は昔の着物姿をもとに生まれたことわざ。「たすき」は、仕事をしやすいように、着物の袖《そで》をくくるひものこと。帯に使うには短すぎるし、たすきに使うには長すぎてどちらの役にも立たないことからできた。

11 いくさが（は）できぬ

解説▼「腹が減ってはいくさが（は）できぬ」は、「まずは腹ごしらえをしないと、十分な活躍《かつやく》ができない」という意味を表すことわざである。

12 イ・ウ・オ（順不同）

解説▼ア「呉越同舟《ごえつどうしゅう》」は仲の悪い者どうしや敵《てき》どうしが同じ所に一緒《いっしょ》にいることのたとえ。イ「推敲《すいこう》」は詩や文章を作る際に何度も練り直すこと。ウ「矛盾《むじゅん》」はつじつまが合わないこと。エ「五十歩百歩」は似たり寄ったりである様子。エの文に合う言葉は四字熟語の「日進月歩」。オ「蛇足《だそく》」は余分なもの。

13 ウマ（馬・うま）

解説▼「馬が合う」は、馬と乗り手との息が合うことからできた慣用句。

14 射

解説▼「的を射る」は、矢を射る様子からできた言葉。適切である意味の「当を得る」と混同して、「的を得る」としてしまう間違《まちが》いが多いので注意しよう。的は射るもの、と覚えておくとよい。

15 ア

解説▼「他山の石」は、よその山でとれるつまらない石であっても、自分の宝石を磨《みが》くのには役に立つという故事からできた言葉。「目上の人の行いを見本にして」というような意味合いで「先生の業績を他山の石として精進します。」などと使っては失礼になるので注意しよう。

8 漢字の知識

P.41

1 (1) 十一（11）画　(2) 十四（14）画

解説▼(1)「辶」は三画で書くことに注意。
(2) 楷書《かいしょ》で書くと「関」。「門」は八画で書く。

2 ウ

解説▼ア「編」は十五画、イ「複」は十四画、ウ「暖」は十三画、エ「樹」は十六画。

3 ア・ウ（順不同）

解説▼「象」の総画数は十二画。ア「貴」は十五画、イ「消」は十画、ウ「照」は十三画、エ「章」は十一画。

4 (1) エ　(2) イ　(3) エ

解説▼(1)「飛」とエ「祝」は九画。ア「班」、イ「孫」は十画、ウ「筆」は十二画。イ「孫」の「子」は三画で書く。
(2)「愛」とイ「福」は十三画。ア「諸」は十五画、ウ「無」は十二画、エ「総」は十四画。
(3)「遠」とエ「続」は十三画。ア「様」は十四画、イ「訪」は十一画、ウ「葉」は十二画。

5 エ

解説▼「棒」とエ「勝」は十二画。ア「馬」は十画、イ「都」は十一画、ウ「遠」は十三画。イの「阝」の部首とウの「辶」の部首は三画で書くことに注意。

6 エ

解説▼「点画の省略」は「科」のみに当てはまること。のぎへんの部分は、楷書では五画で書くが、行書では四画で書くことに注意。

7 エ

解説▼「適切でないもの」を選ぶ点に注意。「林」は行書では点画を省略しているが、エの「筆順が変化している部分」はない。

8 (1) エ　(2) ア

解説▼(1) エ「書」の「日」の部分がすぐ上の横画とつながっている点に注目。楷書では六画目に書く縦棒を、行書では四画目に書いている。
(2) ア「花」は、くさかんむりの部分の筆順が異なる。楷書では横棒を先に書くが、行書では三画目に書く。

9 

解説▼「布」の部分の左払《ひだりばら》いは、「右」や「有」と同様に横棒より先に書く。

10 (1)三（3）　(2)三（3）

解説▼ (1)「惜」のりっしんべんの筆順は、「小」とは違《ちが》い、縦棒が最後になるので注意しよう。
(2)「乗」の筆順は「丿 二 三 …… 乗」。

11 ①れっか（れんが）　②エ

解説▼ 楷書で書くと「照」。②「昭」の部分が音を表しているので、エ「形声」。

12 (1)のぎへん　(2)イ

解説▼ (1)楷書で書くと「秋」である。
(2)イ「責」と組み合わせて「積」ができる。

13 部首名―ころもへん
同じ画数の漢字―ウ

解説▼ 「複」と、ウ「増」は十四画。ア「遠」は十三画、イ「確」は十五画、エ「報」は十二画。

14 ウ

解説▼ 「活」の部首は、さんずいである。選択肢《せんたくし》の漢字は楷書ではア「補」、イ「伯」、ウ「演」、エ「絡」となる。

15 開

解説▼ 「開」のもんがまえの点画が省略されていることをおさえよう。

文法

弱点チェック
P.46-47

1単語の意味・用法
①可能　②様態
③連体修飾語・格助詞
④逆接の関係を示す接続助詞
⑤補助形容詞
⑥断定の助動詞「だ」の連用形
⑦自発

2言葉の単位・文節の関係
①バス・が・来・た。　②四つ
③主語・述語の関係　④補助の関係
⑤連体修飾語　⑥補助の関係
⑦部屋が　⑧集まった

3品詞の識別
①冷たい　②さわやかに・幸福な
③小さな　④副詞
⑤助詞・助動詞

4用言の活用
①五段（活用）
②サ行変格（活用）
③投げる　④連用形　⑤連体形

5敬語
①謙譲語　②尊敬語
③お乗りになる
④お聞きする
⑤おしゃった（言われた）

1 単語の意味・用法
P.49

1 (1)オ　(2)イ　(3)エ　(4)ア
(5)ウ　(6)ア

解説▼ (1)〜(3)は「ない」の識別の問題。「ない」を「ぬ」に言い換《か》えて文の意味が通じれば、否定（打ち消し）を表す助動詞の「ない」。意味が通じなければ形容詞か、形容詞の一部。また「は・も」を入れて意味が通じるならば補助形容詞の「ない」である。

(1)問題文の「ない」は形容詞。オが「疲《つか》れは」を受ける述語で形容詞。イは「痛くはない」と「は」を入れても意味が通じるので補助形容詞。ア・エは「解けぬ」「忘れられぬ」としても意味が通じるので助動詞。ウは形容詞「少ない」の一部。

(2)「騒《さわ》がぬ」と言い換えられるので助動詞。イも同様に「くじけぬ」と言い換えられるので助動詞。アは「存在しない」の意味の形容詞。ウは形容詞「さりげない」の一部。エは「遠くぬ」では意味が通じない。直前に「は」を入れて「遠くはない」としても意味が通じるので補助形容詞。

(3)「ついていぬ」と言い換えられるので助動詞。アは「必要は」に対する述語にあたる形容詞。イは形容詞「危ない」の一部。ウも形容詞「あどけない」の一部。エが「理解できぬ」と言い換えられる助動詞。

(4)副助詞「さえ」の意味・用法を識別する問題。問題文は、極端《きょくたん》な例を挙げて他を類推させる用法。ロボットの開発者ならわかるはず、と思うのに、その開発者も予測できなくなることを強調している。アも簡単であることを強調するため幼い小学生であっても解けるのだから大人なら簡単に解けるはず、と極端な例（小学生）を挙げて他（大人）を類推するもの。イは雨が降っているうえに雷《かみなり》も鳴り出した、という添加《てんか》を表す。ウ・エは限定を表す。

(5) 問題文の「に」とウは場所を表す格助詞。アは「～ず」に続けて、「～ない状態で」という意味を表す格助詞。イは例を示す働きの助動詞「ようだ」の連用形「ように」の一部。エは「カラカラだ」という形容動詞の連用形の一部。

(6) 「採りながらも護《まも》ってきた」の「ながら」は逆接を表す接続助詞。逆接を表しているのはア。イ・エは動作の並行を表す接続助詞。ウは「そのままの状態」を表す。

2

(1) ア　(2) エ　(3) イ　(4) イ
(5) ア　(6) イ　(7) エ

解説

(1) 問題文の「の」は、「が」と言い換《か》えられる、主語を表す格助詞。アも「桜が咲《さ》く公園」と「が」に言い換えられる。イは連体修飾語《しゅうしょくご》を示す格助詞。ウ「こと」と言い換えても意味の通じる、体言の代用の格助詞。エは逆接の接続助詞「のに」の一部。

(2) 問題文の「の」は、「こと」と言い換えられる、体言の代用の格助詞。エも「こと」と言い換えても意味が通じる。アは連体修飾語、イは主語を表す格助詞。ウは理由を表す接続助詞「ので」の一部。

(3) 問題文の「きれいだ」は、形容動詞の終止形の活用語尾《ごび》である。イ「豊かだ」も同様。アは断定を表す助動詞。ウは過去や完了《かんりょう》を表す助動詞「た」だが、直前が「ん」なので「だ」と濁音化《だくおんか》したもの。エは伝聞を表す助動詞「そうだ」の一部。

(4) 問題文の「で」は、「を使って」と言い換えられる、手段を表す格助詞。イも「やかんを使って」と言い換えられる。アは「平和だ」という形容動詞の連用形。ウは推定を表す助動詞「ようだ」の連用形「ようで」の一部。エは接続助詞「て」が濁音化したもの。

(5) 問題文の「で」は、断定を表す助動詞。断定を表す「で」は、「だ」と言い換えて文を切っても意味が通じる。したがって、ア「高校二年生だ」として文を切っても意味が通じるので断定の助動詞。イ・エは格助詞、ウは接続助詞。

(6) 問題文の「ばかり」とイは、「だけ」と言い換えられる、限定を表す副助詞。「ばかり」は他に、ウおよその程度や、ア「今にもしそう」であること、エ直後であることを表す。

(7) 問題文の「と」とエは、前後を並べ立てて示す、並立を表す格助詞。アは比較《ひかく》の対象、ウは結果を表す格助詞。イは接続助詞。

3

(1) イ　(2) イ　(3) イ

解説

(1) 問題文の「き」とイは、「～て」に続く形で使われている、補助動詞「くる」の連用形。ア・エは本動詞、ウは動詞「できる」の連用形の一部。

(2) 問題文の「られ」とイは、受け身を表す。アは前に「自然に」を入れても意味が通じるので自発を表す。ウは「答えることができる」と言い換《か》えられるので、可能を表す。エは「お迎《むか》えになった」と尊敬表現に言い換えられるので尊敬を表す。

(3) 問題文の「に」は形容動詞「静かだ」の連用形「静かに」の一部。イも「きれいだ」の連用形「きれいに」の一部。アは副詞「直ちに」の一部。ウ・エは格助詞。

4

イ

解説　問題文の「尽《つ》きよう」とイ「来よう」の「よう」は推量を表す助動詞。アは勧誘《かんゆう》、エは意志を表す助動詞。ウはたとえを表す助動詞「ようだ」の一部。

5

イ・オ（順不同）

解説　問題文の「ない」は、「よくはない」と「は」を入れても意味が通じるので、補助形容詞。同様に「は」を直前に入れても意味が通じるものを探す。イ「ふさわしくはない」、オ「穏《おだ》やかではない」と、ともに「は」を入れても文の意味が変わらないので、補助形容詞。ア・ウは形容詞。エは否定（打ち消し）の助動詞。

6

ウ

解説　問題文の「当たろう」は、前に「たぶん」を補え、また、「当たるだろう」と言い換《か》えられるので、推量を表す。

7 (1)ア　(2)エ　(3)ア　(4)エ

解説▼ (1)「ない」は、**ア**のみ補助形容詞。あとは助動詞。**ウ**は「ぬ」に言い換《か》えた場合、「上達せぬ」となることに注意。(「ぬ」は未然形に続く。)

(2)「の」は、**ア〜ウ**は「こと」と言い換えても意味が通じるので、体言の代用を表す格助詞。**エ**のみ連体修飾語を表す格助詞。

(3)「らしい」は、**ア**のみ推定を表す助動詞。**イ〜エ**は形容詞をつくる接尾語《せつびご》。

(4)「と」は、**ア〜ウ**は引用を表す格助詞。**エ**のみ接続助詞。

8 ア

解説▼ 伝聞の「そうだ」は終止形の語に付いて、「ということだ」と言い換《か》えられるもの。**イ**「らしい」は推定、**ウ**「ようだ」は比喩、**エ**「う」は推量を表す。

9 ウ

解説▼ 問題文の「に」は、は格助詞。**ウ**のみ形容動詞「確かだ」の連用形「確かに」の一部。

2 言葉の単位・文節の関係 P.54

1 7(七)

解説▼ 文節に区切ってから単語に分けると間違《まちが》いが少ない。「私／は／高い／山／に／登り／たい」と分けられる。「は」「に」「たい」は付属語。

2 エ

解説▼ 問題文の「れ」は受け身を表す助動詞。「まし」は丁寧《ていねい》の意味を表す助動詞「ます」の連用形。「た」は過去や完了《かんりょう》の意味を表す助動詞。

3 ア

解説▼ 「さまざまな」は「さまざまだ」という形容動詞の連体形。「住んで」の「で」は、接続助詞「て」が濁音化《だくおんか》したもの。

4 (1)イ　(2)ウ

解説▼ (1)「ゆっくり」が「歩く」様子を詳《くわ》しくしていることをおさえる。

(2)「完成度とバランスを」と入れ換《か》えても意味が変わらないことに注目。

5 (1)3　(2)4　(3)8

解説▼ (1)氏名は分けないので、注意。

(3)「なんだろうか」で一文節。単語に分けると「なん／だろ／う／か」。

6 ウ

解説▼ 修飾語《しゅうしょくご》はできるだけ被《ひ》修飾語の近くに置くほうが、係り受けがはっきりするので、誤解が少なくて済む。**ア**「お昼前に」が、彼《かれ》が「学校に」行く時間帯のことなのか、担任の先生から彼に連絡《れんらく》があった時間のことなのか、はっきりしない。**イ**「笑いながら」が、母親の様子のことか子どもたちの様子のことか、はっきりしない。**エ**「お祝い」にもらった「かばん」と「財布」のうち、「かばん」だけに「小さな」が係るのか「財布」にも係るのか、はっきりしない。

修飾語の位置を変えることに加え、読点を適切に打つことで、誤解を避《さ》けられる場合もある。**ア**は彼が「お昼前に学校に来る」ことを頼《たの》まれたのなら、「彼は、担任の先生から、お昼前に学校に来るよう、連絡を受けた。」とする。**イ**は「母親が笑っている様子」であることをはっきりさせるには、「母親は笑いながら、走り回っている子どもたちに声をかけた。」とする。**エ**は「小さな」が「かばん」だけに係ることをはっきりさせるには、「祖母から誕生日のお祝いに、小さなかばんと、財布をもらった」とする。

7 (1)ユリカが　(2)おとめも

解説▼ (1)「見てから」も「浮《う》かべて」も「叫《さけ》んだ」も、ユリカの行為《こうい》である。

(2)主語は、「〜が」「〜は」だけでなく「〜も」という形を取る場合がある。

8 一時間です

解説▼ 「かかります」という敬体を直すので、「一時間だ」ではなく「です」を使う。全文を直すなら、「体験には一時間必要です。」とも言い換えられる。

9 言った

解説▼ 間に「その人」が「言った」内容が書かれて

いることをとらえる。

10 エ

解説 ――線部の語を一文節ずつ下にずらしていってみて、自然につながる、いちばん下にある文節が「修飾《しゅうしょく》している語句」（被《ひ》修飾語）である。「おのずと」は「自然と」といった意味の副詞。副詞は用言を修飾することが多い。ここでも「織り込《こ》まれてくる」という用言を含《ふく》む文節を修飾している。

11 言えない

解説 「必ずしも」はあとに「……ない」という打ち消しの表現がくる、呼応の副詞。したがって「直接係る」文節は「ない」を含む文節。

12 (1) エ　(2) イ　(3) ウ　(4) イ

解説 ――線部の語と選択肢《せんたくし》の語を続けて読んでみて、意味が変わらず自然につながるいちばん下の文節はどれかを確かめよう。

(2)「まだ……ない」という呼応の関係にある。

(3)「ただでさえ→設定されている」では意味がうまくつながらないことに注意。「ただでさえ、きつめに」が意味の通じるいちばん下の文節となる。

(4)「用意するのだろうし」で、いったん意味が切れる。つまり「し」で二つの文をつないでいるという点に注意する。

13 ウ

解説 「読んでいる」は「読んだ」と断定の言い方にしても意味が通じる。つまり、「いる」は存在するという本来の意味ではなく、その状態が続いているという意味を添《そ》える、補助動詞として使われているのである。

14 イ

解説 「〜ている」「〜てくる」「〜てみる」「〜てある」のような「〜て（で）…」の形は、補助の関係。**ア**は「矛盾《むじゅん》に」が「見える」を修飾する、修飾・被修飾の関係。**イ**は「待って」と「います」が補助の関係。**ウ**は「魔力《まりょく》が」が主語、「あります」が述語の関係。**エ**は「知的興奮」と「感動」を入れ換《か》えても意味が変わらないので、並立の関係。

3 品詞の識別

P.58

1 (1) ウ　(2) ア　(3) イ

解説 (1) 終止形は「硬《かた》い」で、「い」で終わる形容詞。

(2)「研究」は名詞（普通《ふつう》名詞）。

(3)「上げる」は連体形だが、終止形も「上げる」で、ウ段の音で終わるので動詞。

2 イ

解説 **イ**は断定の助動詞「だ」の連用形。**ア**は格助詞、**ウ・エ**は接続助詞。

3 連体詞

解説 連体詞は活用のない自立語。意味としては形容詞「小さい」と同じ。同様に「大きな」も連体詞。

4 (1) エ　(2) ウ

解説 (1)「大いに」は続く「役立っています」という述部を修飾《しゅうしょく》している副詞。活用しない自立語である。

(2) 副詞を探す。**ア**「若い」は、形容詞の連体形。**イ**「その」は「知恵《ちえ》が」という体言を含《ふく》む文節を修飾する「連体詞」。**ウ**「たとえ」は「揺《ゆ》らいだとしても」に係る副詞。「……（し）ても」をあとに伴《ともな》う副詞で、「呼応（陳述《ちんじゅつ》）の副詞」と呼ばれる。**エ**「閉ざす」は五段活用の動詞。

5 イ

解説 問題文の「情けなく」は形容詞「情けない」の連用形。**ア**は副詞、**ウ**は動詞、**エ**は名詞。**イ**「暗い」が形容詞の連体形。

6 エ

解説 終止形に直してみると、**ア**「かなう」、**イ**「なる」、**ウ**「ある」、**エ**「ない」。**エ**のみ「い」で終わるので形容詞。他は動詞。

7 エ

解説 **ア**〜**エ**は、みな小学校で「こそあど言葉」として学習したもの。**ア**〜**ウ**は名詞（代名詞）、**エ**だけ連体詞。

8 品詞名―助詞　記号―イ

解説 問題文の「で」は助詞。選択肢《せんたくし》の中では**イ**のみ断定を表す助動詞。他は助詞だが、さらに詳《くわ》しく言うと、**ア**は接続助詞、問題文中の「で」と**ウ・エ**は格助詞。

9 **ウ**

解説 「活用しない」ということは、文の中で常に形が変わらない、ということ。**ア**「あざやかに」は形容動詞「あざやかだ」の連用形。**イ**「大ぶりな」は形容動詞「大ぶりだ」の連体形。**エ**は形容詞「果てしない」の連用形。**ウ**は副詞で、活用しない自立語。

10 **ウ**

解説 **ウ**は連体詞。他は副詞。「ある」は文中での使われ方によって、動詞の場合もある（例「駅前に大きなデパートがある。」）ので注意する。連体詞は体言（名詞）を修飾《しゅうしょく》する。ここでは「日本画家が」を修飾している。

11 品詞名—**形容動詞**
同じ品詞の語—**唐突に**

解説 終止形は「緩《ゆる》やかだ」。「だ」で終わるのは形容動詞。「唐突《とうとつ》に」は形容動詞「唐突だ」の連用形。

12 **すごい→すごく**

解説 直後の「自然な」が形容動詞、つまり用言なので、用言に続く形である連用形にしなければならない。

13 **明るく**

解説 形容詞を探す問題。ちなみに、「さまざまな」「便利な」「豊かに」は形容動詞。

4 用言の活用

P.62

1 (1) **ウ** (2) ①**ウ** ②**ア** (3) **ア**
(4) 活用の種類の異なるもの—**④**
活用の種類—**ア**
(5) **イ** (6) **ア**

解説 「ナイ」をつけてみて、「ナイ」の直前の音（活用語尾《ごび》の音）がア段なら五段活用、イ段なら上一段活用、エ段なら下一段活用。カ行変格活用は「来る」一語。サ行変格活用は「する」と「〇〇する」のみ。

(1) 問題文は「打つ」で五段活用。**ア**「出る」は下一段活用、**イ**「見る」は上一段活用。**ウ**「走る」は五段活用。**エ**は「演奏する」でサ行変格活用。**オ**「来る」はカ行変格活用。

(2) ①問題文は「開ける」で下一段活用。**ア**は「見る」で上一段活用、**イ**は「勉強する」でサ行変格活用、**ウ**は「出る」で下一段活用、**エ**は「話す」で五段活用。②問題文は「過ごす」で五段活用。**ア**は「残る」で五段活用。**イ**は「率いる」で上一段活用、**ウ**は「集める」で下一段活用、**エ**は「接する」でサ行変格活用。

(3) 問題文は「過ぎる」で上一段活用。**ア**は「起きる」で上一段活用。**イ**は「来る」でカ行変格活用、**ウ**は「書く」で五段活用、**エ**は「開ける」で下一段活用。

(4) ④は五段活用、他は上一段活用。

(6) **ア**「別れる」のみ下一段活用、他は五段活用。

2 (1) ①**形容詞**
②活用形の異なるもの—**d** 活用形—**ウ**
(2) 品詞名—**形容動詞** 活用形—**連体形**
(3) 形容詞—**大きく** 活用形—**連用形**

解説 活用形を判断する場合には、下に続く言葉に着目する。

(1) ②**a**「人」・**b**「聴《き》き方」・**c**「口」は名詞（体言）。体言に連なっているので**a**～**c**の——線部は「連体形」。**d**のみ文の終わりにある言い切りの形なので「終止形」。

(2) 「豊かな」は「豊かだ」という形容動詞で、直後の「食生活」という体言を修飾《しゅうしょく》する「連体形」。

(3) 形容詞は終止形が「い」で終わるもの。「大きく」は直後の「なっていた」という、連文節に係っている。

3 (1) **ア** (2) ①**限る** ②**知れる**
(3) **ア**
(4) ①**エ** ②**エ**

解説 (1) 「向ける」は下一段活用動詞で、未然形も連用形も「向け」なので、「よう」に続くことから活用形を判断する。「よう」は主に動詞の未然形に接続する助動詞である。

(2) 動詞の終止形は「ウ段」の音で終わることをおさえる。

① 「限られて」を単語に分けると「限ら／れ／て」となり、動詞は五段活用の「限る」。「限ら」は未然形。② 「知れて」は「知れ／て」と単語に分けられる。「知れ」は「知る」から派生した「知れる」という、「容易にわかる」と言った意味を表す

下一段活用の動詞の連用形。

(3) アは「ば」に続いているので仮定形。イ・ウ・エは連用形。

(4) ①問題文の「飛ばし」は連用形。アは終止形、イは仮定形、ウは未然形、エが連用形。②問題文の「積ん」は連用形。イ・ウは名詞。アは連体形。エが連用形。

4 ア

解説▼ 活用の種類の見分け方に従って、続く言葉「ない」の直前の音で判断する。「わから」の「ら」はア段なので、五段活用。「ない」に続いているので、活用形は未然形。

5 敬語

P.66

1 (1) ウ　(2) ①イ　②エ　(3) エ

解説▼ (1) a「ごらんになる」は「見る」の尊敬語。b「さしあげ（る）」は「与《あた》える・やる」の謙譲語《けんじょうご》。c「申しあげ（る）」は「言う」の謙譲語。d「ございます」は丁寧語《ていねいご》。

(2) ①相手に対して「言う」という文脈なので、自分の動作をへりくだって言う謙譲語にする。②ア・イは尊敬語、ウは丁寧語。

(3) 「お送りする」は、「お……する」という形の謙譲語。エが同じ形の謙譲語の言い方。イ「お見えになる」は「見える」という「来る」の尊敬語をさらに「お……になる」という尊敬語の言い方にしたもので、謙譲語ではないので注意。

2 (1) イ　(2) ア　(3) ウ・オ（順不同）

解説▼ (1) 敬意を表すべき「地域の皆《みな》さん」が参加したことを、「ご参加する」と謙譲語で表現しているので、「私たち」という身内の側を高めてしまうことになる。したがって、そのあとに「いただき」を付けてあっても敬語として不適切な表現である。

(2) イ「お撮《と》りして」、ウ「ご質問すれば」、エ「ご存じの」が正しい言い方になる。

(3) ウ「召《め》し上がっ」、オ「おっしゃっ」が正しい表現。

3 (1) されて
(2) 教えてくださる
(3) 伺いたい（お聞きしたい）
(4) 例 ご存じの
(5) 伺いました（お聞きしました）
(6) 設置していただく

解説▼ (1) 字数制限がなければ「なさって」も当てはまる。

(4) 「ご承知の」「知っていらっしゃる」でもよい。

(6) 「設置する」は「先生方」の動作で、それをしてもらうのは「私たち（生徒側）」であることをとらえる。「もらう」を自分たちの側をへりくだって言う謙譲語に直すと、「いただく」になる。

古典

弱点チェック

P.70-71

1 歴史的仮名遣《かなづか》い・文法
①ア におい　イ かおりて
②ア うつくしゅうて　イ いたり
③はずさせたまうな
④ア 連体修飾語　イ 主語
⑤係り結び
⑥こそ

2 動作主・主題
①秦の恵王
②秦の恵王
③蜀の国の人
④石牛
⑤はかりごとの巧みさ

3 古語の意味・口語訳・文脈
①拝んでいなかったので
②これだけと思い込んで
③知りたい
④少しのことにも

4 漢文のきまり
①之を習ふ
②啼鳥を聞く
③感レジテハ 時ニ 花ニモ 濺レギ 涙ヲ
④下二 揚 州一
⑤五言絶句
⑥対

1 歴史的仮名遣い・文法

P.73

1

(1) いわず
(2) よろず
(3) いたり
(4) いみじゅう
(5) はようして
(6) くわえて
(7) かろうじて
(8) いかようにも
(9) いいがいなし
(10) とわせたまえば
(11) にわかにさむくさえなりぬ

解説▼

(4)「いみじう」の「じう」は「jiu」である。**「iu」は「yû」と読む**ので、ここでは「jyû」となる。

(5)「はやうして」の「やう」は「yau」である。**「au」は「ô」と読む**ので、ここでは「yô」となる。

(9)「いひがひ」と語頭以外の「ひ」が二つあることに注意。

(10)「問はせ」「たまへ」という二語が含《ふく》まれていることに注意。

(11)「にはかに」「さへ」という二語が含まれていることに注意。

2

(1) おもわん
(2) いいいでらるるおり

解説▼

(2)「いひ出で」「をり」という二語が含まれていることに注意。

3

(1) イ
(2) ア
(3) ウ
(4) こそ

解説▼

(1)「ゑのこ」は「えのこ」と読み、「小さな子犬」という意味で**一単語**であることに注意。

(2) **ア**の「の」は**主語**を示し、それ以外は**連体修飾語《しゅうしょくご》**を示す。

(3) **ウ**の「**なむ**」が係助詞で、「ける」という**連体形**で結ばれている。

(4) 前の語を強調する働きをする係助詞「**こそ**」が文章の5行目にあることに注目。□の部分は「おぼゆれ」、5行目では「めでたけれ」という**已然形《いぜんけい》**で結ばれている。

2 動作主・主題

P.76

1 ●イ

解説▼ 古文では主語が該当《がいとう》の動作の直前に示されていることは少ないので、文脈を追って正しくとらえるようにする。これは特に、**エ**と間違《まちが》えないように注意しよう。

現代語訳 木下《きのした》なんとかという人が、近臣を引き連れて高い建物に登って辺りを眺望《ちょうぼう》していたとき、はるか向こうに松があって、その松の梢《こずえ》に鶴《つる》が巣を作って、雄《おす》と雌《めす》が餌《えさ》を運んで（雛《ひな》たちを）育てている様子を、遠眼鏡で眺《なが》めていると、松の木の根元から、とても太くて黒いものが段々と木を登ってくる様子（が見えたがそれは）、大きな蛇《へび》に違いない。「すぐに巣に登って雛を食べてしまうだろう。あの蛇を止めよ」と、人々は騒《さわ》いだけれどもどうすることもできない。ところが、二羽の（親）鶴のうち、一羽が蛇を見つけた様子であったが、（何もせずに）大空に飛び去ってしまった。「ああ、きっと雛は食べられてしまうだろう」と手に汗《あせ》しながら眺めていたところ、もはや例の蛇も梢近くにまで到着《とうちゃく》し、あわやと思う頃《ころ》になって、一羽の鷲《わし》がはるか彼方《かなた》から飛んできて、蛇の首をくわえ、（着物の）帯を下げるようにして空中を飛んで帰ったので、親鶴たちもしばらくして雄雌とも巣に戻《もど》り、雛の世話をするようになった。鳥類であっても、鶴は自分の手に余ることを悟《さと》って、同類の鷲を雇《やと》ってきたこと、鳥類にも心があったのだと語った。

2 ●エ

解説▼ 「項羽《こうう》は石奢《せきしゃ》が母をとりこめて……言ひけるに」の部分を正しくとらえよう。

現代語訳 漢の高祖《こうそ》と楚《そ》の項羽が戦ったとき、高祖方に石奢という兵士がいた。項羽は石奢の母をつかまえて、「お前の子石奢を（自分の側に）呼び寄せなければ、（お前の）命を絶つぞ」と言ったけれども、（石奢の母は）項羽は天下を治めるのにはふさわしくない人物であることを見て、「（石奢に）必ず高祖にお仕え申し上げなさい。私は命を捨てる」と言って、剣《つるぎ》の上に身を投げかけて死んだ。

3 ●エ

解説▼ 「公文《くもん》の従儀師《じゅぎし》を召《め》して」の主語が誰《だれ》かに注意するとよい。

現代語訳 鳥羽院《とばいん》が世を治められていたとき、（桜の）花の盛りに、法勝寺《ほっしょうじ》へお出かけなさろうとしたおりに、寺の運営に関わる責任者が、それを知って急いで寺に参上したところ、庭の上に、隙間《すきま》もなく花びらが落ちて散っているのを、「驚《おどろ》きあきれることだ。今すぐ（鳥羽院）のお出かけがあろうというのに、今まで庭を掃《は》かなかったのか。」と叱《しか》り、公文《くもん》の従儀師《じゅぎし》を呼んで、「今までどうして掃《そう》除《じ》をしなかったのだ。不思議だ。」と言ったところ、（公文の従儀師は）さっとひざまずいて、（次の歌を詠《よ》んだ。）

（桜の花が）散るのもつらい、（花びらが）散り敷《し》いた庭も掃くのもつらい。花に（心を）奪《うば》われて）物思いする春の庭の掃除役にとっては。

4 ●イ

解説▼ 最後の「せんかたなくて、からかさをさして大いびきをかいた。」の部分を正確にとらえられるようにする。

現代語訳 あるところの粗末《そまつ》な家に、貧しい僧《そう》が住んでいた。食事に行こうと思ったちょうどその時、雨がふってきたので、しばらく晴れ間を待っていたところへ、親しい知人が一人やってきて、「傘《かさ》を一本貸してください」と言ったが、傘は一本しかなく、自分も食事に行くので貸すことはできない。（しかし）貸さないのも気の毒である。（そこで）すばやく横になり、昼寝《ひるね》をしているようなふりをした。この知人が、「これこれ」と起こしたけれども、寝《ね》入っているふりをして相手にしなかったので、（知人は）仕方がなく帰り、隣《となり》の門で雨宿りをしている。その僧はむくむくと起き、食事が遅《おそ》くなってしまうと思い、傘を差して（外に）出たところ、隣で雨宿りしていた（知人の）男が、「これお坊《ぼう》様、やり方がずるい」と言ったので、（僧は）どうしようもなくて、傘を差したまま大いびきをかいた。

3 古語の意味・口語訳・文脈

P.79

1

(1) イ

(2) 例 何が光ったのだろうか

解説▼ (1) ここでの「興」は「味わいのある面白み。趣《おもむき》」の意味である。夜に箏《しょうのこと》を弾《ひ》いているという状況《じょうきょう》も判断の材料になる。

(2)「か」が疑問の係助詞《かかりじょし》であることに注目して訳そう。

現代語訳 北辺の左大臣がある夜、箏をお弾きになり、一晩中、心に興趣《こうしゅ》があってお弾きになっている間に、夜明け方になり、難しい曲でとても素晴らしい曲を選んでお弾きになっていたときに、自分の心としても「たいそう素晴らしい」とお思いになっていたところ、前の離《はな》れの部屋の引き上げられた戸の上に、何かが光るように見えたので、「何が光ったのだろうか」とお思いになって、そっとご覧になると、丈《たけ》約三十センチほどの天人たちが二三人いて、舞《ま》っている光であった。

2

(1) イ

(2) ア

解説▼ (1)「よく」は現代語と同じく「うまく。上手に」などの意味である。

(2) ——線部②の前後の内容がどんな関係にあるのかをとらえよう。

現代語訳 にしとみというところの山は、絵をじょうずに描《えが》いた屏風《びょうぶ》を立て並べたようである。片側は海で、浜《はま》の様子も、寄せ返る波の景色も、たいそう趣がある。もろこしが原というところも、砂のたいそう白いところを二三日（かけて）出かけた。「夏はやまとなでしこが、（あるものは）濃《こ》く、（あるものは）薄《うす》く、錦《にしき》を広げたように咲《さ》いている。今は秋の終わりだから、見ることはできない」と言うけれども、それでもやはり、（やまとなでしこが）所々に散りこぼれながら、さびしげに咲いている。もろこしが原に、やまとなでしこも咲いたということを、人々は興がっている。

3 ●エ

解説▼ 前の「人の為《ため》に、善事《よきこと》を、彼《か》の主《ぬし》に善しと思はれ、悦《よろこ》ばれんと思うてする」を受けていることをとらえる。

現代語訳 世の中の人を見ていると、めぐまれていて、その家を栄えさせる人は、皆《みな》正直に、人の為にも良いことをする。それゆえに、家も保ち、子孫も絶えないのである。心に曲がったところがあり、人に悪いことをする人は、たとえ一時は、めぐまれて、家も保てるようではあるけれども、終わりは悪くなる。たとえまた、その人一代はよい状態で過ごせるとしても、子孫は必ずしも幸せにはならない。

また、人の為によいことを、その相手によいと思われ、喜ばれようと思ってすることは、悪いことをすることに比べれば勝るけれども、やはり、これは自分自身を思ってすることで、人の為に本当によいことではない。

4 ●ア

解説▼ 前の「風に鳴る瓢箪《ひょうたん》をうるさいと言って捨てた」という許由《きょゆう》の行動に対して——線部のように述べていることから考える。

現代語訳▶ 人は己を質素にし、ぜいたくを退けて、財産を持たず、俗《ぞく》世間の名誉《めいよ》や利益をむやみに欲しがらないことこそが、立派なことである。昔から、賢《かしこ》い人が富むことは、稀《まれ》である。

唐土《もろこし》（中国）の許由という人は、全く身に蓄《たくわ》えがなくて、水すら手にすくって飲んでいるのを（ある人が）見て、瓢箪というものを（その）人が（許由に）手に入れさせたが、ある時、木の枝にかけていた（瓢箪）が、風に吹《ふ》かれて鳴っているのを、うるさいといって捨ててしまった。（そして）また手ですくって水を飲んだ。（瓢箪を捨てた許由は、）どんなにすがすがしかったことだろう。

4 漢文のきまり

P.82

1

(1) 楽しまずんば是いかん

(2) 子路君子を問ふ

(3) 勇者は必ずしも仁有らず

解説▼ 返り点に注意して読む。(1)にはレ点、(2)には一・二点、(3)にはレ点と一・二点が入っていることに注目。

2

行	百	里	者	半	九	十
3	1	2	4	7	5	6

解説▼ 一・二点が二か所あるので、上のものから順に読んでいく。

3

(1) 在レ不レ得レ一

(2) 後レ黒即可

(3) 敏即有レ功

(4) 得二以操一飲

解説▼ 書き下し文の中の漢字の位置に注目しよう。

(1) いちばん最後の漢字から順に読まれていることに注目。一字ずつ順に返っているので、レ点が入る。また、現代文の助動詞に当たる語は、漢文では漢字を使っていても、書き下し文では平仮名で書くことに注意。ここでも「不（ず）」は助動詞なので、平仮名で書いてある。

(4) 「得」がいちばん最後に読まれており、それより下の三字は順番に読まれていることから、レ点ではなく、一・二点が当てはまることをおさえよう。

4

(1) 示二玉人一

(2) 宝

(3) エ

解説▼ (1) 「玉人に示す」という書き下し文に合うように入れよう。

(2) 前の部分の話の流れに注目。**子罕《しかん》は「貪《むさぼ》らざる」**を、**宋《そう》人は「玉」**を、それぞれ「宝」だと思っているとあるので、それを受けて□にも「宝」が当てはまると判断できる。

(3) 最後の一文から判断しよう。

現代語訳▶ 宋の人が宝石を手に入れて、これを司城《しじょう》の子罕に献上《けんじょう》した。子罕は受け取らなかった。宝石を献上した者が言うことには、宝石職人に見せたところ、宝石だというので、これを献上したのだ、と。子罕が言うことには、私は欲深く物を欲しがらないことを、宝だと思っている。あなたは、宝石を宝だと思っている。もし私に宝石を与《あた》えるならば、皆《みな》宝を失うことになる。（そうなるよりも）人それぞれが宝だと思うものを持っていたほうがよい、と。

5

(1) 杜甫

(2) イ

(3) ウ

(4) エ

解説▼ (2) 一句が**五字**で、**八句**からなっているので、**イ**「五言律詩」である。

(3) 律詩は二句でひとまとまりの聯《れん》（連）を構成し、**偶数《ぐうすう》句末が押韻《おういん》**する。

(4) **エ**「李白《りはく》」は詩仙《しせん》とよばれ、「春望」の作者杜甫《とほ》と並んで中国を代表する詩人である。

現代語訳▶ 国は滅《ほろ》んでしまったが、山や川は変わらずに存在している

城は春を迎《むか》え、草木が茂《しげ》っている

（戦争の絶えない）時世に感じ入っては、花を見ても涙《なみだ》を流し

（戦争による家族との）別れを恨《うら》んでは、
鳥にすら心を乱される
戦火は三か月間続き
家族からの手紙は大金に比べられるくらい
貴重なものである
白髪頭《しらがあたま》を掻《か》けばさらに頭髪《とうはつ》は短くなり
もはや簪《かんざし》を挿《さ》すことも難しくなりそうである

読解Ⅰ

1 心情の問題（文学的文章）

P.88

1

(1) ア

(2) 例 転校生である長森が大胆な質問をしたことに対する驚き。

解説▼

(1) あとに続く「先生にとっては……面食らったのだろう。」「ぼくも驚《おどろ》いた。」から判断しよう。転校生である長森《ながもり》がふいに手を挙げたという場面であることを、正確にとらえることが大切。

(2) ——線部の前後の「彼女《かのじょ》が授業で……最初だった。」「クラス全体からどよめきが……ぼくも参加している。」に注目してまとめよう。問題文の指示に注意し、「誰《だれ》がどんなことをしたことに対するどんな気持ち」かが明確になるように書く。

2

(1) ウ

(2) エ

解説▼

(1) 選択肢《せんたくし》の内容をざっと読み、どんな点に注目するとよいか考える。ここの選択肢には、父の言動から「ぼく」がどんな気持ちになったかが書かれているので、文章中の父の言動に注目する。父は、「大丈夫《だいじょうぶ》なのか」「まあ、頑張《がんば》ってくれ」「行ってこい」などとあることから、**「ぼく」を励《はげ》ますような言葉**をかけて見送ってくれたことがわかる。それに対して、「ぼく」の気持ちは「ぼくのやる気はマックスだった。」とあるように、**試合に対して前向きな気持ち**でいることがわかる。ここから、正解は**ウ**と判断しよう。

(2) この文章は、試合を控《ひか》えてやる気がみなぎっている「ぼく」が、両親と朝食をとっている場面であることをおさえる。したがって、まず**イ**「二年生に対しての不満」、**ウ**「両親に強く反発する」など、文章中に書かれていない内容の選択肢は不適切である。**ア**「短い文」の多用は当てはまらなくはないが、そのあとに続く「混乱する主人公の気持ち」という部分が不適切。「いいんだ。……いいんだ。」「とにかく行かねば。早く行かねば。」「試合だ。今日は試合なのだ。」などとあり、「ぼくのやる気はマックスだった。」とあることから、**エ**が正解と判断しよう。

2 文脈の理解の問題（説明的文章）

P.90

1

(1) イ

(2) 例 痕跡を作り出した誰かの考えや意思。（17字）

解説▼

(1) 直前の一文に「痕跡《こんせき》という自然現象を、記《き》憶《おく》のための技術として利用したはじまりである。」とあることに注目する。これを受けて、——線部①のある文で「『書物』という……この発明である。」と述べられていることをとらえる。

(2) 直前の一文に「読み解かれることによって、痕跡はそれを作り出した誰《だれ》かの考えや意思を伝える。」とあることに注目する。これを受けて——線部②のある文で「痕跡は……世界を伝えるのである。」と言い換《か》えていることをおさえる。

2

(1) 食べていのちをつなぐこと。

(2) 交換する

(3) イ

解説▼

(1) 二つ目の段落の最初の文に注目。「食べていのちをつなぐためだという原形はすぐに見えてくる。」とある。二つ目の段落では、この原形について、三つ目の段落からは「もう一つの原形」について述べられている。

(2) ——線部②のある四つ目の段落の最初の文に注目。「働く人々にも、**作り出す人**と**交《こう》換《かん》する人**の区別ができてくる。」とある。それを受けて、それ以降の文で「**前者**」「**後者**」と述べているという文脈をとらえよう。

(3) ——線部③の次の文で「それは、獲得《かくとく》したい食糧《しょくりょう》や道具や財に交換できるものを生み出す間接的な労働である。」と詳《くわ》しく説明されている。「間接的な労働」なので、**ア**や**エ**のように「食べていのちをつなぐための原形」に当たる内容は当てはまらない。**イ**か**ウ**で迷うが、「働くことの派生形」とは「交換できるものを生み出す間接的な労働」であると説明されていることから、**ウ**の「作り出すこと」ではなく、**イ**の「売買すること」が当てはまることを理解する。

3 文脈の理解の問題（文学的文章） P.92

1

(1) **A想像　B創造**

(2) **ウ**

解説▼

(1) ——線部①に続く部分に、「想像力と創造力」とあることに注目し、「これ」を説明した文の文脈に合うように当てはめる。

(2) 「ぼく」が試行錯誤《さくご》しながら「ひつじ雲スコーン」を初めて作っている場面で、作った生地をオーブンに入れて焼き上がりを待っているところであることをおさえる。どんなふうに焼き上がるかわからない状況《じょうきょう》であることや、——線部②のあとの「どきどき、わくわく、ぶるぶる、そわそわ。」から、「宇宙旅行をしているような気分」とは、**焼き上がりを楽しみに待つ気持ち**を表していることをとらえよう。**ア**「焦燥《しょうそう》感《かん》」、**イ**「不安感」、**エ**「責任感」は当てはまらないことを理解する。

2

●**A働く姿**

Bたったの五〇回ぐらいしか

解説▼

A——線部①の次の部分に、「自分は今まで、何を見てきたんだろう。祖父の働く姿は、これまでだって……今日の祖父は格別だ。」とあることに注目。「凄《すご》いなぁ、敵《かな》わないなぁ、かっこいいなぁ。」は、その**祖父の姿を見ての感想**であることを理解しよう。**B**——線部②の直前のじいちゃんの言葉に注目。ベテランであるにもかかわらず、**経験なんてまだまだ積んだとはいえない**、という発言を受けて、ゆきは「やられた。やっぱり敵わないや。」と思ったのである。

4 主題の問題（文学的文章） P.94

1

(1) **A**例**叱られても叱られなくても正しいと思うことをするべきだ**
B例**叱られるということは恥ずかしいことだ**

(2) **ウ**

(3) **ア**

解説▼

(1) 権太の考え方については「叱《しか》られても、叱られなくても、やらなきゃあかんことはやるもんだって」、耕作《こうさく》の考え方については、「叱られるということは、いつもほめられている耕作には、耐《た》えがたい恥《は》ずかしさであった。」などの部分から読み取ることができる。

(2) ——線部②の前の部分で、権太の考え方を知って自分のこれまでの考え方を改めた耕作が、「叱られたっていい」とはっきり口に出して言い、「清々《すがすが》しい心持ち」になったという流れを踏《ふ》まえて答える。

(3) 権太の考え方を聞いて、「ほめられたい」という思いから離《はな》れ、これまでの自分のあり方を「権太に言われて、はじめて自分のどこかがまちがっていることに気づいた」こと、そして「叱られたっていい」と断言できるようになったことから考える。**耕作が権太との交流によって一つ成長した様子**が描《えが》かれていることから、正解は**ア**と判断しよう。

5 韻文《いんぶん》の表現技法の問題 P.96

1

(1) **①イ　②エ**

(2) **エ**

(3) **ウ**

解説▼

(1) ——線部①は「〜ように」を使って直接たとえる**イ**「直喩《ちょくゆ》（明喩）」、②は「〜ように」などを使わずにたとえる**エ**「隠喩《いんゆ》（暗喩）」である。

(2) まず、詩の題名に注目。「飛込《とびこみ》」は注からもわかるように、水泳競技の一つである。したがって、「あなた」はその**競技に挑《いど》む選手**であることがわかる。その「あなた」を、この詩では「日に焦《こ》げた小さい蜂《はち》よ」と**「蜂」に見立てている**のである。

(3) (2)で見たように、「あなた」は飛込の選手で、「蜂」に見立てられている。「蜂」の飛び込む**「花」はプールを指している**こともおさえて考えよう。飛びだした蜂が、花に向かって落ち、もぐりこんで、再び出てくる、という流れで、プールに飛び込んだ「あなた」が再び水面に出てきたことを絵画的に描《えが》いている。

2

(1) ①**いっしん**
②**それぞれちがつたいろ**
(2) **エ**

解説
(1) ①「いっしん」は漢字にすると「一心」で、心を集中させる様子を表す言葉。②［Ⅱ］の前後の内容に注目。「一匹《いっぴき》一匹に『［Ⅱ］』のよさ」があるのだと述べている。詩の第二連に「**一匹一匹**」と似た「**それぞれ**」という表現があることに注目し、字数に合わせて書き抜《ぬ》く。
(2) この詩では、「鳴く虫」の声を「宝石工場」にたとえていることに注目。虫の声の違《ちが》いを、「それぞれちがつたいろの宝石」と、**耳で聞こえる音ではなく、目で見える色で表現**していることから、**エ**が正解であると判断できる。

3

(1) **こおっている（こおった）**
(2) **ウ**
(3) 例**春がやってきた（近づいた）ことを知らせてくれる花。**
(4) **エ**

解説
(1) 和歌の「**こほれる**」の部分を現代語訳して答える。「こほれる」は歴史的仮名遣《かなづか》いで、現代仮名遣いに直すと「**こおれる**」であることにも注意。（語頭以外の「は・ひ・ふ・へ・ほ」は「わ・い・う・え・お」と読む）これを「こぼれる」などと間違《まちが》えて訳さないようにしよう。
(2) 「まんさくの花が咲《さ》いた　と」「子供達《たち》が手折《た》つて　持つてくる」の二行が、第一連から第三連までで**繰《く》り返されている**ことに注目しよう。
(3) 第三連に注目。「山の風が鳴る疎林《そりん》の奥《おく》から／寒々とした日暮《ひぐれ》の雪をふんで」とあり、まだ雪が残る山から、まんさくの花を取ってきたことがわかる。**冬から春へと季節が変わろうとしている**ことを、まんさくの花から感じていることをおさえよう。
(4) **A**の和歌は「春立つ」とあることから、季**節は春**であることがわかる。俳句の季節は、季語からとらえる。**ア**「涼風《りょうふう》」は**夏**、**イ**「コスモス」は**秋**、**ウ**「木枯《こがらし》」は**冬**、**エ**「蝶々《ちょうちょう》」は**春**である。

6 意見の理由・説明の問題（説明的文章）

P.99

1

(1) **D**
(2) **a 読者にゆだねればよい**
b 無意識のうちに逃れている（12字）

解説
(1) 一つ目の段落は、評論という形にいかに慣れていたか、評論という文章の書き方について述べたものである。**A**〜**C**までは評論について述べたものである。二つ目の段落の**D**の前には「小説で必要なのは」とあるので、**D**が小説について述べたもの。それに続く「概《がい》念的《ねんてき》な記述でもない」も小説について述べたものではあるが、**E**は「概念的な記述」のみなので、評論のことである。
(2) ——線部の前では小説について、あとでは評論について述べていることに注目し、字数に当てはまるように書き抜くこと。

2

(1) **新たな価値**
(2) 例**膨大なエネルギーとコストがかかる**（16字）

解説
(1) 表の上の「近代科学テクノロジー」については、——線部①のある一つ目の段落で、表の下の「ゼロテクノロジー」については、二つ目の段落で述べられている。二つ目の段落の二つ目の文「つまり……むしろ『なくす』『元に戻《もど》す』『守る・保つ』といった働きに特化することによって**新たな価値を生み出す……**」とあることに注目。
(2) ——線部②のある文は、初めに「つまり」とあることに注意。「つまり」は**前の部分を言い換《か》えた**部分である。ここでも、直前の文に課題の説明が述べられている。

7 要旨《ようし》の問題（説明的文章）

P.101

1

(1) 例**所有することで生じるモノへの愛着や執着。**（20字）
(2) 例**デジタル情報は、デジタル技術が発展することで、時間や空間を超えて、効率的にあらゆる人に共有されるようになったが、その一方で、一定の場所に存在するものではないため、個人の所有感を満たすことにはならない。**（100字）

解説▼

(1) ——線部のある段落で、コンピュータの介《かい》入《にゅう》により失われるものがあることが述べられ、その次の段落で、「例えば…」と具体例を挙げてコンピュータという「デジタル」と、「所有」の関係について述べられている。最後の段落で、「私（筆者）」自身の場合について書かれているので、この段落の言葉を使って答えるようにする。

(2) (1)で考えたこととも通じることに注意。「デジタル」情報が、瞬時《しゅんじ》にあらゆる人に共有されるものであり、個人だけに所有されるものではない、という特徴《とくちょう》をおさえてまとめるようにしよう。

2

(1) **イ**

(2) 例 **花を目立たせることができ、動物から芽を守ることができるという**（30字）

解説▼

(1) 接続詞を選ぶ問題では、□の前後の関係を注意深くとらえる。前ではタンポポなどの花が咲いていることの利点、あとでは芽をもつ茎《くき》がないことの利点が書かれていることに注目。**前とあとで、別の利点が述べられている**ので、並立・累加《るいか》の意味の接続詞**イ**「また」が当てはまる。

(2) (1)で見たように、タンポポやオオバコなど「ロゼット状態」で過ごす植物の意義は、花を目立たせることができること、芽をもつ茎がないため、動物たちに食べられずに済むことという、**二つの利点**があると説明されている。この二点を、字数に合うようにまとめること。

読解Ⅱ

1 文化・社会がテーマの文章

P.106

1

(1) **イ**

(2) **特別な意味〜ほうがよい**（40字）

(3) 例 **彩りのないさまざまな表現である灰色が、人間を光と影に敏感にし、その無限の段階による表現に美を感じさせるから。**（54字）

(4) **A 茶の湯**　**B ネズミ色の**

(5) **ウ**

解説▼

(1) 赤が「注意や警戒感《けいかいかん》を与《あた》える」色として挙げられ、「その反対に」と青が挙げられていることから考える。

(2) ——線部①のあとの二文で、具体例を挙げて説明されており、そのあと、Ⅲ段落の最後にその理由にあたる内容が述べられていることに注目。

(3) ——線部②に続く部分と、Ⅴ、Ⅵ段落の内容に注目。——線部②のあとで「白黒写真」を例に挙げて、灰色のよさを説明している。「それにはいろいろな理由が考えられる。」と述べたうえで、Ⅴ・Ⅵ段落でその理由にあたる内容を説明し、Ⅵ段落の最後の一文で「このように……楽しむことができる。」とまとめている。「〜からである。」「〜が理由である。」という文末でまとめられてはいないが、灰色のよさを具体例を挙げながら述べた部分であることをおさえよう。

(4) Ⅷ段落の最後に「茶の湯にちがいない」とあり、Ⅸ段落の最初で「ネズミ色の服を着た人が、小さな部屋（茶室）で、灰色の茶《ちゃ》碗《わん》を見つめている。」と述べていることに注目。

(5) **ア**は「一般的《いっぱんてき》な考えを否定」、**イ**は「筆者の主張が強く述べられている」、**エ**は「論への批判に答えている」の部分が不適切。**ウ**にあるように、Ⅵ段落では、「人間の顔もそうである。」と、Ⅴ段落の白黒写真の例に加えて別の例を挙げていることをとらえよう。

2

(1) **イ**

(2) **手紙は、た**

(3) **エ**

(4) 例 **関係から離れていけることが「自由」の意味になっていく時代から、蓄積されるような関係とともに生きたいと思う**（52字）

解説▼

(1) Ⅰ手紙において「［Ⅰ］と受け取り手」と述べているので①「送り手」、Ⅱメールにおいて「［Ⅱ］は必要な情報だけを受け取り……」と述べているので、③「読み手」、Ⅲ「かつてはお店では［Ⅲ］と買い手の関係があった。」と述べているので②「売り手」が当てはまる。

(2) 〈　〉の部分では、一つ目の段落で手紙について、二つ目の段落でメールについて述べられている。二つ目の段落ではそれを受けて、メールと手紙を比較《ひかく》して違《ちが》いを述べている。三つ目の段落に「ところが違う。」とあり、そのあとの文で、どう違うのかが具体的に説明されていることをとらえよう。

(3) 四つ目の段落で、手紙とメール以外の例として、かつてのお店と、コンビニやスーパーや量販店《りょうはんてん》が挙げられている。後者については、「その場かぎりの関係が生まれ、その関係もたちまち消える。」と述べられていることから、かつてのお店が手紙と同じ位置づけで、コンビニ・スーパー・量販店がメールと同じ位置づけであることをおさえる。

(4) 【　】の部分の文章のうち、――線部②の前の部分ではメールに象徴《しょうちょう》されるような、その場かぎりの蓄積《ちくせき》されない関係が重視されるようになった時代について述べられている。そして、――線部②のあとでは、そうした時代が変化し、しっかり関係を築き、蓄積されるような関係とともに生きたいと思う人がふえてきたと述べられている。この**両方の時代の特徴《とくちょう》**をしっかり踏《ふ》まえて指定の字数内にまとめるようにしよう。

2 人物の成長がテーマの文章

P.110

1

(1) ぼくは「も・オレたちを（順不同）
(2) ウ
(3) イ

解説▼

(1) 一つ目の段落の四つ目の文と、二つ目の段落の最初の文で、「ぼく」と岡野《おかの》の考え方や言動の違《ちが》いが述べられていることに注目。この部分から、「ぼく」が**目上かどうかよりも実力を重視する強気な性格**であることが読み取れる。それに対し、岡野は**繊細《せんさい》で目上に気を遣《つか》う性格**であることが読み取れる。

(2) 「ぼく」と岡野が二人で特訓するほどバスケに力を入れていること、――線部②の前に「オレだってそうですよ」とあることなどから**ウ**と判断できる。

(3) 岡野がキャプテンになってから厳しくなったこと、――線部③で「なにが権力だよ」と「つまらなそうに」言っていることから考える。岡野はキャプテンとしてすべきことをしているだけで、キャプテンであることを「権力」とは感じていないことが読み取れるので**イ**が当てはまる。**ア**「あきらめの気持ち」は当てはまらないので注意。**ウ**のような「意外」さも、**エ**のように「キャプテンを押《お》しつけられて困っている」様子も描《えが》かれていないので、当てはまらない。

2

(1) ウ
(2) 例 見詰めている半紙の上に、金時丸の形が浮かんで見えたことを、紙の上に線が見えない永承に言っていいのか判断がつかなかったため。（61字）
(3) 例 紙を見詰めていれば、描きたいものが浮かんで見えるようになることを成し遂げていたさちを心底敬っている気持ち。（53字）

解説▼

(1) 「目の当《ま》たりにする」は「目の前に見る」という意味の慣用的な表現である。この言葉の意味を正確に述べている選択肢《せんたくし》は、**ウ**である。――線部①の前に「**これらを見れば**」とあることからも、文脈で判断できる。

(2) ――線部②のあとに、さちがすぐに答えなかったときの心の迷いについて描《えが》かれていることに注目。「半紙の上に金時丸《きんときまる》が浮《う》かんで見えたこと」「それを永承《えいしょう》に言ってよいかどうか判断がつかなかったこと」「紙に線を見た者の中に永承は入っていないこと」という要素を入れて、字数以内に収まるようにまとめよう。

(3) 永承が答えを真剣《しんけん》に知りたいと思っていることがさちに伝わったので、さちも正直に本当のことを答えることができたという流れをとらえる。さちの答えを聞いたあと、「さちを見る永承の目には、心底、相手を敬っている色が浮かんでいた。」とあることに注目してまとめよう。また、――線部③のあとでも、妹弟子であり自分よりも立場が下のさちから、永承がさらに詳細《しょうさい》に、紙の上に線が見えるようになるまでの行動を聞いていることからも、さちのことを敬っている気持ちがうかがえる。

3 古典がテーマの文章

P.114

1

(1) 例 日本の生徒
(2) 古典の短歌
(3) エ
(4) 例 なぜ日本人が桜の花ごとに心乱されているのか理解できないという気持ちから。

(5) **例 子どもが歩いたり話したりし始めたこと。**
(6) **ア**
(7) **ウ**

解説▼

(1) 「[a]とは異なり」とデンマークの高校生と比較《ひかく》しているものは何かを考えよう。日本人である筆者の国の高校生、生徒たち、ということになる。

(2) 指示語の指し示す言葉はたいてい前にあることが多い。ここでも、――線部②の前の部分の内容を受けている。

(3) 「今に通じるものがある……その例として」在原業平《ありわらのなりひら》の歌を紹介《しょうかい》したことをおさえる。日本人は今も昔も変わらず、桜の花の季節にはそわそわするものだということを伝えるために紹介しているのである。

(4) ――線部④のあとの部分に注目。「なぜ大の大人が、花ごときにそんなに振《ふ》り回されるのか、という顔をしている。」という部分に、デンマークの高校生たちの気持ちが表されている。

(5) ――線部⑤の前の部分にある「そわそわ待っていた」ことの具体的な内容が答えに当たる。さらにその前の一文に書かれていることをおさえよう。

(6) [I]の前後の内容を注意深くおさえる。いろいろな「桜騒動《さくらそうどう》」を経て「若木だった子どもも、いつしか大木になってゆくのだろう」「子育ての『桜騒動』には、嬉《うれ》しいこと楽しいことばかりではなく、辛《つら》いこと大変なことも多い。」とある。子育てをして、子どもが成長していくことへの思いが述べられていることから、**ア**の歌が当てはまると判断できる。

(7) 「典型」は「**基準となる型。模範**《もはん》」という意味。「子育ての『桜騒動』」の「典型」として、「子どもの受験」が挙げられていることからも、**ウ**が適切と判断しよう。

2

(1) **すべての事象を知りつくすこと**（14字）
(2) **発言**
(3) **ウ**
(4) **例 真に楽しむ境地を求めている意味で、人間の精神的な発展には限界がないことを説いた**（39字）

解説▼

(1) [II]の文章の一つ目の段落に「そもそも人間が、すべての事象を知りつくすことは不可能である。」とあることに注目。

(2) この部分は前の『論語』からの引用の訳である。筆者は「……孔子《こうし》は、自分が知らないことに関しては、発言をつつしむようにもいう。」と述べたあとでこの部分を引用していることに注目。

(3) 前の段落では、『論語』の引用を受けて、「世の中には、わからないこと、知らないことが無限に存在するのであり、そのことをまず自覚しなければならない。」と述べられていることから考えよう。それに続いて「ここで思い起こされるのが……」とソクラテスのことを挙げ、「東洋では孔子が、西洋ではソクラテスが、奇《く》しくもほぼ同時期に真の知を究明しようとしたこと……」とまとめていることから、「異なる地域でありながら同じく真の知を志向した…」と述べている**ウ**が正解と判断できる。

(4) ――線部④で述べたことを説明するために、そのあとで『論語』を再び引用し、最後の段落でその意味を説明している、という文章の流れをおさえる。最後の段落の「この言葉は……理解されよう。」「その意味において……説いたともいえる。」という最後の二文を中心にまとめるとよい。

4 言語・学問がテーマの文章

P.118

1

(1) **ウ**
(2) **イ**

解説▼

(1) ――線部①の前に「一つには、南蛮《なんばん》貿易の時代とは比べ物にならないくらい大量の情報と物とが絶え間なく交錯《こうさく》しているからだ。」とあることに注目。大量の情報や物と共に、大量の外国語も日本に流入してきたことを述べた**ウ**が文章中の内容に合うことをおさえる。**イ**と答えないように注意。「国や言葉の境界があいまいになってきた」「日本語と外国語も文法の変化を伴《ともな》って融《ゆう》合することが当然の成り行きになっている」の部分が不適切。

(2) ――線部②のある段落の次の段落の内容に注目。日本語は最初から便利な言葉だったのではなく、先祖たちが努力して少しずつこしらえてきたものだと述べられている。この内容に合うのは**イ**である。

2

(1) ア
(2) 飛躍
(3) A 例 曲がりくねっている（9字）
B 例 改めて組み立て直さ（9字）
(4) 例 相手に尊敬語を使うべきなのに謙譲語を使ったからだ。（25字）
(5) ウ

解説▼

(1) ――線部①のある文の次の段落で、「論理的な作業が思考をうまく進めるのに役立つというのはたしかだが、論理力は思考力そのものではない。」と「誤解」の内容が述べられている。

(2) ［②］のある段落の冒頭《ぼうとう》の一文に注目。「思考は、けっきょくのところ最後は『閃《ひらめ》き』（飛躍《ひやく》）に行き着く。」とある。

(3) ――線部③の前後からとらえよう。思考の筋道は「**紆余曲折《うよきょくせつ》のある道**」であるため、人に結論を伝えるには、「**論理的に再構成して説明する**」必要があると述べられている。これを自分の言葉に直して答えること。

(4) まず、友人に注意されたという敬語の間違《まちが》いに気づくこと、それから、「注意された」理由に当たる文を「〜から（ため）」を使って書こう。

(5) この文章の最後の段落に注目。「論理力とは、思考力のような新しいものを生み出す力ではなく、考えをきちんと伝える力であり、伝えられたものをきちんと受け取る力にほかならない。」とある。この内容に合っているのは**ウ**である。

5 家族がテーマの文章

P.122

1

(1) A 例 たくさん食べさせてやりたい（13字）
B 例 立派な跡取りに育てていきたい（14字）
(2) a 例 畑で仕事
b 例 母親のよし・姉のみさき
c 例 （家で）柏餅を食べる（6字）
(3) 例 仕事に精を出し、仲良く暮らす（14字）

解説▼

(1) 十二歳《さい》の亮太《りょうた》が、周囲からうらやましがられるくらいに跡取《あとと》りとしてすこやかに育っていること、甘《あま》い物好きで柏餅《かしわもち》をだれよりも楽しみにしていることをおさえて答えよう。

(2) 文章の後半の部分から、母親のよしと七歳のみさきが柏餅を作っていることをおさえる。また、二三《ふみ》の言葉から、昼過ぎに柏餅が出来上がり、父親の亮助《りょうすけ》と兄の亮太が畑から戻《もど》ってきてから食べるということになっていることをとらえよう。

(3) 父親と跡取りである兄を中心として、せっせと菜の花畑で働くことで、菜種が実を結んでいることから考えよう。

2

(1) 例 初めて級友と一泊旅行に出ることを楽しみにしていたので、母の容体が悪いために行けなくなるかもしれないことが腹立たしかったから。（62字）
(2) ア
(3) イ

解説▼

(1) ――線部③のあとに、「生まれて初めて、級友と一泊《いっぱく》旅行に出るということが、少年にとってどんなに魅力《みりょく》を持っているか！」とあることから、「僕《ぼく》」が不機嫌《ふきげん》になった理由を読み取ろう。

(2) 「姉の気持ちの説明として**当てはまらないもの**」を選ぶということに注意。父は「弟の気持ちに配慮《はいりょ》しない」のではなく、母の具合が悪いから遠足はやめたほうがよいという判断をしただけであるから、**ア**が当てはまらない。

(3) この引用部分に描《えが》かれた場面の状況《じょうきょう》や「僕」の気持ちから考えよう。母の容体が悪いことと母が死ぬかもしれないということは「僕」の中では一つにはならず、ただ級友との旅行に出かけることができなくなるかもしれないというどうしようもない状況にイライラしていることを読み取る。ここから判断して、**イ**「今の自分の力ではどうにもできないもの」が当てはまることを理解しよう。

6 身体・科学がテーマの文章

P.126

1

(1) A 昼行　B 視覚
(2) 例 現代のわれわれが、青空を好ましいと感じ、夕焼けを強烈な刺激と感じること。（36字）
(3) エ

解説▼

(1) 三つ目の段落に鳥について、四つ目の段落に哺乳類《ほにゅうるい》の大部分と、サルと類人猿《るいじんえん》について書かれていることに注目。

(2) 五つ目の段落に青い空について、六つ目の段落に夕焼けについて、そのとらえ方が説明されていることをおさえよう。

(3) ――線部②の前の部分に注目。「青い空の見える時間、つまり昼の間を完全にこの中ですごし、青空が消えてから外にでて暗い空を見る、というのはいささか変である。」と述べられている。ホモ・サピエンスになる以前からの長年の習性に反する状況《じょうきょう》であることを述べた文であることを理解しよう。これに合うのは**エ**である。**オ**は「さらに進化していかねばならない」ということはこの文章には書かれていないので、間違《まちが》えないように注意。

2

(1) **エ** (2) **イ** (3) **設計図** (4) **ア**

解説▼

(1) ――線部①のあとに「顔というものの構造がちゃんと理解されている」「顔に本質的な属性は全部描《か》き込《こ》まれています」とあることから考えよう。

(2) ――線部②のあとの「よく見えれば、よく描ける」、「しっかりした心像が形成出来れば(表象出来れば)、それはそのまま運動に変《へん》換《かん》出来る」という部分を正確に理解しよう。よく見ることで対象をとらえて具体的に絵に表すことができるということである。

(3) 問題文の「具体例を用いて比喩《ひゆ》的《てき》に述べている一文」という条件をおさえて探す。――線部③のある段落の次の段落に、設計図をもとに家を建てるという例を挙げて述べている文があることに注目。

(4) ――線部④で始まる段落の内容に注目しよう。鷲《わし》や蛇《へび》、ウミネコなど、**動物の行動を例に挙げて**説明していることから、**ア**「具体例でおさえ…」に当てはまると判断できる。

7 学校・友情がテーマの文章 P.130

1

(1) 例 **美月には、自分は恵美菜と別れることが悲しくつらかったのに、恵美菜は自分がいなくなってもさびしくないのだと思えたから。**(58字)

(2) **イ** (3) **口にしなかった思い**

解説▼

(1) 文章の前半部分、転校が決まったときの美《み》月《つき》の反応と、美月の転校を知ったときの恵《え》美《み》菜《な》の反応の両方を踏《ふ》まえて答えよう。美月は、「恵美菜と別れなければならないことが何より悲しかった。耐《た》えられないぐらいつらかった。」「悲しくて、つらくて……わんわん泣いた。」のである。それに対して、恵美菜は「笑いながら、『もう中学生だもんね。……おたがいガンバローだ』なんて、言ったのだ。」と、悲しんだりさびしがったりするような反応はしなかったことが書かれている。恵美菜のそうした様子を見て美月が「**あたしがいなくなっても、さびしくないんだ。**」と思ったことが続けて書かれていることにも注目。この辺りをおさえて、美月の心情をまとめるようにしよう。

(2) 美月がS市に引っ越《こ》してきて二ヶ月以上過ぎたが、恵美菜とは連絡《れんらく》を取らないままでおり、「美月は四度目のため息をついていた。」とあることから、会えなくなった恵美菜のことを思って**気持ちが沈《しず》んでいる**ことを踏まえて考えよう。**イ**以外は、気力が充実《じゅうじつ》していたり元気だったりする様子を説明した文なので、当てはまらない。

(3) 「九字で」という問題文の条件をおさえる。――線部③の直後に「恵美菜からの伝言だった。」とあり、恵美菜がくまのヌイグルミの中にメッセージを入れていたことがわかる。そして、その次の文でさらに、「口にしなかった思いが書かれていた。」とあることに注目。恵美菜は口にしなかっただけで、美月と同じように、美月のことを思っていたことがわかる文であることを理解しよう。

2

(1) **イ**

(2) 例 **泣くのをこらえようとする様子。**(15字)

(3) **ウ** (4) **その手に今**

解説▼

(1) ――線部①は「瞳《ひとみ》」という名詞(体言)で終わっている文であることをおさえる。

(2) ――線部②の前後に注目しよう。「代わりに涙《なみだ》が出てきた。」「貴之《たかゆき》は俺《おれ》が泣いているのには気がつかないふりをした。」とあることから、侃《かん》が泣いていることがわかる。「歯を食いしばる」は**何かをこらえるときにする動作**なので、ここでは泣くことをこらえようとしていることを答えればよい。

(3) 貴之の言葉「大学……またテニスやるからな。で、世界でいちばんかっこいい車椅子《くるまいす》テニス選手目指すんだ。楽しみに待ってろよ」から、貴之《たかゆき》が杖《つえ》を手放せない体になった自分を受け入れ、新たな目的をもって歩き始めようとしていることが読み取れる。自分に対する罪悪感を抱《かか》えたままの侃に それを伝え、「おまえも身体、ほぐしとけよ。」「当分オールマッスルズで行け」と声をかけて「おまえもがんばれ」ということを伝えている。このことから、**ア**「厳しい調子で」、**イ**「重々しい調子で」は当てはまらない。また、**エ**「周りの人に反対されても」という状況《じょうきょう》は文章中には書かれいないので、**エ**も不適切である。

(4) 「……後ろ姿《すがた》はせつなかった」という部分は、侃《かん》の貴之への気持ちである。したがって「貴之の背筋はすっきり伸《の》びていた」という**貴之の様子を表す部分**と似た描写《びょうしゃ》を探せばよい。――線部④のところで、貴之が侃の元を去る状況を表しているので、これよりもあとに注目して探すようにしよう。――線部④より五つあとの文で、貴之が「まっすぐ前を向いて歩いている」様子が描《えが》かれていることをおさえる。

8 自然・環境がテーマの文章

P.134

1

(1) **ア**

(2) **イ**

(3) 例 **サクラの葉は傷ついたときも枯れ葉や落ち葉になって親株の根もとに落ちたときも、虫の嫌がる香りを発散させて、自分や親株を守ること。**（63字）

例 **サクラの葉が傷ついたり死んだりするとクマリンができて虫の嫌がる香りを放つ。葉は枯れ葉や落ち葉になってもその香りを放ち、親を守ること。**（66字）

解説▼

(1) □の前では「……二つの物質は接触《せっしょく》しないようになっています。」とあり、あとでは「クマリンができることはなく、香《かお》りは発生しないのです。」とあることに注目。**前の内容を理由にしてあとを述べている**ので、**ア**「だから」が入る。

(2) 選択肢《せんたくし》一つ一つの特徴《とくちょう》に本文が当てはまるかどうか一つずつ確認してみよう。「しかし、葉っぱはもの悲しくさびしい気持ちで生涯《しょうがい》を終えるのではありません。」などとあることから、**イ**の「人間以外のもの（＝葉っぱ）を、人間のように見立てて表現した」が当てはまる。

(3) サクラの葉が特徴的な香りをもつクマリンという物質を発生させるのは、枯《か》れ葉か落ち葉になったときであること、香りを発生させることで、自分や親株を守ることの二点を入れてまとめるようにしよう。

2

(1) **エ**

(2) **自然～こと**

(3) **イ**

解説▼

(1) □の前後の内容に注目。[A]の前では「樹木」「その集団としての森林」の衰退《すいたい》について述べられており、あとでは「アカマツ」と**具体的な例**が挙がっているので、「たとえば」が当てはまる。[B]の前ではアカマツの美しさの期間について述べられており、あとでは風致《ふうち》の維持《いじ》のために美的頂点をみきわめて更新《こうしん》をはかる必要があると述べられているので、「したがって」が当てはまる。

(2) まず、問題文の「1～4段落から」「十四字で」という条件をおさえよう。それから、――線部①を説明した囲み内の文の内容を確認しよう。――線部①よりあとの部分と、3・4段落の内容をまとめて（言い換えて）いることに注目。それを踏《ふ》まえて、□のあとに「…によって最高の風致が産み出されることもある」と続いていることに注目。これと**類似した内容**が4段落に「…によって最高の風致を生む可能性があり」とある。この「…」の部分が十四字で、問題文の条件に合う。

(3) ――線部②のある文が、その**前の文**を受けて述べられたものであることをとらえよう。前の文では「市民は、その自然の片鱗《へんりん》にすぎないものの中に大自然を見、大自然を偲《しの》ぶ」とあることから判断する。**ウ**「大自然と都市との境界」、**エ**「大自然と都市との適度な距離《きょり》」は「大自然を偲ぶ」という内容には当てはまらないことを理解する。また、――線部②の比喩《ひゆ》表現が大自然に対して肯定的《こうていてき》な表現であることから判断して、**ア**「大自然の脅威《きょうい》」は不適切だとわかる。

表現

1 条件作文の書き方

P.142

1

例 私はBの標語を使って呼びかけるのが効果的だと思う。この標語の「かみしめる」という表現には、健康な歯でしっかりとかむという意味と、生きる喜びをかみしめるという二つの意味がこめられている。健康な歯を保ち、いつまでも幸せに生きていく姿を全校生徒がイメージしやすい。だから、この標語が一番効果的であると思う。

2

例 私が春を表現するのにふさわしいと思うことばは、入学式です。なぜなら、多くの人にとって、春は新生活のスタートの時期であり、何かが始まるというイメージを象徴的《しょうちょうてき》に表していると感じるからです。このことばを目にすると、真新しい制服に身を包んで中学校に入学したときの緊張感《きんちょうかん》や気持ちの高ぶりを鮮《せん》明《めい》に思い出します。

3

例 私はこの資料から、人は自分らしく生きるべきだと、あらためて考えることができました。資料の文章で山中教授は自分の研究テーマについて「コロコロと変えている」と言っておられます。これも他の人がどうであろうと自分らしさを貫《つらぬ》かれた結果として変わったのであって、それだからこそ偉業《いぎょう》につながったのだと思います。

4

例 私が特に大切だと考える項目《こうもく》は、「略語や流行語を乱用しない」です。これらの言葉は同年代の人や友達同士など、ごく一部の限られた仲間の中だけで通用する言葉になりがちだからです。自分たちだけが分かり合うのではなく、広く他の人々にも伝わるような言葉づかいを心がけたいと考えています。

　追加したい項目は「時と場に応じた敬語を使う」です。人への気づかいを表すのが敬語だと思うからです。場面に応じて、これからも適切な敬語を用いていきたいと思います。

5

例 やや上向きの能面は明るい表情に見える一方、やや下向きにすると、明るさが失《う》せ、憂《うれ》いを含《ふく》んだような表情に見えます。これと同じように、日本人の感情表現にも、親しい間《あいだ》柄《がら》ではわずかなしぐさから互《たが》いに感情を察し合って、気持ちや考えを細やかに伝え合うというような傾向《けいこう》があります。

2 課題作文の書き方

P.146

1

例 私は、公園にはゴミ箱を置かないことに賛成です。なぜなら、自分の出したゴミは持ち帰って処理するのが、自分の行動に責任を持つことだと考えるからです。公園にゴミ箱が置いてあると、人々はそこにゴミを捨てるでしょう。捨てられたゴミの処理は、別の人に頼《たよ》ることになります。このような、他人任せの社会ではなく、一人ひとりが責任を持って行動する社会であるためにも、公園にはゴミ箱を置かないほうがよいと考えます。

例 公園にゴミ箱を置かないことについては、多様な意見があると思う。例えば、公園の景観を美しく保つためにゴミ箱はないほうがよいと考える人もいるだろう。また、ゴミ箱がなければゴミが散乱して、かえって汚《きたな》くなるから、ゴミ箱は必要だと考える人もいるだろう。どのような考え方を選ぶかは、みんなで話し合って決める必要があると思う。大切なのは、みんなで選んだ考え方をよく理解し、マナーを守って公園を利用することだと思う。

2

例 僕《ぼく》は小学校のころから空手を習っています。中学生になって、体も大きくなり、力もついてきたので、力だけに頼《たよ》るようになりがちだったのですが、先日、小学五年生の男の子と組んでみて、気づいたことがありました。

　それは、気合いや集中することの大切さです。僕よりもずっと体が小さく力も弱い男の子ですが、真剣《しんけん》に向かってこられると本気にならざるをえませんでした。力だけではない、武道の真髄《しんずい》を教えられた気がしました。

3

例 私にとってかけがえのないものは、小学校高学年のときにできた親友です。悲しいこともうれしいことも何でも話し合えます。親友に熱心に話を聞いてもらえると、それだけで元気になるし、親友もそう言ってくれます。

また、私はもともと人見知りが激しく、消極的なほうだったのですが、積極的で明るい親友と一緒《いっしょ》に行動することで、変わることができました。私は何か始めるとき、うまくいかなかったらどうしようと心配してしまうのですが、親友の、とりあえず楽しくやってみようという考え方に影響《えいきょう》されたのだと思います。互《たが》いにいい影響を与え合えるような関係の友達は、なかなか見つからないと思うので、かけがえのない存在なのです。

4

例 私は、文化祭のように学校全体を開放して、授業や部活動など、地域の方々の好きなもの・得意なものに自由に参加してもらう会を設けるとよいのではないかと考えました。

例えばサッカーの好きな大学生には部活動に、裁縫《さいほう》の得意なお年寄りには家庭科の授業に、というようにです。地域の人といっても、いろんな年代の、いろんな立場の方がいるので、場や時間帯を特定しすぎないほうが、より多くの方に来ていただけるのではないかと思います。

5

例 僕《ぼく》は、小さい子どもの遊び相手になる保育活動に参加したいと思います。

僕は一人っ子で、両親や祖父母からかわいがられて育ち、自分より小さい子どもの面倒《めんどう》見る機会もないままきてしまいました。誰《だれ》かに何かをしてもらう立場を当たり前と思ってきた自分には、必要な経験だと考えたのです。

小さい子どもと接することで僕も変わることができると思うし、小さい子どもたちにも楽しんでもらえたらいいなと思い、保育活動に参加したいと考えました。

例 私は、美しいまちをつくるための美化活動に参加したいと思います。

それは、最近、学校や家の周りを歩いていて、道に空き缶《かん》やごみが捨てられていることが増えているような気がしていたからです。

周りにごみが落ちていたら、つられて捨ててしまう人もいるのではないかと思います。でも、ごみが一つも落ちていないきれいな道だったら、捨てにくいのではないかと思います。美しいまちを作るのは自分たちだという気持ちをもって臨みたいです。

例 僕《ぼく》は、お年寄りや困っている人を助ける福《ふく》祉《し》活動に参加したいです。

僕は父方の祖母と同居していますが、祖母は足が悪く、ちょっとした段差でも困ることがあると言っています。僕も、手を引いたり荷物を持ったりして、手助けしています。

でも、段差や階段などがある家や町そのもののつくりを変えることはなかなか難しいと思います。そこで、困っている人を見かけたら、助けようとする人が増えればよいのではないかと考え、この活動に参加したいと思いました。

模擬試験［第1回］

P.150

1――(1) ⓐ慣 ⓑおさ ⓒ浴 ⓓひとがき ⓔこりつ
(2) ③
(3) ウ
(4) でも、あん
(5) イ
(6) エ
(7) ウ

解説▼
(2) 問題文は、「ない」の直前に「は」が入っていることに注目。補助形容詞の「ない」である。〰線部③が「入りたくはない」とできる。①・②・④の「ない」は、「ぬ」に置き換《か》えられる、打ち消しの助動詞。
(4) 第三段落の「恥《は》ずかしさやくやしさ」のもとになったものである。
(5) 取っ組み合いの喧嘩《けんか》になることで相手に対して抱《いだ》いていたもやもやした感情が発散できるし、喧嘩のあとには互《たが》いの非を認め合うチャンスがあるかもしれない。しかし、少年はその喧嘩さえできなかったのだ。
(6) 両親は、転校が初めてのなつみのことを心配していた、ということから判断しよう。そのなつみが毎日のように友だちを家に招《よ》んでくるのだから、母親は安心しほっとした顔になるのである。
(7) なつみと違《ちが》い、少年は「転校のベテラン」だ。だから、両親とも初めから安心しているのである。そのことを知っているからこそ、真実が言えないのだということを理解しよう。

2――(1) ⓐさくもつ ⓑふじょう ⓒあつか ⓓこ ⓔむだ
(2) ウ
(3) イ
(4) エ
(5) 安心
(6) 二〇〇二年〜道された。
(7) 例 東京都での売れ残りの弁当は生ゴミなので、他県の神奈川県には運べないということ。
(8) ウ

解説▼
(1) ⓐ「さくぶつ」としない。「農作物」の場合は「のうさくぶつ」が一般的。
(2) 「専門家」は「二字熟語（専門）＋一字（家）」。**ウ**がこれに同じ。**ア**・**エ**は「一字＋二字熟語」、**イ**は「真・善・美」で一字が三つ集まったもの。
(3) 「ネ・サ・ヨ」を入れて読んでみるとよい。**イ**は「すこしでもネ風味のサよいネものをサ食べたいネ。」となる。
(4) 『なにかを手に入れたこと』のツケ」の例として、すぐあとに「農薬や遺伝子組み換《か》え作物」が出てくる。これらに関係があるのは**ア**〜**ウ**である。
(7) ――線部④の前には「堆肥《たいひ》にする工場をつくった」ことも出てくるが、こちらは、「結構な話」で「問題」にはなっていない。
(8) 環境《かんきょう》問題にしても大量のゴミにしてもそれが「便利な生活に由来する」と述べていることに注目しよう。

3――(1) ⓐいう ⓑさえ
(2) ひとつ子
(3) ②母 ③男（子）
(4) ウ
(5) 例 早くわが子に会いたいという気持ちから。**（19字）**

解説▼
(2) 「ほかに兄弟や姉妹がいない」ということは、「一人っ子《ご》」ということだ。「ひとつ子」は「ひとり子《ご》」ともいうことを覚えておこう。
(3) 登場人物は、「男」と「母」。②口語訳にあるように「……かわいがっていらっしゃった」と尊敬語が使われている点に注目。「給《たま》ひ」が尊敬の意味を表す。よって「母」が主語。③母から「急用」という手紙が来たので男は驚《おどろ》いて見たのだ。
(4) 母の歌に「さらぬ別れ（＝死）」とあったので「千代も（千年も）」長生きしてほしいと言っているのだ。
(5) 「いよいよ見まくほしき（ますます会いたいと思う）」に母の心情が表れている。

模擬試験［第2回］

P.155

1

(1) ⓐ はし　ⓑ はら　ⓒ 済　ⓓ めい　ⓔ 破
(2) 二（画目）
(3) ア
(4) ・そこで私は
・で私は古本（順不同）
(5) 装い
(6) 読書の歴史
(7) ア
(8) ウ

解説▼

(1) ⓔ同訓の「敗れる」と区別する。「敗れる」は「決勝戦で敗れる」のように「負ける」の意。

(2) 左側の「犭（＝けものへん）」の書き方に注意。「ノ犭犭」の順になる。

(3) ――線部「すり切れる」。「すり切れ」は言い切りの形が「すり切れる」。「ナイ」を付けてみると「すり切れ|ナイ」とエ段の音になるので下一段活用。アの「調べる」も「調べ|ナイ」でエ段の音になる。イは「信じる」で上一段活用、ウは「張り切る」、エは「急ぐ」が言い切りの形で、どちらも五段活用。

(6) ――線部②のすぐあとの段落に「なぜか。」という理由を問う表現があることをとらえよう。

(7) 「義」は、「同義語・対義語」などと使うように「意味」のこと。

(8) ――線部④に続く部分の内容を押《お》さえよう。「繰《く》りかえし読むことによって書物ににじんでくる」とある。つまり「読書の歴史」によって出てくる美しさであるから、装《よそお》いが多少くずれようとも何の問題もないのである。

2

(1) ⓑ
(2) ⓓ・連体詞
(3) ウ
(4) イ
(5) 今はとりあ
(6) 安らぎ
(7) ないのだ
(8) エ
(9) イ

解説▼

(1) 「物語《ものがたり》」は「訓＋訓」。ⓑ「手軽《てがる》」が同じ。ⓐ「満足《まんぞく》」ⓓ「混乱《こんらん》」は「音＋音」、ⓒ「地道《じみち》」は「音＋訓」。

(2) ⓓ以外は副詞。連体詞は体言（名詞）を修飾《しゅうしょく》する。

(3) [A]のあとは、前の「だいいち……わからない。」につけ加えている内容。つけ加える働きをするのは、選択肢《せんたくし》の中ではウの「それに」しかない。

(4) [B]の直前の「そこ」は「地道な努力の積み重ねを必要とする」状況《じょうきょう》を指す。「地道な努力」のためには、やり続けようとする気持ち（根気）が大切だということに気づく。

(6) [D]を含《ふく》む文の前の文に、「そう思い込《こ》むことで、気持ちが軽くなる。」とある。この内容が、一つ前の段落の「安らぎが得られる」に結びつく。

(8) 「救済装置」が「現実逃避《とうひ》的な安らぎが得られるもの」と言い換《か》えられることに気づこう。この安らぎは、何もしようとしないことについて言い訳することで得られるものであることに注意。

(9) 最終段落に注目。「そんな妖《あや》しげな魅力《みりょく》を放つ物語（＝自分さがしの物語）から抜《ぬ》け出して」、「自分づくりのための動きを起こすことが大切」なのだ。

3

(1) 袖ひぢてむすびし水の
(2) ウ
(3) Ⓐ イ　Ⓑ オ
(4) ① ア　② イ

解説▼

(1) [a]のすぐあとの「去年の夏の記憶《きおく》」が手がかりになる。その記憶の中の水の変化を述べた部分や（注）から判断できる。

(2) 万葉集には、生活や自然の中から生まれる感動を、素朴《そぼく》な表現で力強く歌い上げた歌が多いといわれる。

(3) (A)「の」を繰《く》り返し、リズムを生み出している。(B)解説文からわかるように、ほぼ一年間のことをうたっている。